KARL WILHELM POHL

„Unbewußte Vorstellungen" als erbrechtlicher Anfechtungsgrund?

Schriften zum Bürgerlichen Recht

Band 27

„Unbewußte Vorstellungen" als erbrechtlicher Anfechtungsgrund?

Eine zivilrechtsdogmatische Untersuchung
auf psychologischer Grundlage

Von

Dr. Karl Wilhelm Pohl

DUNCKER & HUMBLOT / BERLIN

Alle Rechte vorbehalten
© 1976 Duncker & Humblot, Berlin 41
Gedruckt 1976 bei Buchdruckerei Bruno Luck, Berlin 65
Printed in Germany
ISBN 3 428 03590 9

Vorwort

Wenn man wie der schwedische Rechtstheoretiker Ivar *Agge* moderne Rechtstheorie als Grenzdisziplin auffaßt, die nachbarwissenschaftliche Erkenntnisse — empirische wie theoretische — auf ihre Relevanz für die Rechtswissenschaft im engeren Sinne prüft, dann ist die Frage nach der Erheblichkeit „unbewußter Vorstellungen" als erbrechtlichem Anfechtungsgrund auch ein rechtstheoretisches Thema. Denn der Begriff der „unbewußten Vorstellung" stammt nicht aus der Jurisprudenz, sondern aus deren Nachbarwissenschaften Philosophie und Psychologie.

Zugleich jedoch hat dieses Thema in der Rechtspraxis eine beachtliche Bedeutung, da die gesetzliche Einschränkung oder Ausweitung der Anfechtungsmöglichkeiten letztwilliger Verfügungen nicht nur, aber doch vor allem Gegenstand erheblicher Vermögensinteressen sein kann.

Daher darf die folgende Untersuchung zunächst nicht nur theoretisch-interdisziplinär geführt werden. Sie muß vielmehr die gewonnenen rechtstheoretischen Ergebnisse im Hinblick auf ihre Verwertbarkeit für die Rechtspraxis überprüfen und verarbeiten. Dabei mündet die Erörterung des zivilrechtlichen Spezialproblems in umstrittene Fragen des Irrtumsbegriffes ein und läßt ferner den oft verkannten Wert und die Notwendigkeit klassischer Instrumente juristischer Methodenlehre erkennbar werden.

Die vorliegende Schrift wurde im Jahre 1975 von der Rechts- und Staatswissenschaftlichen Fakultät der Rheinischen Friedrich-Wilhelms-Universität Bonn als Dissertation angenommen.

Ich danke Herrn Prof. Dr. Vogt für die Anregung der Themenwahl. Mein besonderer Dank gilt dem Erstreferenten im Promotionsverfahren, Herrn Prof. Dr. Gerd Kleinheyer.

Nicht zuletzt habe ich Herrn Senator E. h. Dr. J. Broermann für seine großzügige Unterstützung bei der Drucklegung der Schrift zu danken.

Karl Wilhelm Pohl

Inhaltsverzeichnis

Einleitung: Das Problem 11

Erster Teil

Der Begriff der „Erwartung" in Rechtsprechung und Literatur

A. Die Entwicklung in der Rechtsprechung 13
    I. Die Rechtsprechung des Reichsgerichts 13
    II. Die Rechtsprechung des Bundesgerichtshofes 20

B. Die Auffassungen in der Literatur 26
    I. Die Erwartung als „deutliche" und „bewußte" Vorstellung 27
        Das ältere Schrifttum 27
    II. Die Erwartung als „allgemeine" und „unbewußte" Vorstellung 28
        1. Oertmann 28
        2. O. Fischer 29
        3. Die moderne Kommentarliteratur 30
    III. Die Erwartung als „irreale" Vorstellung 31
        1. Bartholomeyczik 31
        2. Brox 32
        3. Coing 32
        4. H. Lange 34

Zweiter Teil

Das psychische Phänomen

A. Der Begriff der „unbewußten Vorstellung" 36
    I. Innere Tatsachen als Gegenstand rechtlicher Wertung 36
    II. Der Begriff der „unbewußten Vorstellung" in Philosophie und Psychologie 41

1. Stand der Meinungen	41
2. Der Begriff der „Vorstellung"	42
3. Begriffsgeschichte des „Unbewußten"	43
4. Der Begriff der „unbewußten Vorstellung" in der Philosophie	45
Leibniz	45
Kant	47
Der deutsche Idealismus	48
E. v. Hartmann	49
5. Der Begriff der „unbewußten Vorstellung" in der Psychologie	51
Herbart	51
Carus	51
Wundt	52
Freud	53
C. G. Jung	56
Rothacker	58
Die Gestalttheorie	62
III. Der Begriff der „unbewußten Vorstellung" als subsumtionsfähiges Abgrenzungskriterium	63
B. Der Begriff des „Mitbewußtseins"	66

Dritter Teil

Vergleichende Fallanalyse   70

Vierter Teil

Die Auslegung des Tatbestandselementes „irrige Erwartung"   80

Einleitung	80
A. Der Wortsinn	82
I. Die „Erwartung"	82
II. Die „irrige" Erwartung	85
1. Stand der Meinungen	85
2. Definition des Irrtums	86
3. Der „Irrtum" über die Zukunft	88

Inhaltsverzeichnis 9

B. Der Bedeutungszusammenhang des Gesetzes 93

    I. § 2077 93

    II. § 2079 96

C. Die Entstehungsgeschichte des § 2078 Abs. 2 97

    I. Die Materialien 97

    II. Die historische Argumentation für die Gleichstellung von Irrtum und Nichtwissen 101

D. Der Zweck des § 2078 Abs. 2 105

    I. Subjektive Teleologie 105

    II. Objektive Teleologie 107

        1. Die Dialektik der Rechtsanwendung 107

        2. Die Relevanz mitbewußter Erwartungen 109

        3. Die Relevanz irrealer Erwartungen 111

            a) § 2078 Abs. 2 und die Geschäftsgrundlage 111

            b) Zulässigkeit und Notwendigkeit einer Rechtsfortbildung 115

                α) Rechtsfortbildung „praeter legem" 116

                    aa) Das Vorliegen einer Formulierungslücke 117

                    bb) Das Vorliegen einer Wertungslücke 117

                        aaa) Der Analogietorso der Lehrbuchliteratur 119

                        bbb) Die Zulässigkeit eines argumentum e contrario 123

                        ccc) Die Zulässigkeit einer Analogie als Mittel zur Feststellung einer Wertungslücke in § 2078 Abs. 2 126

                β) Rechtsfortbildung „extra legem" 131

Ergebnisse 137

Literaturverzeichnis 141

Einleitung

Das Problem

Die Rechtsprechung versteht unter einer „unbewußten Vorstellung" eine Vorstellung, „die der Erblasser zwar nicht in sein Bewußtsein aufgenommen, aber als selbstverständlich seiner Verfügung zugrunde gelegt hat"[1]. Dieser anderen Teilrechtsgebieten unbekannte Begriff spielt im Erbrecht des BGB nur im Rahmen des § 2078 Abs. 2 eine Rolle, nach dem eine letztwillige Verfügung[2] angefochten werden kann, soweit der Erblasser zu der Verfügung durch die irrige Annahme oder Erwartung des Eintritts oder Nichteintritts eines Umstandes oder widerrechtlich durch Drohung bestimmt worden ist. Die „unbewußte Vorstellung" ist kein Tatbestandselement der Vorschrift, sondern ein von Rechtsprechung und Dogmatik entwickelter Begriff, der unter Subsumierung unter das Tatbestandselement „irrige Erwartung" etwa seit den 30er Jahren dieses Jahrhunderts zur Kennzeichnung bestimmter Bewußtseinskonstellationen des Erblassers im Zeitpunkt der Testamentserrichtung verwandt wird.

Während die genannte, in mehreren Entscheidungen nur unwesentlich modifizierte Begriffsdefinition von dem überwiegenden Teil der Kommentarliteratur durchweg kritiklos übernommen wurde, hat die gesamte neuere Lehrbuchliteratur den Begriff der „unbewußten Vorstellung" abgelehnt. Man wirft ihm vor, er sei „in Wahrheit ein Nichts und eine psychologische Fiktion"[3], er sei „unklar und vom Standpunkt der Psychologie her anfechtbar"[4] und schließlich „eine Krücke, durch

---

[1] BGH NJW 1963, 246.
[2] Die Vorschrift findet gem. § 2281 Abs. 1 auch auf Erbverträge und in entsprechender Anwendung ferner auf unwiderruflich gewordene gemeinschaftliche Testamente nach einhelliger Auffassung Anwendung. Vgl. i. e.: *Palandt / Keidel* § 2271, 4 B, a, aa; *Planck / Greiff* § 2271, IV, 3 d; *Staudinger / Dittmann* § 2271 Rdnr. 65 ff.; *RGRK / Johannsen* § 2271 Anm. 44; *Kipp / Coing* § 35 III, 4, b (S. 172); RGZ 77, 165, 172; 86, 95, 98; 87, 95, 98; 134, 1, 4; OLG Hamburg MDR 1955, 168 Nr. 148; BGH FamRZ 60, 145; 62, 427 = BGHZ 37, 333; BGH FamRZ 70, 79 f. = NJW 70, 279 = DNotZ 70, 167 = MDR 1970, 216; OLG Hamm NJW 72, 1088; *Kagermann*, Die Bindung der Ehegatten und die Anfechtung letztwilliger Verfügungen bei einem wechselseitigem Testament, Diss. Erlangen 1912, 37 ff.; *Huken* S. 533; Gegen die Anfechtungsmöglichkeit: *Plum* JW 1915, 1057, Anm. 10; *Manthey*, Gruchot 52, 384 ff.; Hambg HansGZ 1912, Beibl. 212 ff.; 1920, Beibl. 102 ff.
[3] *v. Lübtow* S. 321.
[4] *Kipp / Coing* § 24, II, 2 b (S. 119).

welche die de facto vorgenommene Berücksichtigung des irrealen Erblasserwillens bei der Testamentsanfechtung lediglich verdeckt werden solle". Da es von der unbewußten bis zur gänzlich fehlenden Vorstellung nur ein kleiner, für die rechtliche Wertung irrelevanter Schritt sei, müsse von der Rechtsprechung die Aufgabe dieses angeblich für die Rechtspraxis unbrauchbaren Begriffes gefordert und das Nichtwissen als Anfechtungsgrund zugelassen werden[5].

Die Polemik gegen den Begriff der „unbewußten Vorstellung" gründet sich demnach auf zwei Ansatzpunkte. Zunächst erscheint es den Gegnern der Rechtsprechung zweifelhaft, ob eine so beschriebene Vorstellung überhaupt psychisch existent, d. h. als psychisches Phänomen feststellbar und nachweisbar ist. Zum anderen werden Bedenken erhoben, ob unter Zugrundelegung ihrer realen psychischen Existenz eine solche „unbewußte Vorstellung" als rechtlich relevant, d. h. als ein Rechtsfolgen verursachender Faktor akzeptiert werden kann.

Weder der Rechtsprechung noch der Rechtsdogmatik ist es bisher gelungen, diese Zweifel an Inhalt und Grenzen des Begriffs der „unbewußten Vorstellung" überzeugend zu beseitigen. Das gemeinte psychische Phänomen bleibt vor allem deswegen weitgehend im Unklaren, weil auch die neuere Zivilrechtsdogmatik noch immer der Bewußtseinspsychologie des 19. Jahrhunderts verpflichtet scheint und infolgedessen der rechtlichen Relevanz unbewußter innerer Tatsachen kaum eine intensivere Beachtung geschenkt hat.

Mangels einer eingehenden monographischen Untersuchung[6] tritt die Diskussion um die „unbewußte Vorstellung" auf der Stelle. Bei dem Versuch, neues, streitklärendes Material in die Diskussion einzuführen, muß auf die detaillierte Darlegung des rechtshistorischen Hintergrundes der Rechtsepochen vor Erlaß des BGB[7] sowie rechtsvergleichende Erörterungen[8] zur allgemeinen Problematik des Motivirrtums im Testamentsrecht weitgehend verzichtet werden. Die Untersuchung konzentriert sich allein auf die Regelung des § 2078 Abs. 2 BGB und in dessen Rahmen insbesondere den Gesetzesbegriff „irrige Erwartung".

---

[5] *Lange*, Erbrecht, § 35, III, 2 c (S. 386).

[6] Die bislang veröffentlichten Abhandlungen sind ganz überwiegend älteren Datums und befassen sich zumeist mit der allgemeinen Problematik des Motivirrtums im Testamentsrecht. Vgl. i. e. die Aufstellung der Dissertationen aus der Frühzeit des BGB bei: *Fischer* S. 219. Mit einer Ausnahme ist auch den letzterschienenen Dissertationen zu § 2078 Abs. 2 der Begriff der „unbewußten Vorstellung" noch unbekannt. Vgl. *Kolf* 1929, *Domke* 1932, *Schmidt* 1932, *Reinhardt* 1934. *Hack* geht in seiner Diss. aus dem Jahre 1974 (S. 91 ff.) nur am Rande auf das Problem ein und beschränkt sich dabei weitgehend auf die deskriptive Wiedergabe des Streitstandes.

[7] Vgl. dazu i. e.: *Schulz* S. 88 ff.; *Fischer* S. 192 ff.

[8] Vgl. dazu: *Lange*, Erbrecht § 35, I, 2 (S. 381 f.); *Schulz* S. 140 ff.

Erster Teil

Der Begriff der „Erwartung" in Rechtsprechung und Literatur

Über die Auslegung des Tatbestandselementes „Erwartung" in § 2078 Abs. 2 herrscht seit einigen Jahrzehnten Streit. Die verschiedenen Auffassungen lassen sich im wesentlichen in drei Gruppen zusammenfassen: Die erste verlangt eine „positive und deutliche Vorstellung" auf Seiten des Erblassers, die zweite eine zwar nicht deutliche, aber doch positive und mindestens „unbewußte Vorstellung", während die dritte schon das Fehlen jeglicher Vorstellung überhaupt, d. h. das Nichtbedenken zukünftiger Ereignisse als Anfechtungsgrund genügen lassen will.

Alle drei Auffassungen finden sich auch in der Rechtsprechung.

A. Die Entwicklung in der Rechtsprechung

Ein Überblick über die Entwicklung der Rechtsprechung zu § 2078 Abs. 2 in den Jahren 1902 bis 1971 zeigt, daß sich eine ständige Rechtsprechung zum Begriff der Erwartung erst nach einem mehrmaligen Wandel der Auffassungen herausgebildet hat.

I. Die Rechtsprechung des Reichsgerichts

Die ersten Reichsgerichtsentscheidungen gingen ohne nähere Erläuterung von dem Erfordernis einer positiven irrigen Vorstellung aus.

So hob das RG im Jahre 1902 hervor, daß die Unkenntnis künftiger Umstände nicht ausreiche, sondern die Angabe bestimmter Tatsachen notwendig sei, aus denen eine anderslautende, hypothetische Testierung geschlossen werden könne[1].

In dem zu entscheidenden Fall hatten Eheleute in einem gemeinschaftlichen Testament sich selbst und andere als Erben eingesetzt und einer Wirtschafterin ein Vermächtnis ausgesetzt, die den überlebenden Ehemann später geheiratet und die Anfechtung erklärt hatte. Das RG wies die Anfechtung mit der Begründung zurück, zwar sei eine solche gegeben, wenn feststünde, daß der Erblasser jene anderen nicht zu

---

[1] RGZ 50, 240.

Erben eingesetzt haben würde, wenn er vorausgesehen hätte, daß er die Wirtschafterin demnächst heiraten werde; es fehlten jedoch in diesem Falle bestimmte Tatsachen, aus denen solches geschlossen werden könne. Schließlich habe der Erblasser auch nach Eingehung der zweiten Ehe seine Verfügungen in dem gemeinschaftlichen Testament nicht mißbilligt.

Auch in der nächsten, zwei Jahre später ergangenen Entscheidung zog das RG in keiner Weise in Zweifel, daß nur eine irrige Vorstellung die Anfechtung rechtfertigen könne[2]. Der verwitwete Erblasser hatte seinem als Erben eingesetzten Sohn, der eine ihm nicht genehme Frau geheiratet hatte, erhebliche Beschränkungen auferlegt. Die Anfechtung war darauf gestützt worden, daß der Erblasser zu seiner Verfügung durch unzutreffende Berichte über seinen Sohn und dessen Frau bewogen worden sei. Das RG bejahte die Anfechtungsmöglichkeit für den Fall, daß der Eblasser bei Kenntnis der wirklichen Sachlage so nicht verfügt hätte. Die betreffende irrige Vorstellung brauche aber nicht das einzige Motiv gewesen zu sein.

Diesen in jahrelanger Rechtspraxis gefestigten Standpunkt[3] verließ das RG im Jahre 1911, indem es die Anfechtung in einem Fall gewährte, bei dem von irgendwie gearteten Vorstellungen des Erblassers über bestimmte zukünftige Umstände keine Rede sein konnte[4]. Diese vielbeachtete und vielkritisierte[5] Entscheidung betraf folgenden Sachverhalt: In einem im Jahre 1898 errichteten gemeinschaftlichen Testament hatten sich Ehegatten wechselseitig zu Alleinerben eingesetzt und beiderseitige Verwandte sowie ihre Stadtgemeinde als Erben des Letztversterbenden berufen. Nach dem Tode seiner Frau im Jahre 1900 adoptierte der Ehemann 1903 seinen 1899 geborenen unehelichen Sohn und ernannte ihn in einem 1906 errichteten Testament unter Widerruf der Verfügungen des gemeinschaftlichen Testamentes zu seinem alleinigen Erben. Nachdem sein Sohn die Verfügungen seines im Jahre 1908 verstorbenen Vaters in dessen gemeinschaftlichen Testament angefochten hatte, wurde ihm als Alleinerben ein Erbschein erteilt. Daraufhin fochten die in dem gemeinschaftlichen Testament bedachten Verwandten der Ehefrau gem. § 2078 BGB die letztwilligen Verfügungen der Ehefrau an. Sie trugen vor, die Erblasserin sei bei Abfassung des gemeinschaftlichen Testamentes davon ausgegangen, daß ihr Ehemann ihr treu sei, kein uneheliches Kind erzeugen und niemanden an Kindes Statt annehmen würde. Wenn sie vorausgesehen

---

[2] RGZ 59, 38.
[3] Vgl. z. B. die Entscheidungen: OLG Dresden Sächs. Arch. 1906, 160; KG Jahrb. 38, 118.
[4] RGZ 77, 165 = JW 1912, 23.
[5] Vgl. vor allem: *Fischer* S. 212; *Oertmann* S. 102.

hätte, daß ihr Mann nach Testamentserrichtung Ehebruch begehen und nach dem Tode seiner Frau das im Ehebruch gezeugte Kind adoptieren würde, hätte sie nicht wie geschehen verfügt.

Das RG erkannte nach dem Klageantrag. Es führte aus[6], der Berufungsrichter habe verlangt, die Erblasserin müsse eine irgendwie geartete positive und deutliche Vorstellung von dem Nichteintritt des in der Zukunft liegenden Umstandes gehabt haben, ihr Mann würde ihr treu sein, kein uneheliches Kind erzeugen, niemanden an Kindes Statt annehmen. Dies werde aber in § 2078 Abs. 2 keineswegs vorausgesetzt, wenn auch dort die irrige Annahme oder Erwartung des Nichteintritts eines Umstandes als ursächlicher, die Anfechtung rechtfertigender Irrtum im Beweggrund anerkannt sei. Über Eintritt oder Nichteintritt künftiger Umstände könne man in der Gegenwart positive und deutliche Vorstellungen überhaupt nicht haben. Höchstens könne es zu einer mehr oder minder erschöpfenden Erwägung künftiger Möglichkeiten kommen. Auch wenn solche Erwägungen, weil dem Vorstellungskreis des Erblassers fernliegend, ganz unterblieben seien, könne von einer „irrigen Annahme des Nichteintritts" gesprochen werden. Dann sei es gerade das Negative, das Nichtbedenken des trotzdem eingetretenen Umstandes, was den Irrtum des Erblassers ausmache. Stehe ferner fest, daß zwischen diesem Nichtbedenken und dem Inhalt der letztwilligen Verfügung ein ursächlicher Zusammenhang bestehe, so sei die Anfechtung zulässig.

Vier Jahre nach dieser Entscheidung revidierte das RG seine Auffassung und kehrte unter Berufung auf die Gesetzesmaterialien zu der in den beiden ersten RG-Entscheidungen geäußerten Meinung, nämlich der Postulierung einer positiven Vorstellung, zurück, obwohl der jetzt zu entscheidende Fall dem letztgenannten in wesentlichen Zügen glich[7].

Wiederum ging es um die Anfechtung eines wechselseitigen Testamentes, in dem sich Ehegatten gegenseitig und ihre drei Kinder mit der Maßgabe als Erben eingesetzt hatten, daß der überlebende Ehegatte bis zu seinem Tode oder bis zur Wiederverheiratung zur freien Verfügung über den Nachlaß des Erstverstorbenen berechtigt sei. Nach dem Tode ihres Mannes war die Erblasserin in Geisteskrankheit verfallen, hatte auf Grund dieses Zustandes „einen durchaus anstößigen Lebenswandel" geführt und war schließlich wegen Geistesschwäche entmündigt worden. Die Anfechtungsklage gegen das gemeinschaftliche Testament der Ehegatten wurde von einem für die Kinder bestellten Pfleger erhoben.

---

[6] RGZ 77, 174.
[7] RGZ 86, 206 ff. = RG JW 1915, 446. Vgl. die Besprechungen bei *Fischer* S. 214 ff.; *Oertmann* S. 101.

Das Gericht 1. Instanz hatte die Klage mit der Begründung abgewiesen, der Beklagten lasse sich aus ihrer Lebensführung nicht der Vorwurf sittlicher Verkommenheit und Pflichtverletzung machen. Es könne keine Rede davon sein, daß etwa das Testament in der Annahme oder Erwartung des Nichteintritts einer geistigen Erkrankung der Beklagten errichtet wäre oder daß der Erblasser bei Berücksichtigung einer solchen Möglichkeit anders verfügt hätte.

Als Berufungsgericht hatte das Kammergericht die Anfechtung des Testamentes für begründet erklärt. Die Frage, ob der Beklagten ihre Geisteskrankheit als Schuld anzurechnen sei oder nicht, sei für die Entscheidung des Falles irrelevant. Wie schon in RGZ 77, 174 ausgesprochen worden sei, dürfe die Anfechtungsmöglichkeit aus § 2078 Abs. 2 nicht davon abhängig gemacht werden, welche positiven und deutlichen Vorstellungen der Erblasser über den Eintritt oder Nichteintritt künftiger Umstände gehabt habe. Von einer irrigen Annahme des Nichteintritts eines Umstandes könne auch dann gesprochen werden, wenn solche Erwägungen ganz unterblieben seien.

Auf die Revision der Beklagten hob das RG dieses Berufungsurteil auf. Es führte aus[8], ein Nichtbedenken des Erblassers könne zur Begründung der Anfechtung einer letztwilligen Verfügung nicht ausreichen, auch wenn sich ein ursächlicher Zusammenhang zwischen dem Nichtbedenken und dem Inhalt der Verfügung annehmen lasse. Die Entstehungsgeschichte des § 2078 Abs. 2 zeige, daß der Gesetzgeber nicht jedes Ereignis, das für den Erblasser von Bedeutung hätte sein können, als Anfechtungsgrund habe gelten lassen wollen, sondern vielmehr nur ein solches, von dem sich der Testator eine positive Vorstellung gemacht habe. Da jedoch der Erblasser nicht mit der Möglichkeit einer späteren folgenreichen Persönlichkeitsveränderung seiner Frau gerechnet, sich somit keinerlei positive Vorstellungen über mögliche künftige Entwicklungen von Eigenschaften der Beklagten gemacht habe, sei die Anfechtungsklage abzuweisen.

Das in dieser Entscheidung ausgesprochene Postulat nach einer positiven Vorstellung konnte die Rechtsprechung jedoch Anfang der 20er Jahre vor dem Hintergrund tiefgreifender inflationärer Wirtschaftsverhältnisse inhaltlich nicht mehr aufrechterhalten[9]. Ohne sich des damals von verschiedenen Autoren[10] wärmstens empfohlenen Instrumentes der ergänzenden Testamentsauslegung zur Anpassung des formal geäußerten Erblasserwillens an die veränderten Verhältnisse

---

[8] RGZ 86, 208.
[9] Vgl. LG Berlin JW 1922, 1344.
[10] Vgl. *Kipp*, Erbrecht, 5. Aufl. 1923, S. 76, Fußn. 5; *Herzfelder*, JW 1922, 1343.

A.I. Die Rechtsprechung des Reichsgerichts

zu bedienen, bemühte sie den § 2078 Abs. 2 und hielt formaliter an dem Erfordernis der positiven Vorstellungen fest. Obwohl nach allgemeiner Meinung damals niemand den plötzlichen Geldentwertungsprozeß voraussehen und sich diesbezügliche positive Vorstellungen machen konnte[11], nahm das RG in generalisierender Form die positive Erwartung des Nichteintritts einer wesentlichen Veränderung der wirtschaftlichen Verhältnisse in der Person des Erblassers zum Zeitpunkt der Testamentserrichtung an[12].

Einem vom RG im Jahre 1923 entschiedenen Falle[13] lag folgender Sachverhalt zugrunde:

Ein Gutsbesitzer hatte in einem 1918 errichteten Testament zwei unverheiratete Töchter zu Erben eingesetzt, weil sie bis dahin bei ihm gelebt und für ihn gearbeitet hatten. Einer dritten verheirateten Tochter hatte er ein Vermächtnis von 6000,— RM ausgesetzt. Diese hatte das Testament nach dem Tode des Vaters u. a. mit der Begründung angefochten, der Erblasser habe die inzwischen eingetretene Geldentwertung übersehen, durch welche die von ihm allerdings beabsichtigte Bevorzugung ihrer beiden Schwestern zu einer ganz unverhältnismäßig großen, in diesem Maße nicht beabsichtigten geworden sei.

Das RG wandte sich in seiner Begründung gegen die im 86. Bande vertretene Auffassung und führte aus, es lasse sich nicht sagen, daß etwa die Geldentwertung, weil vom Erblasser nicht bedacht, die Anfechtung aus § 2078 Abs. 2 überhaupt nicht begründen könne. Im allgemeinen müsse man davon ausgehen, daß jemand, der für die Zukunft vermögensrechtliche Anordnungen treffe, mit dem Fortbestehen der bisherigen Wertverhältnisse rechne, also den Nichteintritt einer wesentlichen Veränderung in dieser Hinsicht erwarte und danach seine Verfügung einrichte, so daß die Voraussetzungen des § 2078 Abs. 2 gegeben seien[14, 15].

---

[11] Vgl. *Kipp / Coing* § 24, II, 1 b (S. 118).
[12] Vgl. RG LZ 1923, 604.
[13] RG LZ 1923, 603 = RG Recht 1923 Nr. 1359.
[14] Trotz dieser Meinung wies das RG jedoch die Klage ab, weil in der Berufungsinstanz festgestellt worden sei, daß der Erblasser seine beiden Töchter habe bevorzugen wollen und der Klägerin nicht der Beweis gelungen sei, daß der Erblasser bei Kenntnis der wahren Sachlage, nämlich der kommenden Geldentwertung, anders verfügt hätte.
[15] Die Inflationsentscheidungen aus dieser Zeit beschränken sich bezeichnenderweise unter sorgsamer Vermeidung genereller dogmatischer Ausführungen auf die Rechtfertigung der Geldentwertung als Anfechtungsgrund. Die Annahme liegt daher nahe, daß das RG grundsätzlich den im Jahre 1915 eingenommenen Standpunkt beibehalten und nur unter dem Druck der wirtschaftlichen Verhältnisse situationsbedingte Ausnahmeregelungen treffen wollte. Vgl. auch: RG Recht 1926 Nr. 2146 = Warn. 1926 Nr. 187 = JW 1927, 1203.

Schon im darauffolgenden Jahre mußte sich das RG wiederum mit einem Fall befassen, in dem es um die Anfechtung eines gemeinschaftlichen Testamentes ging, das die wechselseitige Einsetzung von Ehegatten zu befreiten Vorerben und nach dem Tode des Letztlebenden die Erbfolge der gemeinsamen Kinder als Nacherben vorgesehen hatte[16]. Als nach dem Tode der Ehefrau der Mann eine neue Ehe eingegangen war, hatte ein Sohn aus der ersten Ehe das gemeinschaftliche Testament mit der Begründung angefochten, für seine Mutter habe eine zweite Ehe ihres Mannes außerhalb des Bereichs der Möglichkeiten gelegen; der gesamte Nachlaß habe an die Kinder aus der damals bestehenden Ehe fallen sollen, was jetzt durch die Begründung eines Pflichtteilsrechtes in der Person der zweiten Ehefrau verhindert worden sei. Der Vater hatte sich mit einer Feststellungsklage gegen die Anfechtung seines Sohnes gewandt.

Das RG gab der Klage statt. Es erklärte zunächst, es brauche nicht erörtert zu werden, ob an der im 86. Bande geäußerten Meinung ein für allemal festzuhalten sei. Einer der von der Erblasserin mit dem Testament verfolgten Hauptzwecke sei gewesen, daß nach dem Tode ihres Mannes, wenn er sie überlebe, der gesamte beiderseitige Nachlaß auf die gemeinschaftlichen Abkömmlinge übergehen sollte. Dieser Zweck sei durch die Wiederverheiratung des Mannes im Hinblick auf das Pflichtteilsrecht vereitelt worden. Der von der Erblasserin mit dem Testament bezweckte, somit bei der Testamentserrichtung bedachte rechtliche Erfolg, sei ein Umstand, durch dessen Erwartung sie im Sinne des § 2078 Abs. 2 zu ihrer Verfügung bestimmt worden sei. Ohne die Vorstellung jenes rechtlichen Erfolges hätte sie nicht wie geschehen testiert. Darauf, ob an das den vorgestellten rechtlichen Erfolg vereitelnde besondere Ereignis bei der Testamentserrichtung gedacht worden sei, komme es nicht an. Die Vorstellung des rechtlichen Erfolges genüge.

In demselben Jahre 1924 bejahte derselbe Senat des RG wiederum die Anfechtung wegen einer positiven irrigen Vorstellung[17].

Eine Erblasserin hatte in ihrem Testament ihren Ehemann nicht bedacht, weil sie den Zugriff von dessen früherer Ehefrau und zugleich Gläubigerin auf den Nachlaß befürchtete. Da jedoch später — nach Testamentserrichtung, aber noch vor dem Erbfall — mit Hilfe von Angehörigen des Ehemannes dessen frühere Frau abgefunden worden

---

[16] RG Gruch. Beitr. 67, 667 ff. = RG Recht 1924 Nr. 649; ähnlich RG Warn. Rspr. 1934 Nr. 128; RG JW 1938, 1900.

[17] RG JW 1925, 356, mit Anm. von *Kipp*, der *Fischer* S. 187 ff. insoweit zustimmt, als er auch „unbewußte Erwartungen des normalen Verlaufs einer Angelegenheit" in Einzelfällen Anfechtungsgründe sein läßt. Dazu seien aber nicht Ereignisse zu zählen, die alle Welt überraschen, wie Revolution, Krieg, Gesetzgebung u. ä.

war, hatte sich die positive Erwartung der Erblasserin vom drohenden Zugriff der früheren Frau als irrig herausgestellt.

Das RG betonte in den Entscheidungsgründen, eine bestimmte Vorstellung über einen künftigen Umstand dürfe nicht verlangt werden. Es leitete damit den sukzessive fortschreitenden Prozeß der Verminderung des Intensitätsgrades der geforderten positiven Vorstellung ein.

Bis zum Ende der 20er Jahre hielt die Rechtsprechung formal an dem Postulat einer positiven Vorstellung über künftige Umstände fest, ohne dem Vorstellungsbegriff jedoch eine detaillierte Inhaltsbestimmung zuteil werden zu lassen.

In der vielbeachteten sog. Prinz von Hessen-Entscheidung aus dem Jahre 1930[18] erklärte das RG dann ausdrücklich, die im Jahre 1915 begonnene Rechtsprechung fortführen zu wollen. Es begnügte sich dabei aber nicht — wie alle früheren Entscheidungen — mit der lapidaren Feststellung einer Alternativität der Begriffe „positive Vorstellung" und „Nichtwissen", sondern nahm zumindest terminologisch durch eine differenzierende Auslegung des Erwartungsbegriffes zwischen diesen beiden begrifflichen Polen eine Mittelposition ein. Diese ist in dem in dieser Entscheidung zum ersten Mal in der Rechtspraxis verwandten Begriff der „unbewußten Vorstellung" enthalten.

Dieser Leitentscheidung für den Begriff der „unbewußten Vorstellung" lag folgender Sachverhalt zugrunde:

Ein Prinz von Hessen hatte 1905 seinen älteren Neffen testamentarisch zum Alleinerben eingesetzt und für seinen jüngeren Neffen ein Vermächtnis ausgesetzt. Mit der Begründung, sein Bruder habe nach dem Tode des Erblassers eine bürgerliche Amerikanerin geheiratet und damit den eindeutigen Standesauffassungen des Erblassers zuwider gehandelt, war das Testament durch den Erben angefochten worden.

Das RG wies die vom jüngeren Bruder erhobene Feststellungsklage unter Hinweis auf die erwiesenen Standesauffassungen des Erblassers ab. Es betonte, an der im 86. Bande geäußerten Rechtsauffassung sei grundsätzlich festzuhalten. Dem dort Ausgeführten sei aber hinzuzufügen, daß eine auf die Zukunft gerichtete Annahme oder Erwartung auch unbewußt bestehen könne, dann nämlich, wenn sie zu den Vorstellungen gehöre, die dem Erblasser als Selbstverständlichkeiten erschienen. Der Erblasser würde eine Verheiratung seiner Neffen mit Bürgerlichen auf das schärfste mißbilligt haben; seine bestimmte Vorstellung sei auf etwas für ihn schlechterdings Selbstverständliches gegangen, daß nämlich auch sein jüngerer Neffe sich wie jeder Prinz des

---

[18] RG Warn. 1931 Nr. 50 (IV. Senat. Die Entscheidung ist hier irrtümlich dem VI. Senat zugeordnet.) = RG HRR 1931 Nr. 744.

20   1. Teil: Der Begriff der „Erwartung" in Rechtsprechung und Literatur

hessischen Hauses nur mit einer Ebenbürtigen, also einer Angehörigen des hohen Adels vermählen würde. Die, wenn auch im Testament nicht ausdrücklich niedergelegte, so doch für den Erblasser selbstverständliche Vorstellung, daß seine Neffen nur ebenbürtig heiraten würden, habe den Erblasser dazu bestimmt, den jüngeren Neffen wie geschehen zu bedenken. Diese Erwartung habe sich durch die Eheschließung mit einer bürgerlichen Amerikanerin als irrig erwiesen.

II. Die Rechtsprechung des Bundesgerichtshofes

Nachdem in den ersten Jahren nach dem 2. Weltkrieg untere Gerichte wiederum auftretende Inflationsfälle entsprechend der reichsgerichtlichen Praxis aus den Jahren 1919 - 1926 entschieden hatten[1], nahm der BGH den reichsgerichtlich eingeführten Begriff der „unbewußten Vorstellung" Anfang der 50er Jahre auf und ließ ihn zum Gegenstand ständiger Rechtsprechung werden. Wie das RG betonte er dabei mehrmals, daß ein bloßes Nichtbedenken die Anfechtung keinesfalls begründen könne. Eine positive Erwartung sei wenigstens in Form einer „unbewußten Vorstellung" erforderlich. Die nähere Qualifizierung des Inhaltes einer „unbewußten Vorstellung" entspricht im wesentlichen der lapidaren Formel des RG. In der Rechtsprechung des BGH ist die Rede von „nicht ganz besonders bewußter Erwartung", von „Vorstellungen, die nicht ausdrücklich erwogen werden, sich auf Selbstverständliches oder die normale Fortdauer der bisherigen Verhältnisse richten", von „wirklich vorhandenen Vorstellungen, die der Erblasser zwar nicht in sein Bewußtsein aufgenommen, aber als selbstverständlich seiner Verfügung zugrunde gelegt habe".

Dem BGH wurde im Jahre 1951 folgender Fall vorgelegt[2]: Eine Witwe hatte im Jahre 1928 mit ihrem Vetter einen notariellen Erbvertrag mit dem Inhalt geschlossen, daß er ihr Alleinerbe und Anerbe ihres Hofes sein und sein Sohn an die Stelle seines Vaters treten solle, wenn dieser versterbe. Ferner war darin die Verpflichtung für Vater wie Sohn festgelegt, die Witwe bis zu ihrem Tode zu versorgen. Nach dem Tode ihres Erbvertragspartners im Jahre 1930 hatte die Witwe zweimal — 1932 und 1946 — die Anfechtung des Erbvertrages erklärt und Klage auf Feststellung seiner Nichtigkeit erhoben. Sie hatte die Anfechtung auf

---

[1] Das AG Hohenwestedt, SchlHAnz. 1949, 121 f. erkannte ganz im Sinne von RG LZ 1923, 603, indem es grundlegende Veränderungen der wirtschaftlichen Verhältnisse als Folge verlorener Kriege, Inflation und Geldabwertung als Umstände i. S. des § 2078 Abs. 2 zuließ, „wenn der Erblasser mit dem Fortbestand der bisherigen Verhältnisse rechnete, also den Nichteintritt einer wesentlichen Veränderung in dieser Hinsicht erwartete". Der OHG der britischen Zone (OGHZ 3, 378, 382) hielt im Jahre 1950 unter ausdrücklicher Berufung auf RGZ 86, 206 am Erfordernis der positiven Vorstellungen fest.

[2] BGHZ 4, 91 = NJW 52, 419 = LM § 2285 Nr. 1.

eine Reihe von Vorfällen gegründet, aus denen sie herleitete, daß der Sohn ihres Vetters sich nicht um sie kümmere, damit die Pflichten aus dem Erbvertrag verletze und sie selbst sich aus diesem Grunde in ihren Erwartungen über die Einstellung des Vettersohnes ihr und seinen Vertragspflichten gegenüber getäuscht sehe. Nachdem beide Anfechtungsklagen rechtskräftig abgewiesen worden waren, hatte sie 1949 ein eigenhändiges Testament mit der Bestimmung von mehreren Vermächtnisnehmern errichtet. Nach ihrem Tode im Jahre 1949 war der Erbvertrag von diesen mit derselben Begründung, wie sie die Erblasserin in ihren Klageanträgen vorgetragen hatte, angefochten worden.

Der BGH hob das klagezusprechende Berufungsurteil auf und verwies zurück.

In dieser Entscheidung nahm der BGH nicht ausdrücklich dazu Stellung, ob ein bloßes Nichtbedenken von zukünftigen Umständen anfechtungsrechtfertigend sein könnte. Da er sich jedoch um die Qualifizierung des Begriffes der Erwartung bemühte, scheint er unterstellt zu haben, daß ein bloßes Nichtbedenken nicht zur Anfechtung ausreiche.

Als Erwartung der Erblasserin komme — so führte der BGH im einzelnen aus[3] — im vorliegenden Falle in Betracht, daß der Vertragserbe (Vettersohn) sich ihr gegenüber so verhalten würde, wie es zu einer zweckentsprechenden Durchführung des Erbvertrages geboten schien. Dazu könne auch gerechnet werden, daß er sich bemühen würde, das gegenseitige Vertrauen zu erhalten und keinen Zweifel an seiner Bereitschaft zur Erfüllung seiner Verpflichtungen aufkommen zu lassen. Daß die Erblasserin dies erwartet habe, könne auch dann angenommen werden, wenn dies in dem Testament keinen Ausdruck gefunden habe.

Es genüge, wenn festzustellen sei, daß sie diese Erwartung zweifellos gehabt habe, selbst wenn sie sich dieser Erwartung nicht ganz besonders bewußt gewesen sein sollte[4].

Zwei Jahre später führte der BGH[5] diese Rechtsprechung fort. Eine Ehefrau hatte eine eigene letztwillige Verfügung im Rahmen eines gemeinschaftlichen Testamentes angefochten, in der sie eine Frau bedacht hatte, die ohne eigene Schuld nach Errichtung des Testamentes der Anlaß für die Zerstörung der Ehe der Erblasserin dadurch gewesen war, daß ihr Ehemann dieser Frau ehewidrige Anträge gestellt hatte.

Obwohl die Erblasserin in keiner Weise mit der ihre Ehe zerstörenden künftigen Entwicklung hatte rechnen können, bejahte der BGH das Anfechtungsrecht. Anfechtungsgrund könnten auch solche Umstände sein,

---

[3] BGHZ 4, 94 f.
[4] Unter Hinweis auf *Fischer* S. 227.
[5] BGH LM § 2078 Nr. 3 = MDR 1954, s. Beilage 2 Nr. 20.

"deren Nichteintritt der Erblasser bei Errichtung seiner letztwilligen Verfügung zwar nicht ausdrücklich erwogen habe, aber für sich als selbstverständlich ansehen konnte".

Während in dieser Entscheidung das Adjektiv „unbewußt" an keiner Stelle Erwähnung fand, tauchte im Jahre 1956 der Begriff der „unbewußten Vorstellung" zum ersten Mal prononciert in der Rechtsprechung des BGH auf[6].

Der Anfechtungskläger dieses Falles war von einer 1954 verstorbenen Erblasserin, seiner Schwester, vor allem wegen seiner Gegnerschaft zum Nationalsozialismus in einem 1944 errichteten Testament nicht bedacht worden. Er hatte behauptet, die Erblasserin habe bei Errichtung des Testamentes angenommen, sie werde ihre politische Einstellung auch in Zukunft nicht ändern und sie habe auch spätestens nach der Kapitulation ihren politischen Standort aufgegeben. Bereits als der Untergang des Dritten Reiches in die Nähe gekommen sei, hätten sich seine Beziehungen zu der Erblasserin wieder gebessert. Sie habe sogar kurz vor ihrem Tode vor Zeugen geäußert, daß sie noch ein Testament machen müsse, „damit jeder etwas bekomme".

Der BGH führte aus, die aus den vom Kläger behaupteten politischen Erwägungen getroffene Bestimmung könne angefochten werden, wenn die Erblasserin, als sie diese traf, angenommen habe, ihre eigene politische Einstellung, die für die sie damals bestimmenden Erwägungen maßgebend gewesen sei, würde sich auch in Zukunft nicht ändern. Die Erblasserin brauche sich hierüber bei Testamentserrichtung keine bestimmte Vorstellung gemacht zu haben. Es handele sich dabei vielmehr um eine als selbstverständlich angenommene sog. „unbewußte Vorstellung", die nach ständiger Rechtsprechung auch als Anfechtungsgrund in Frage kommen könne. Die Behauptung des Klägers müsse so verstanden werden, daß er behaupten wolle, die Erblasserin habe dieses als selbstverständlich angenommen[7].

Im Jahre 1962 ergingen zwei Entscheidungen zu unserem Problem:

Der ersten lag folgender Sachverhalt zugrunde[8]: Eine Erblasserin hatte ihren unehelichen Großneffen testamentarisch zum Erben bestimmt und ihrer Nichte, dessen Mutter, ein Vermächtnis ausgesetzt. Nachdem die Mutter 1948 und 1951 Selbstmordversuche unternommen und nach dem Tode der Erblasserin vergeblich versucht hatte, sich und

---

[6] BGH LM § 2078 Nr. 4 = FamRZ 1956, 83.

[7] Trotz dieser Ausführungen wies der BGH die Revision zurück, weil der Anfechtungskläger nicht den Beweis für die Kausalität zwischen den von ihm dargelegten Irrtümern der Erblasserin und ihrer Verfügung habe führen können.

[8] BGH FamRZ 62, 256.

ihrem Sohn das Leben zu nehmen, war das Kind in ein Heim gekommen. Die Mutter wurde mit Gefängnis bestraft. Das Sorgerecht wurde ihr entzogen. Die Testamentsvollstrecker stellten die auf Grund des Vermächtnisses zu leistenden monatlichen Zahlungen an die Nichte der Erblasserin ein, worauf sie von der Nichte auf Zahlung verklagt wurden. Daraufhin fochten die Testamentsvollstrecker das Testament an.

Der BGH versagte ihnen das Anfechtungsrecht, das allein den Erben zustünde. Er betonte jedoch, abgesehen davon könne die irrige Annahme der Erblasserin, ihre Nichte werde ihrem Sohn nicht das Leben nehmen, in Form einer „unbewußten Vorstellung" eine Anfechtung rechtfertigen.

Einige Monate nach diesem Urteil mußte der BGH sich wiederum mit dem Begriff der „unbewußten Vorstellung" auseinandersetzen[9].

Der Beklagte hatte in einem notariell beurkundeten Erbvertrag seinen Bruder, den Kläger, zum Hoferben seines Grundbesitzes und für den Fall, daß dieser nicht Hof im Sinne der Höfeordnung sein sollte, auch zum Erben eingesetzt, jeweils mit Nacherbenbeschränkung zugunsten eines anderen Bruders und seiner Kinder. Weil der Vertragserbe infolge völliger Verschuldung nicht mehr in der Lage sei, den gemeinsamen Hof weiter zu halten und sich mit ihm zerstritten habe, hatte der Beklagte unter anderem den Erbvertrag angefochten. Der Vertragserbe klagte auf Feststellung der Unwirksamkeit der Anfechtung. Die Revision des Beklagten führte zur Aufhebung und Zurückverweisung.

Die Erwartung des Beklagten im Zeitpunkt des Erbvertragsschlusses, die Hoferhaltung im Familienbesitz werde nicht gefährdet, bezeichnete der BGH auf Grund des Beklagtenvortrages als „bewußte"[10]. Dagegen hielt er die Erwartung, daß künftige Unstimmigkeiten zwischen Kläger und Beklagten ausbleiben, als „unbewußte Vorstellung" für möglich. Zu den wirklichen Vorstellungen und Erwartungen gehörten nämlich auch solche, die ein Erblasser zwar nicht in sein Bewußtsein aufgenommen, aber als selbstverständlich seiner Verfügung zugrunde gelegt habe. Dies seien „unbewußte Vorstellungen". Das Berufungsgericht hatte demgegenüber eine „allgemeine Vorstellung", daß bis zum Lebensende brüderliche Eintracht herrsche und der Kläger alles vermeiden würde, was dem Beklagten Schwierigkeiten bereiten könnte, als Anfechtungsgrund abgelehnt, weil kein Erblasser vernünftigerweise davon ausgehen könne, daß es zwischen ihm und Vertragserben nicht einmal zu gewissen Differenzen kommen könne, wenn entgegengesetzte Interessen in Frage stünden.

Der BGH betonte dagegen, es liege keineswegs außerhalb jeder Möglichkeit oder auch nur Wahrscheinlichkeit, daß der Beklagte bei Erb-

---
[9] BGH LM § 2078 Nr. 8 = NJW 1963, 246 = FamRZ 63, 85.
[10] BGH LM § 2078 Nr. 8 Bl. 2.

vertragsschluß, wenn auch vielleicht nur „unbewußt", vom künftigen Nichteintritt materieller Schwierigkeiten und persönlicher Spannungen ausgegangen und dies auch für die Verfügung bestimmend gewesen sei. Begrifflich könnten allerdings auch allgemeine und unbestimmte Vorstellungen über die künftige Entwicklung einen Anfechtungsgrund im Sinne des § 2078 Abs. 2 darstellen. Jedoch sei eine Erwartung in Form einer „unbewußten Vorstellung", daß Unstimmigkeiten ausbleiben, nicht allgemein und in jedem Falle oder auch nur im Normalfall anzunehmen. Dies sei durch die Lebenserfahrung nicht geboten und würde im Ergebnis die vom Gesetz beim Erbvertrag und beim gemeinschaftlichen Testament gewollte grundsätzliche Bindung des Erblassers an seine Verfügung praktisch weitgehend aufheben. Der dem Anfechtenden obliegende Beweis für das Vorliegen eines Irrtums und für dessen Ursächlichkeit könne also nicht etwa durch einen in jener Richtung liegenden Erfahrungssatz geführt werden, sondern nur durch die besonderen Umstände des Einzelfalles.

Schließlich legte der BGH Wert auf die Feststellung, daß nur solche Erwartungen die Anfechtung nach § 2078 Abs. 2 rechtfertigen könnten, die der Erblasser bei Erbvertragsschluß wirklich gehabt habe, nicht auch solche, die er bei Kenntnis von ihm damals unbekannten Umständen gehabt haben würde. Die Sachlage sei hier bei der Anfechtung anders als bei der Auslegung von Willenserklärungen, bei der durch ergänzende Auslegung auch der hypothetische Wille eine Rolle spielen könne.

Von der in dieser Entscheidung geäußerten Meinung, es sei keine Tatsache der Lebenserfahrung, daß ein Erblasser immer eine „unbewußte Vorstellung" vom Nichteintritt künftiger Unstimmigkeiten zwischen ihm und den Erben habe, wich das OLG Köln[11] im Jahre 1969 in einem Fall der Anfechtung eines gemeinschaftlichen Testamentes ab.

Nach allgemeiner Lebenserfahrung sei die Erwartung eines Ehegatten bei einem unmittelbar nach der Eheschließung errichteten gemeinschaftlichen Testament, die Ehe werde harmonisch verlaufen, zumindest mitbestimmend für die Verfügung. Bereits eine „unbewußte Vorstellung" hiervon reiche als Anfechtungsgrund aus.

Auch die bislang letzten veröffentlichten Entscheidungen aus dem Jahre 1971 halten an dem Begriff der „unbewußten Vorstellung" fest[12].

Während sich das Bayerische Oberlandesgericht[13] ohne nähere Ausführungen auf die wörtliche Wiedergabe des Leitsatzes von BGH NJW

---

[11] OLGZ 1970, 114.
[12] Die jüngste BGH-Entscheidung aus dem Jahre 1973 (WM 1973, 974, 976 = FamRZ 1973, 539) geht auf das Problem der „unbewußten Vorstellungen" nicht ein, fordert aber eine Erwartung als Anfechtungsgrund.
[13] NJW 1971, 1565 = MDR 1971, 664.

1963, 246[14] beschränkte, setzte sich der BGH in seinem Urteil vom 27. 5. 1971[15] detailliert mit der Problematik des § 2078 Abs. 2 auseinander.

Der Bruder der Erblasserin hatte ihr Testament angefochten, in dem seine Schwester, eine Gastwirtin, einen bei ihr angestellten und mit ihr intim befreundeten Kellner unter Ausschluß ihrer Geschwister zum Alleinerben eingesetzt hatte. Die Erblasserin war durch grobe Fahrlässigkeit des betrunkenen Kellners bei einem Verkehrsunfall ums Leben gekommen. Der Anfechtungskläger sah in der Tatsache, daß die Erblasserin bei Kenntnis des späteren Verhaltens des Bedachten nicht wie geschehen verfügt hätte, einen Anfechtungsgrund gem. § 2078 Abs. 2.

Das OLG Hamm[16] lehnte in der Vorinstanz die Anfechtung mit folgender Begründung ab: Regelmäßig werde ein Erblasser dem Umstand, daß der von ihm zum Erben Eingesetzte einen Verkehrsunfall verschuldet und er, der Erblasser, an den Folgen dieses Unfalls stirbt, keinen bestimmenden Einfluß auf die Erbeinsetzung beilegen. Jeder, der sich in das Kraftfahrzeug eines anderen setze, vertraue darauf, ohne Unfall ans Ziel zu gelangen. Werde diese allgemeine Erwartung enttäuscht und komme es gleichwohl zu einem Verkehrsunfall, so betrachte der Betreffende das als sein persönliches Mißgeschick. Auch wenn den Fahrer der Vorwurf einer mehr oder minder großen Fahrlässigkeit treffe, ändere sich daran im Grunde genommen nichts. Möge der Geschädigte auch dem Fahrer Vorhaltungen machen und Schadensersatzansprüche stellen, so werde es doch nur selten gerade deshalb zwischen ihnen zu einem persönlichen Bruch kommen. Dann aber lasse sich nicht sagen, daß ein Erblasser jemanden, der später durch einen Verkehrsunfall seinen Tod verschuldet, allein deshalb nicht zum Erben eingesetzt haben würde. Um annehmen zu können, daß der Erblasser durch diesen Umstand zur Erbeinsetzung bestimmt worden sei, müßten ganz besondere Umstände vorliegen. Daran fehle es hier. Weder die recht hohe Geschwindigkeit, die der Erbe gefahren habe, noch seine Alkoholbeeinflussung von 1,61 °/₀₀ könnten eine derartige Annahme für sich allein rechtfertigen.

Der BGH war anderer Meinung. Er schloß sich ausdrücklich der bisherigen Rechtsprechung an und führte aus, § 2078 Abs. 2 setze nach ständiger Rechtsprechung voraus, daß künftige Umstände, die im Vorstellungsbereich des Verfügenden lägen, Beweggrund für seine Willensbildung gewesen seien und daß er sich über diese Umstände geirrt habe.

---

[14] Vgl. oben 1. Teil A II.
[15] DB 1971, 1859 = WM 1971, 1153.
[16] Urteil vom 24. 10. 1964 in OLGZ 1968, 86 = MDR 1968, 499. *Palandt / Keidel* § 2078, 3, a und RGRK / *Johannsen*, 12. Aufl., § 2078 Anm. 48 stimmen dem Urteil ohne nähere Begründung zu.

Die Unkenntnis späterer Umstände sei kein Anfechtungsgrund. Die das Gegenteil vertretende Ansicht *Coings* sei mit dem Wortlaut des § 2078 Abs. 2 nicht vereinbar. Diese Vorschrift ziele, auch soweit sie den Irrtum über künftige Ereignisse erfasse, deutlich auf solche Umstände ab, von denen der Erblasser eine Vorstellung gehabt habe; denn nur solche Umstände könne er „erwartet" haben. Der Wortlaut verlange ferner, daß diese Umstände nicht nur Ursache für den Inhalt der letztwilligen Verfügung sein sollten, sondern Beweggrund des letzten Willens. Mit diesen Worten habe der Gesetzgeber bewußt der Anfechtbarkeit letztwilliger Verfügungen Schranken gesetzt, um den Erblasserwillen nicht späteren Spekulationen preiszugeben, insbesondere das Vertrauen in die Beständigkeit von Erbverträgen und gemeinschaftlichen Testamenten zu schützen. Der letzte Wille werde nicht selten von Vorstellungen motiviert, die dem Verfügenden selbstverständlich und als Beweggrund seiner Willensbildung nicht bewußt seien. Die Enttäuschung auch derartiger unbewußter Erwartungen könne Anfechtungsgrund sein. Allgemeine und unbestimmte Erwartungen über die Zukunft könnten ebenfalls in diesem Sinne unbewußter Beweggrund für eine letztwillige Verfügung sein. Eine allgemeine Lebenserfahrung, daß ein Erblasser von der geplanten Erbeinsetzung absehen würde, wenn er bei Errichtung der letztwilligen Verfügung wüßte, daß die als Erbe vorgesehene Person ihn bei einem Verkehrsunfall schuldhaft töten werde, könne keinen Anfechtungsgrund abgeben. Es müsse vielmehr im Einzelfall eine wenigstens unbewußte Erwartung nachgewiesen werden, daß sich der Bedachte nicht eines schwerwiegenden Fehlverhaltens schuldig machen würde. Nach aller Erfahrung beruhe die Zuwendung einer nicht unbedeutenden Erbschaft an einen verwandtschaftlich nicht verbundenen Dritten aus Dankbarkeit oder Zuneigung auf der Würdigung des Gesamtverhaltens des Erben durch den Erblasser, bei welcher dieser, wenn auch oft unbewußt, davon ausgehe, „es werde nicht ein schwerwiegendes Fehlverhalten des eingesetzten Erben ihm gegenüber seine Empfindungen gegenüber dem Erben in Abneigung kehren".

B. Die Auffassungen in der Literatur

Auch die Entwicklung der Meinungsbildung in der Literatur ist von immer schwächer werdenden Anforderungen an den Intensitätsgrad der „Erwartung" gekennzeichnet. Während das ältere Schrifttum noch eine „deutliche", „bestimmte" oder „bewußte" Vorstellung verlangte, haben *Oertmann* eine „allgemeine" und *Fischer* eine „unbewußte" Vorstellung genügen lassen. Wie die Rechtsprechung ist auch die moderne Kommentarliteratur überwiegend *Fischer* gefolgt. Dagegen lehnt die gesamte neuere Lehrbuchliteratur die „unbewußte Vorstellung" ab und

I. Die Erwartung als „deutliche" und „bewußte" Vorstellung

fordert die uneingeschränkte Berücksichtigung des irrealen Erblasserwillens.

Das ältere Schrifttum

In den ersten Jahren nach Inkrafttreten des BGB verlangte man noch eine „positive und deutliche" Vorstellung in Anlehnung an die Protokolle 2. Lesung[1]. Bis in die 30er Jahre hinein wurde das Erfordernis einer „positiven und bestimmten" Vorstellung vertreten[2].

Die Autoren dieser restriktiven Auslegung des Erwartungsbegriffes beriefen sich vornehmlich auf den Wortlaut des § 2078 Abs. 2, der fordere, daß „der Erblasser sich irrtümlich etwas vorstelle, etwas annehme, was stets eine Hervorhebung der Gegenstände des Denkens aus der Summe der latenten Eindrücke bedeute. Der Irrtum des Erblassers müsse also positiver Art und das Ergebnis einer auf Grund unzutreffender Vorstellungen falschen Willensbildung sein[3]." Der Wortlaut der Vorschrift verbiete geradezu eine Gleichsetzung von Irrtum und Nichtwissen[4].

Ein geringer Teil der älteren Literatur hielt an dem Erfordernis einer bestimmten und deutlichen Vorstellung nur für den Fall der Erwartung des Eintritts eines zukünftigen Umstandes fest, ließ aber für den der Erwartung des Nichteintritts eine unbestimmte oder allgemeine Vorstellung genügen[5].

Dieser differenzierende Standpunkt hat jedoch nie größere Bedeutung erlangt[6].

Für die Meinung, die unter Berufung auf den Wortlaut des § 2078 Abs. 2 an der positiven und bestimmten Vorstellung festhält, ist charakteristisch, daß die Grenzen dieser so beschaffenen Vorstellung

---

[1] Vgl. *Planck* 1. und 2. Aufl. 1902, § 2078, 2 a; *v. Damm* S. 15.
[2] Vgl. *Endemann* § 66, II, b, 2; *K. Cosack*, Lehrbuch des Deutschen Bürgerlichen Rechts, Bd. 2, 5. Aufl. Jena 1912, S. 370; *Kipp* (1921) S. 74; (1923) S. 75; *Krug* S. 38; *Schmidt* S. 27; *Reinhardt* S. 28; *Dobrzynski* S. 39.
[3] *Krug* S. 38; *Schmidt* S. 30; *Reinhardt* S. 30.
[4] *Endemann* § 66, II, b, 2; *Schmidt* S. 29 f.
[5] Vgl. *Siber* S. 375; ders., Erbrecht, 1928, S. 33; *v. Tuhr, Andreas* (Der Allgemeine Teil des Deutschen Bürgerlichen Rechts, 2. Bd., 1. Hälfte, Leipzig 1914, S. 602) ließ für die Erwartung des Nichteintritts sogar ein Nichtbedenken ausreichen. *Schmidt* S. 33, stimmt für die Erwartung des Nichteintritts der Forderung nach einer „allgemeinen" Vorstellung zunächst zu, um wenige Zeilen später aber eine „bloße allgemeine, unbestimmte" Vorstellung als mit dem Wortlaut unvereinbar abzulehnen; *Lange* IhJb 82, 27 f.
[6] Ablehnend auch: *Bartholomeyczik*, Erbrecht, § 24, I, 3 c.

zum Nichtwissen weitgehend ungeklärt bleiben. So fordert *Schmidt*[7] zwar eine „wenigstens einigermaßen deutliche" Vorstellung, versäumt aber, konkrete Abgrenzungskriterien zu nennen. Wann eine Vorstellung deutlich sei und wann sie so ungenau und verschwommen werde, daß man überhaupt nicht mehr von einer Vorstellung sprechen könne, sei eine schwer zu entscheidende Frage, deren Beantwortung im wesentlichen nach den Besonderheiten des Einzelfalles zu erfolgen habe. Jedenfalls müsse der zukünftige Umstand vom Erblasser bedacht, wenigstens aber in Erwägung gezogen worden sein.

Wenn auch über den Inhalt der geforderten positiven Vorstellung keine klaren Aussagen gemacht werden, so gilt dies nicht für die psychische Qualität der Vorstellungen. So lehnt *Krug*[8] ausdrücklich die Berücksichtigung unbewußter Faktoren bei der Willensbildung des Erblassers ab: Vom logischen Standpunkt aus könnten Voraussetzungen und Eindrücke, die dem Erblasser so selbstverständlich erschienen, daß sie gar nicht weiter in sein Bewußtsein träten, sondern gewissermaßen nur latent bei der Willensbildung mitwirkten, ebenso wie positive Vorstellungen Bestimmungsgründe von Willensentschlüssen genannt werden. Wenn die Regelung des Gesetzes den logischen Prinzipien auch nicht entspreche, so rechtfertige sie sich jedoch als notwendige Beschränkung mit Rücksicht auf die Sicherheit desjenigen, was vom Richter ermittelt werden könne. Die Zahl der latenten Eindrücke sei zu groß; sie selbst seien zu unbestimmt und unfaßbar, um von ihrer Ermittlung die Anfechtung der letztwilligen Verfügung abhängig machen zu können. Für *Krug* können demnach positive Vorstellungen nur „bewußte" sein.

Bereits Anfang der 20er Jahre wandte sich ein Teil der Literatur gegen diesen engen Interpretationsstandpunkt und leitete damit eine neue Auslegungsentwicklung ein.

II. Die Erwartung als „allgemeine" und „unbewußte" Vorstellung

1. Oertmann

Oertmann[1] war schon im Jahre 1921 der Auffassung, es müsse genügen, wenn der Erblasser den Fortbestand der jetzigen Verhältnisse der bedachten Person unterstellt und dies als Grundlage der Zuwendung an sie erkennbar zum Ausdruck gebracht habe. Ein genaues, die spätere Entwicklung in allen Einzelheiten im voraus aufnehmendes

---

[7] S. 31.
[8] S. 39.
[1] S. 99 ff.

Bild brauche der Erblasser sich selbstverständlich nicht gemacht zu haben. Andernfalls werde die Anfechtung gerade für solche Fälle ausgeschlossen, wo die künftige Entwicklung sich von den Vorstellungen des Erblassers am weitesten entferne.

Die Gleichstellung von Erwartung und Nichtwissen lehnte *Oertmann* grundsätzlich ab, da bei Abwesenheit jeglicher Vorstellung des Erblassers vom vermeintlichen Verlaufe der Zukunft die Anfechtung nicht daraus hergeleitet werden könne, daß der nachherige Verlauf den vermutlichen Wünschen des Erblassers nicht entsprochen habe. Das könne seine damalige Willensbildung, auf die es allein ankomme, nicht nachträglich beeinflussen[2]. Es müsse aber nach Sinn und Wortlaut der Vorschrift genügen, wenn er durch die allgemeine Vorstellung vom Fortbestehen der bisherigen Verhältnisse in seinem Willensentschluß entscheidend bestimmt worden sei.

2. O. Fischer

O. *Fischer* beschritt im darauffolgenden Jahr 1922 den von *Oertmann* gewiesenen Weg einer extensiven Auslegung des Erwartungsbegriffes weiter, indem er die Erwartung, die Umstände würden sich in bestimmten Beziehungen ändern oder nicht ändern, bei jedermann als vorhanden annahm, wenn das der allgemeinen Anschauung, insbesondere in den betreffenden Kreisen und unter den obwaltenden Verhältnissen, entspreche[3]. Die Forderung nach einer bestimmten Vorstellung enge die Vorschrift des § 2078 Abs. 2 in ungebührlicher und ihrem Zweck widersprechender Weise ein. Es handele sich bei dieser Erwartung „nur um eine rein innerliche Gesinnung, derer sich der Erblasser nicht ganz besonders bewußt gewesen zu sein brauche. Es genüge vielmehr, wenn er sie zweifellos gehabt habe." Der Annahme solcher unbewußter Erwartungen können laut *Fischer* nur besondere Gegengründe entgegenstehen, die aus der eigenartigen Geistesbeschaffenheit und Willensrichtung des Erblassers herrührten. Stärkere Forderungen an die Intensität der Erwartung widersprächen der ratio legis des § 2078 Abs. 2[4].

Dem Grunde nach machte sich *Fischer* damit die *Oertmann*sche Auslegung zu eigen. Da er aber als erster ausdrücklich „unbewußte" Faktoren der Willensbildung berücksichtigt sehen wollte, kann er als Begründer der Lehre von den „unbewußten Vorstellungen" gelten, die dann einige Jahre später durch die Prinz von Hessen-Entscheidung des RG Eingang in die Rechtsprechung fand.

---

[2] S. 101.
[3] S. 226 f.
[4] Ähnlich: *Domke* S. 16; *Kolf* S. 8 f.

3. Die moderne Kommentarliteratur

Der ganz überwiegende Teil[5] der modernen Kommentarliteratur hat die inhaltsbestimmende Formel der „unbewußten Vorstellung" von der Rechtsprechung übernommen und lehnt wie sie die Berücksichtigung des irrealen Erblasserwillens im Rahmen des § 2078 Abs. 2 ab[6]. Nachdem bis vor kurzem demgegenüber nur *Erman / Hense*[7] die irreale Vorstellung als Anfechtungsgrund genügen ließ, hat nun auch der Reichsgerichtsrätekommentar in seiner jüngst erschienenen Neuauflage[8] durch *Johannsen*[9] seine in der Vorauflage vertretene, der neueren Rechtsprechung folgende Auffassung zugunsten der von *Erman / Hense* aufgegeben. Im Gegensatz zu der Vorauflage, in der *Johannsen*[10] für seine damalige Meinung ausdrücklich den entgegenstehenden Gesetzeswortlaut anführte, läßt die Neuauflage eine Diskussion mit diesem Argument vermissen und begnügt sich ohne nähere Begründung mit der Feststellung, daß die heute noch vertretenen beiden Auffassungen praktisch zu den gleichen Ergebnissen kommen dürften. Dabei sei aber die nun gefaßte Meinung leichter und überzeugender zu begründen.

Den Versuch, dem Begriff der „unbewußten Vorstellung" Grenzen zu ziehen, unternehmen von dem überwiegenden Teil der Kommentarliteratur nur *Planck / Flad*[11] und *Staudinger / Seybold*[12], indem sie der Formel der Rechtsprechung hinzufügen, man könne nicht davon ausgehen, daß alle Ereignisse, die allgemein überraschen oder allgemein nicht vorhergesehen würden — z. B. Gesetzesänderungen —, vom Erblasser ohne weiteres unbewußt als nicht eintretend angesehen würden, ihr stillschweigend erwarteter Nichteintritt also für die letztwillige

---

[5] *Palandt / Keidel* § 2078, 3 a; *Planck / Flad* § 2078, 2 a; *Soergel / Siebert / Knopp* § 2078 Rdnr. 5; *Staudinger / Seybold* §§ 2078, 2079 Rdnr. 24.

[6] Zustimmend: R. *Dietz*, Erbrecht, Bonn 1949, § 10, II, 1, b; *Johannsen* S. 645; *Huken* S. 540; *Heldrich* S. 60 f. nimmt zwar zu dem Streit um die unbewußte bzw. irreale Vorstellung nicht ausdrücklich Stellung. Seine Stellungnahme zu dem vom BGH in BGHZ 42, 327 (332) entschiedenen Problem des Vergessens eines Testamentes bzw. eines Gesinnungswandels des Erblassers post testamentum setzt jedoch die Willensbeeinflussung des Erblassers durch positive Vorstellungen voraus und schließt die Berücksichtigung irrealer Vorstellungen als Anfechtungsgrund aus. Vgl. S. 60: „Die Anfechtung wegen eines Irrtums im Beweggrund kann aber nur auf solche Vorstellungen und Erwartungen gestützt werden, die der Erblasser zur Zeit der Errichtung der letztwilligen Verfügung gehabt hat." *Gather* DWW 73, 64 erwähnt zwar nicht die „unbewußte Vorstellung", fordert aber eine positive Vorstellung.

[7] § 2078, 5.

[8] 12. Auflage 1974.

[9] RGRK / *Johannsen*, 12. Aufl. § 2078 Anm. 49.

[10] RGRK / *Johannsen*, 11. Aufl. § 2078 Anm. 49.

[11] § 2078, 2 a.

[12] §§ 2078, 2079 Rdnr. 24.

Verfügung ursächlich gewesen wäre. Schließlich wird von *Staudinger /
Seybold* betont, daß der Vorbehalt gleichbleibender Verhältnisse als
allgemeiner Rechtsgrundsatz nicht anerkannt und damit auch als
Grundlage der Anfechtung wegen Irrtums nicht verwertbar sei[13].

III. Die Erwartung als „irreale" Vorstellung

Die gesamte neuere Lehrbuchliteratur lehnt in auffallender Einmütigkeit den Begriff der „unbewußten Vorstellung" als psychologische Fiktion ab und läßt gänzlich fehlende, „irreale" Vorstellungen von der Zukunft als Anfechtungsgrund genügen[1]. Die näheren Begründungen für diese extensivste Auslegung des Erwartungsbegriffes zeigen verschiedene Varianten.

1. Bartholomeyczik

Als einziger Autor der Lehrbuchliteratur geht *Bartholomeyczik*[2] auf die der Rechtsprechung zugrunde liegende Teleologie ein. Hinter der Nichtberücksichtigung irrealer Vorstellungen stehe die unausgesprochene Wertung, daß der irreale Erblasserwille in der Auslegung zu einer gewillkürten Erbfolge führe, die der Erblasser gewollt hätte, wenn er sachgemäß und pflichtbestimmt verfügt hätte. Die Berücksichtigung des irrealen Willens bei der Anfechtung würde jedoch noch in weiteren Fällen zur gesetzlichen Erbfolge führen, obwohl der Erblasser seinen Willen, von ihr abzuweichen, wenn auch ohne Erwähnung eines bestimmten Beweggrundes so dennoch klar zu erkennen gegeben habe. D. h., der irreale Wille, nicht so zu verfügen, habe geringere rechtliche Kraft als der real erklärte Wille, anders zu verfügen, als es der gesetzlichen Erbfolgeanordnung entspreche oder als in einer früheren Verfügung geschehen. Da der Erblasser bei sicherer Feststellung eines anderen irrealen Willens nicht in dieser Weise letztwillig verfügt hätte, könne auch die irreale Vorstellung zur Anfechtung ausreichen. Da aber auch der irreale Wille in festgestellten Tatsachen seinen objektiv erkennbaren Anhalt finden müsse, seien die streitigen Aus-

---

[13] §§ 2078, 2079 Rdnr. 29, unter Hinweis auf RGZ 60, 58; 147, 56 = JW 1935, 1769. Ebenso *Huken* S. 540.

[1] *Bartholomeyczik*, Erbrecht, § 24, I, 3, c (S. 127 ff.); *Brox*, Erbrecht, Rdnr. 229; ders., Irrtumsanfechtung, S. 139 f.; *Kipp / Coing* § 24, II, 2, b (S. 118 f.); *Lange*, IhJb 82, 27; ders., Recht des Testamentes, Tübingen 1937, S. 124; ders., Erbrecht, § 35, 2, c (S. 386); *v. Lübtow* § 9, C, III (S. 321); zustimmend: *Hack* S. 95 ff.; *Leipold* S. 144 f.; *Medicus* § 6, VI, 1, b; so auch schon im Anschluß an RGZ 77, 165: *Leonhardt* § 2078, II, B, 2, a. Vgl. auch *Dernburgs* wenig subsumtionsfähige Formel (§ 45, IV, 2, a): „Leere Einbildungen genügen."

[2] Erbrecht § 24, I, 3, c (S. 127 ff.).

legungsmeinungen im praktischen Ergebnis nicht weit voneinander entfernt.

2. Brox

Brox[3] räumt zunächst ein, daß die irreale Vorstellung nicht unter den Begriff des Motivirrtums zu subsumieren sei. Jedoch müsse im Spezialfall des § 2078 ebenso wie bei den allgemeinen Irrtumsproblemen die unbewußte Nichtkenntnis der Vorstellung von etwas Falschem gleichgestellt werden[4]. Das habe insbesondere für die Berücksichtigung künftiger Umstände zu gelten. Das Mitglied, das in den Kommissionsberatungen zum BGB den Antrag gestellt habe, man solle künftige Umstände unbeachtet lassen, habe zu Recht darauf hingewiesen, Vergangenheit und Gegenwart könne der Erblasser übersehen und sich eine bestimmte positive Vorstellung von den für ihn wesentlichen Umständen machen, jedoch liege die Zukunft für ihn völlig dunkel dar. Die Erweiterung der Anfechtungsmöglichkeit auf zukünftige Umstände sei wegen der in Dunkel gehüllten zukünftigen Ereignisse praktisch ohne große Bedeutung, wenn man eine positive Vorstellung verlange. Zwar sei in den Protokollen von positiven Vorstellungen die Rede. Man müsse aber mit Coing annehmen, daß die Kommission für die 2. Lesung die im gemeinen Recht übliche Gleichsetzung von Irrtum und Unwissenheit übersehen habe. Die Kommission habe nämlich ausdrücklich auf das gemeine Recht hingewiesen, in dem es auch keine Schwierigkeiten bei der Beachtung künftiger Umstände gegeben habe. Neben der Tatsache, daß auch die Anfechtung nach § 2079 keine positive Vorstellung erfordere, sei schließlich für die Gleichstellung von positiver und irrealer Vorstellung von entscheidender Bedeutung, daß auf die Wertung des Erblassers Rücksicht genommen werden müsse. Diese sei nämlich unrichtig, wenn ein „Wertungsmoment" unrichtig sei. Solche Wertungsmomente bräuchten nicht klar ins Bewußtsein zu treten. Sie machten die Wertung auch in unbewußter Form ebenso unrichtig wie bewußte, wenn sie nicht der objektiven Lage entsprächen. Folglich sei auch der Fall des Nichtwissens wie der des Irrtums zu behandeln. Nach alledem seien alle Fälle des Fehlens oder Wegfalls der Geschäftsgrundlage mit denen des Motivirrtums im Sinne des § 2078 Abs. 2 identisch[5].

3. Coing

Coing[6] sieht wie *Brox* zwar im Irrtum eine positive unrichtige Vorstellung. Dieser müsse es aber entsprechend der allgemeinen Lebens-

---

[3] Irrtumsanfechtung S. 139 f.
[4] Erbrecht Rdnr. 229.
[5] So auch: *Erman / Hense* § 2078, 5.
[6] *Kipp / Coing* § 24, II, 2, b (S. 118 f.).

B.III. Die Erwartung als „irreale" Vorstellung

wertung gleichstehen, wenn der Erblasser bestimmte Umstände überhaupt nicht ins Auge gefaßt habe, deren Kenntnis ihn veranlaßt hätte, anders als geschehen zu testieren, welche also ein „Gegenmotiv"[7] gebildet hätten. Irrtum und Nichtwissen stünden nach dem Ausdruck von *Savigny* „juristisch völlig gleich"[8]. Diese Gleichstellung entspreche auch der allgemein üblichen Bewertung. Die allgemeine Anschauung bewerte es nämlich gleich, ob jemand gehandelt hat, weil er aus Irrtum bestimmte Umstände positiv annahm, oder ob er handelte, weil er an bestimmte Umstände nicht dachte, die ihn sonst abgehalten hätten, zu handeln. Schon sprachlich werde gesagt: „Ich bin ausgegangen, weil ich nicht wußte, daß Besuch kam."

Im übrigen sei die Gleichstellung bereits im gemeinen Recht herrschende Lehre gewesen. Auch die 1. Kommission sei davon ausgegangen, da man den Tatbestand des § 2079 für einen Unterfall des heutigen § 2078 Abs. 2 gehalten habe. In der 2. Kommission sei ein Abänderungsantrag hinsichtlich der Berücksichtigung künftiger Umstände gestellt und von der Mehrheit abgelehnt worden. In der Begründung zu diesem Beschluß sei gesagt, die Befürchtungen des Antragstellers seien unbegründet, da man ja verlange, daß der Erblasser sich „positive Vorstellungen" über die künftige Entwicklung gemacht habe und dadurch zu seiner Verfügung bestimmt worden sei. In dieser Bemerkung könne man aber um so weniger eine Aufhebung des gemeinrechtlichen Zustandes sehen, als wenige Sätze später auf die gemeinrechtliche Praxis verwiesen werde, in der sich keine Schwierigkeiten ergeben hätten. Vielmehr habe man in dem Augenblick die Gleichsetzung von Irrtum und Unwissenheit einfach übersehen. Daher sei anzunehmen, daß das BGB insofern eine Änderung des gemeinen Rechts nicht herbeigeführt habe. Schließlich habe die Rechtsprechung durch die Einführung des Begriffes der „unbewußten Vorstellung" die Forderung nach einer positiven Vorstellung im praktischen Ergebnis aufgegeben. Die Lehre von den „unbewußten Vorstellungen" sei unklar und außerdem vom Standpunkt der Psychologie her anfechtbar[9]. Eine nähere Begründung für diese Anfechtbarkeit gibt *Coing* nicht. Eine von ihm zitierte *Lenel*-Stelle[10], in der dieser in einem angeblich unbewußten Willen einen in Wirklichkeit nicht existenten und daher irrealen sieht, legt jedoch die Vermutung nahe, daß *Coing* meint, die Psychologie sei in bezug auf „unbewußte

---

[7] Vgl. dazu i. e.: *Zitelmann* S. 332 ff.

[8] Vgl. dazu i. e.: *Savigny* S. 111, 326 ff. (Beylage VIII). Wie *Savigny* stellt auch *v. Lübtow* (S. 321) bei der Gleichbehandlung von Irrtum und Nichtwissen allein auf den Mangel der richtigen Vorstellung als juristisch entscheidendem Kriterium ab.

[9] Zustimmend: *Leipold* S. 144.

[10] IhJb 19, 158.

Vorstellungen" entsprechender Auffassung. Daß er selbst „unbewußt" mit „irreal" gleichsetzt, kommt jedenfalls in der Anführung dieses Zitates deutlich zum Ausdruck.

4. H. Lange

H. *Lange* verlangte bereits im Jahre 1932, man müsse wenigstens bei dem Irrtum über den Nichteintritt künftiger Umstände die irreale Vorstellung als Anfechtungsgrund zulassen[11]. Ein Erblasser, der künftige Änderungsmöglichkeiten zwecks Regelung überdenke, denke zumeist allein an die Gegenwart als Grundlage seiner Verfügung. Wolle man die Anfechtung nicht zu einem Privileg für die Rechtsnachfolger von Weitblickenden oder Bedenklichen machen, so dürfe man eine bestimmte Vorstellung nicht fordern. Der Erblasser, der verfüge, ohne künftige Änderungen zu regeln, zeige dadurch, daß er mit solchen nicht rechne. Er könne hierbei gewiß eine unbestimmte Vorstellung von der Beständigkeit der Gegenwart und damit von dem Nichteintritt späterer Änderungen haben; es seien aber gerade die nächstliegenden und festesten Sätze, an die man um ihrer Selbstverständlichkeit willen nicht oder nicht mehr denke. Bei dem Verlobten- oder Ehegattentestament lasse darum das Gesetz ohne Rücksicht darauf, ob der Verfügende sich bestimmte, unbestimmte oder gar keine Vorstellungen gemacht habe, mit der Lösung, ja mit der Lösungskrise gem. § 2077 Nichtigkeit eintreten. Bedenke jemand, ohne an die Zukunft zu denken, seinen Verlobten einen Tag nach der Verlobung, so sei die Verlobung nichtig. Tue er das einen Tag zuvor, so solle sie nicht einmal anfechtbar sein. Dies sei ein eigenartiges Ergebnis[12].

Diese im Jahre 1932 geäußerte Meinung hat *Lange* inzwischen modifiziert, indem er auch für die Erwartung des Eintritts eines künftigen Umstandes eine irreale Vorstellung genügen läßt[13]. Im übrigen fügt er seine Kritik an der Lehre von den „unbewußten Vorstellungen" der damaligen Argumentation nahtlos ein, indem er wiederum betont, man müsse von der Situation eines durchschnittlichen Erblassers ausgehen, der in den Tag hinein lebe und unbewußt davon ausgehe, daß die bisherigen Verhältnisse bestehen bleiben. Ein solcher Erblasser mache sich eben von künftigen Veränderungsmöglichkeiten keine Vorstellung. Wer die irreale Vorstellung als Anfechtungsgrund nicht zulasse, benachteilige den durchschnittlichen Erblasser. Überdies sei es von der „unbestimmten, dunklen Vorstellung" bis zur Nichtvorstellung nur ein kurzer Schritt. Die Rechtsprechung gehe mit dem Begriff der „unbe-

---

[11] IhJb 82, 28.
[12] IhJb 82, 27.
[13] Erbrecht § 35, 2, c (S. 386).

B.III. Die Erwartung als „irreale" Vorstellung

wußten Vorstellung" bis zum Grenzbereich eines dämmernden Bewußtseins. Sie habe diese Grenze praktisch überschritten, wenn sie eine als selbstverständlich angenommene „unbewußte Vorstellung" fordere. *Lange* schlägt daher vor, die Krücke der „unbewußten Vorstellung", die in Wirklichkeit überhaupt keine sei, zugunsten der irrealen Vorstellung aufzugeben. Diese finde ihr Gegenstück in der ergänzenden Auslegung und werte negativ im Gegensatz zu dieser: Hätte der Erblasser bei Kenntnis der wirklichen Lage oder Entwicklung der Umstände seine Verfügung getroffen?

Vor allem in den Stellungnahmen der modernen Lehrbuchliteratur werden die Ursachen für den Streit um die „unbewußte Vorstellung" sichtbar. Sie liegen zunächst in der zu knappen und diffusen Definition der Rechtsprechung, die weitgefächerten Subsumtionen Raum gibt, darüber hinaus jedoch vor allem in dem weitgehenden Mangel an psychologischen Hintergrundkenntnissen, der die rechtliche Wertung differenzierter Bewußtseinsgrade des Erblassers in der Rechtspraxis erschwerend begleitet. Es bedarf keiner statistischen Erhebung, um die Feststellung zu erhärten, daß kaum ein Richter über die psychologischen Kenntnisse verfügen dürfte, die eine überzeugende Abgrenzung zwischen bewußter, unbewußter und fehlender Vorstellung ermöglichen würden. Bevor die rechtlichen Fragen in der Auseinandersetzung mit Rechtsprechung und Literatur angegangen werden können, muß sich die Untersuchung demnach zunächst dem psychischen Phänomen zuwenden, das die Rechtsprechung und — überwiegend — die Kommentarliteratur mit „unbewußter Vorstellung" bezeichnen. Erst wenn geklärt ist, um welche psychischen Inhalte gestritten wird, kann deren rechtliche Relevanz diskutiert werden.

Zweiter Teil

Das psychische Phänomen

Ziel dieses Abschnittes ist die Untersuchung folgender Fragen:

1. Gibt es reale psychische Inhalte der Art, die von der Rechtsprechung mit dem Begriff der „unbewußten Vorstellung" bezeichnet wird?
2. Paßt — die Existenz solcher Inhalte vorausgesetzt — der Begriff auf die von der Rechtsprechung gemeinten Inhalte?
3. Ist der Begriff ein subsumtionsfähiges Abgrenzungskriterium?

A. Der Begriff der „unbewußten Vorstellung"

I. Innere Tatsachen als Gegenstand rechtlicher Wertung

Die Frage der rechtlichen Wertung innerer, d. h. psychischer Tatsachen entsteht vor allem bei der Beurteilung von Handlungsmotiven. Wenn auch grundsätzlich nicht verkannt wird, daß solche Motive in „mehr oder weniger bewußt werdenden Vorstellungen"[1] bestehen, so beschränkt sich doch die rechtliche Wertung im allgemeinen auf den Kreis bewußter Vorstellungen. Das gilt insbesondere für den Bereich des Privatrechts. Bereits *Zitelmann*[2] war Ende des vorigen Jahrhunderts der Meinung, rechtlich interessiere eine Vorstellung nur, wenn sie bewußt sei. Erst wenn eine Vorstellung die Schwelle des Bewußtseins überschritten habe, könne sie juristisch als existent erkannt werden und Berücksichtigung verdienen. Die ganz heikle Frage, ob es überhaupt „unbewußte Vorstellungen" gebe oder ob dieser Begriff nicht etwa einen Widerspruch in sich selbst enthalte, weil in dem Begriff der Vorstellung das Bewußtsein derselben schon eingeschlossen liege, diese Frage mit allen sich anschließenden reizvollen Tochter- und Schwesterfragen müsse für den, der juristische Zwecke verfolge, als interesselos beiseite bleiben[3]. Auch im modernen Schrifttum wird das Unbewußte als dem Recht nicht zugänglicher Bereich bezeichnet[4]. Demgemäß er-

---

[1] *Staudinger / Weber* § 242 E 3.
[2] S. 83 f.
[3] Auch bei Karl *Wolff*, S. 47 ist die Scheu vor der Konfrontation mit dem Problem der „unbewußten Vorstellung" unverkennbar.
[4] Vgl. *Troller*, Alois, Die Begegnung von Philosophie, Rechtsphilosophie

scheint der Begriff der „unbewußten Vorstellung" — von § 2078 Abs. 2 abgesehen — nirgendwo im Privatrecht. Bei den §§ 118, 1298 Abs. 1, die wie § 2078 Abs. 2 die „Erwartung" als Tatbestandselement haben, konnte sich die Frage einer Erwartung in Form einer „unbewußten Vorstellung" überdies nicht stellen, da diese beiden Vorschriften erkennbar bewußte Erwartungen voraussetzen. Während man also im Privatrecht mit der einen genannten Ausnahme unbewußten psychischen Tatsachen keinerlei rechtliche Relevanz zumißt, wird im Strafrecht[5] die Auffassung vertreten, daß nicht nur die aktuell bewußten Handlungen Gegenstand strafrechtlicher Vorwerfbarkeit seien, sondern auch „unbewußte". Der Schuldvorwurf treffe nicht nur die vom „Ich-Zentrum" gesteuerten Handlungen, sondern auch diejenigen, die — bereits früher einmal vollzogen — als Ordnung von Haltungen und Führungsregeln ins Unbewußte eingegangen seien und dort den Charakter mitkonstituierten. Die Schuld könne bereits in dem mangelhaften oder fehlerhaften Aufbau dieses unbewußten Haltungsgefüges als der determinativen Grundlage der einzelnen rechtswidrigen Handlung wurzeln[6]. Über die Frage, wann im Einzelfall der volle Schuldvorwurf erhoben werden muß, herrscht im Rahmen der Diskussion über die Bewußtseinsform des Unrechtsbewußtseins in der strafrechtlichen Literatur seit langem Streit. Auf die einzelnen Lösungsversuche in dieser Frage kann und soll an dieser Stelle nicht näher eingegangen werden. Es mag die Feststellung genügen, daß die verschiedenen Auffassungen sich bei der Bestimmung eines mehr oder minder starken Bewußtseinsgrades in bezug auf die realisierten Tatumstände in der Person des Täters psychologischer Bewußtseinstheorien bedienen[7].

---

u. Rechtswissenschaft, Darmstadt 1971, S. 22 f.: „Rechtsordnung wie Rechtswissenschaft sind an das gebunden, was im menschlichen Bewußtsein zum Vorschein kommt. Das Unbewußte ist gleichsam ein gewaltiger unterirdischer, die Quellen menschlichen Daseins speisender Strom, der die Grenzen rechtswissenschaftlichen Fragens anzeigt." Eine weniger enge Sicht des Problems deutet sich dagegen in *Trollers* „Überall gültige Prinzipien der Rechtswissenschaft", Frankfurt/Berlin 1965, S. 33 an: „Sie (die Rechtswissenschaft, Anm. des Verf.) wird die Schranken ihrer Herrschaft an den Grenzen, die das Reich des Unbewußten vom Bewußten trennen, beachten. Sie kann und soll versuchen, Einflüsse, die vom Unbewußten herkommen, zu erfassen."

[5] Der Erforschung der Wechselwirkungen zwischen Psychologie und Recht hat das strafrechtliche Schrifttum seit jeher ungleich mehr Beachtung als das privatrechtliche geschenkt. Vgl. dazu aus neuester Zeit in: Dieter *Grimm* (Hrsg.), Rechtswissenschaft und Nachbarwissenschaften, Bd. 1, Frankfurt 1973, die Aufsätze von G. *Kaiser*, Strafrecht und Psychologie, S. 195 ff. und E. *Müller-Luckmann*, Psychologie und Strafrecht, S. 215 ff. mit jeweils reichhaltigen weiteren Schrifttumsnachweisen.

[6] Vgl. *Jeschek* S. 310.

[7] Vgl. aus der reichen Literatur: *Rudolphi* S. 150 ff.; *Schewe* S. 37 ff.; *Horn* S. 38 ff.

Auch die Frage, wann eine Vorstellung über zukünftige Tatsachen in der Person des Erblassers bewußt und wann sie unbewußt ist, kann nur von den Wissenschaftsdisziplinen beantwortet werden, welche die Erforschung von Wesen und Inhalt seelischer Zustände und Prozesse betreiben, nämlich der Philosophie und besonders der Psychologie. Da der Begriff der „unbewußten Vorstellung" nicht juristischer, sondern philosophischer und psychologischer Herkunft ist, können nur diese Disziplinen der juristischen Hermeneutik die Grundlage schaffen, die als Verständnisvoraussetzung dieses Begriffes im Rechtsleben unerläßlich ist.

Die genaue Begriffsanalyse soll jedoch nicht begonnen werden, ehe auf die besondere Problematik der Verwendung nichtjuristischer Begriffe im Rechtsleben einführend hingewiesen worden ist. Dabei muß vor allem die Relation der Psychologie zur Jurisprudenz angedeutet sowie psychologischen Forschungsergebnissen und Begriffen der adäquate Stellenwert im Prozeß der Rechtsfindung zugewiesen werden.

Die beiden Disziplinen zukommende Kompetenzverteilung kann sich zunächst an der *Brox*schen These orientieren, Rechtswissenschaft sei keine angewandte Psychologie, sondern Wertungswissenschaft[8]. „Sach"-gerechte juristische Entscheidungen müssen sich auf gegebene Tatsachen beziehen, zu denen neben sofort erkennbaren äußerlichen auch nicht ohne weiteres erkennbare innere psychische Fakten zählen. Wenn aber psychische Tatsachen vorhanden und wie sie beschaffen sind, kann der Jurist kaum beurteilen. Er bedarf dazu der Hilfe der dafür zuständigen Wissenschaftsdisziplin[9] und muß zu diesem Zwecke i. S. der bereits im Vorwort dieser Schrift erwähnten Auffassung Ivar *Agges*[10] Rechtstheorie betreiben, indem er Erkenntnisse der Nachbarwissenschaft Psychologie auf ihre Relevanz für die Rechtswissenschaft im engeren Sinne prüft. So müssen sich auch die Begriffe und Formeln, mit denen die Rechtsdogmatik Psychisches erfassen will, an den Forschungsergebnissen der Psychologie ausrichten[11]. Diese schaffen der Rechtsdogmatik wie dem Richter die außerjuristische Grundlage ihrer in diesem Bereich auf das Interpretatorische beschränkten Entscheidungsmöglichkeiten. Jedoch dürfen Erkenntnisse der Psychologie dabei nicht als unkritisch

---

[8] *Brox*, Irrtumsanfechtung, S. 278.

[9] Vgl. *Staudinger / Coing* § 104 Rdnr. 6: „Psychologische Fragen sollen und können nicht durch Gesetze der Juristen entschieden werden."

[10] An dieser Stelle kann auf den Streit um die Begriffsbestimmung von „Rechtstheorie" nicht eingegangen werden. Vgl. zu *Agges* Definition seinen Beitrag in der Festschrift für *Herlitz*, 1955, S. 9 ff. und Ralf *Dreier*, Was ist und wozu Allgemeine Rechtstheorie?, Tübingen 1975, S. 21 m. w. Nachw.

[11] Vgl. *Bekker*, Ernst Immanuel, Psychologische Jurisprudenz, in: Kritische Vierteljahresschrift für Gesetzgebung und Rechtswissenschaft, 22. Bd. München 1880, S. 34.

reproduzierte Faktoren determinierend in den Rechtsfindungsprozeß einfließen[12]. Sie bilden vielmehr lediglich eine — wenn auch unerläßliche — materiale Voraussetzung einer sachgerechten Interpretation von Tatsachen und damit einer sachgerechten juristischen Entscheidung[13].

Die nach allgemeingültigen Kriterien vorzunehmende Erfassung und wertende Beurteilung von psychischen Phänomenen bringt jedoch in besonderem Maße für den Juristen Schwierigkeiten in begriffsdogmatischer Hinsicht mit sich[14]. Die Begriffe, die er im Gesetz als Tatbestandselemente vorfindet oder kreativ in die Rechtspraxis oder -dogmatik einführt, müssen, wenn sie taugliche Instrumente zur Rechtsfindung sein sollen, klare und eindeutige Inhalte haben. Unheilvoller Rechtsunsicherheit ist nur dann entgegenzuwirken, wenn nach Feststellung eindeutiger Sachverhalte deren Subsumtion nicht auf verschwommene Begriffsgrenzen stößt. Daß es nun gerade mit der Übernahme psychologischer Begriffe in die Rechtsdogmatik und -praxis seine besonders komplikative Bewandtnis hat, impliziert jedoch keinen Vorwurf gegen Psychologen hinsichtlich ihrer Unfähigkeit, klare Begriffe zu formulieren. Die Tatsache, daß dieser Vorwurf von Nicht-Psychologen nicht selten erhoben wurde[15], dürfte kaum dazu angetan sein, das Vertrauen in die Brauchbarkeit psychologischer Termini vor allem im Rechtsbereich zu bestärken. Von einer weitgehenden oder gar generellen Unverwendbarkeit psychologischer Begriffsbildungen im juristischen Bereich auszugehen, hieße jedoch, die bereits bestehende partielle Ratlosigkeit in der rechtlichen Wertung psychischer Phänomene zu intensivieren. Die diesbezügliche Skepsis eines bedeutenden Juristen, der sich mit großem Erfolg an die Erforschung juristisch-psychologischer Problemstellungen herangewagt hat, nämlich *Zitelmanns*[16], soll an

---

[12] Vgl. dazu: *Brox*, Irrtumsanfechtung, S. 56 f.
[13] Vgl. *Gerchow*, Vorwort zu Schewe, S. 7 f.
[14] Vgl. aus dem sehr spärlichen Schrifttum über die Kohärenz zwischen Rechtswissenschaft und Psychologie: *Gruhle*, Psychologie und Rechtswissenschaft, Zeitschr. f. d. ges. Staatswiss. 109 (1953), S. 91; Erwin *Riezler*, Das Rechtsgefühl, Rechtspsychologische Betrachtungen, 3. Aufl. München 1969; *Kuhlenbeck*, Zur Psychologie des Rechtsgefühls, Arch. R. Philos. I, 16 ff.; *Sturm*, Die psychologische Grundlage des Rechts, 1910. *Pöhl*, Böser Vorsatz und unbewußtes Wissen, ÖJZ 1961, 66 ff. verwendet zur Kennzeichnung differenzierter Bewußtseinsgrade eine eigene, im psychologischen Schrifttum weitgehend unübliche Terminologie: „Was wir erleben, ist entweder ober- oder unterbewußt. Oberbewußt ist das Erleben, das wir beachten, unterbewußt das, was wir nicht beachten. Unbewußt hingegen ist, was wir überhaupt nicht erleben. Unser Wissen, erinnerbare Erlebnisse, sind fast alle unbewußt. Dieses Wissen ist so lange unbewußt, bis wir daran denken."
[15] Vgl. z. B. die Polemik *Wittgensteins*, Philosophische Untersuchungen, Frankfurt/M. 1971, S. 267, der der Psychologie Begriffsverwirrung vorwirft. *Hofstätter* S. 9, spricht von „babylonischer Sprachverwirrung", ferner i. e.: *Platzgummer* S. 23 f.
[16] S. 24.

dieser Stelle nicht unerwähnt bleiben. *Zitelmann* konzediert, daß der Jurist sich bei der Beurteilung psychischer Sachverhalte an den Psychologen wenden und von ihm die Resultate entnehmen müsse, die er brauche. Nichts könne dem Juristen erwünschter sein, als wenn dies möglich wäre. Aber leider sei dem nicht so. Weniger als in anderen Wissenschaften gebe es hier einen Schatz fester Resultate, auf dem sich aufbauen ließe, vielmehr beginne sie in fast jedem ihrer Vertreter wieder von vorne. Noch schwerwiegender sei, daß die Psychologie dem Juristen, der haarscharfe Distinctionen und greifbare Kriterien benötige, stattdessen vielfach unpräzise, verschwimmende und zu allgemeine Beschreibungen gebe. Es gebe kaum eine Disziplin, in der die Terminologie eine so verworrene sei wie gerade in der Psychologie.

Daß *Zitelmann* sich daher einen eigenen terminologischen Weg zu bahnen versuchte, war folgerichtig. Es muß ihm zwar zugegeben werden, daß nicht unbeträchtliche Komplikationen bestehen, seelische Tatbestände, vornehmlich die dem Bewußtsein nicht direkt zugänglichen Strukturen und Abläufe, mit den vertrauten Begriffen der Umgangssprache adäquat zu erfassen. Vor allem von tiefenpsychologischen Schulen sind daher zahlreiche Versuche unternommen worden, das in der psychoanalytischen Erfahrung Wahrgenommene durch Schaffung spezifischer Begriffe verständlich zu machen[17]. Da aber die Nomenklaturen je nach Schule häufig divergieren, ist psychologische Literatur vom Nichtfachmann nur sehr schwer zu verstehen. Selbst in psychologischen Fachkreisen wird wegen der stark differenzierenden Begriffssysteme eine Verständigung nicht selten fraglich[18].

Diese spezifisch psychologische begriffsdogmatische Problematik hat ihren Grund jedoch nicht in der Unzulänglichkeit von Psychologen, sondern in der Natur ihres Forschungsgegenstandes. Die Psyche besteht nicht aus klar abgrenzbaren, isolierten Elementen, sondern einem System von sich gegenseitig durchdringenden Faktoren, die in der Form gegenseitiger Ausschließbarkeit gar nicht gedacht werden können[19]. Diesem Charakter muß sich psychologische Terminologie anpassen, indem sie weitgehend akzentuierend verfährt. Viele psychologische Begriffe dürfen nicht als klar abgrenzbare Inhaltsfixierungen verstanden werden, sondern lediglich als Akzentuierung gewisser „abhebbarer Einzelzüge eines komplexen Sachverhaltes"[20]. Das *Zitelmann*sche Postulat nach „haarscharfen Distinctionen" im Bereich der psychologischen Begriffsbildung kann in Anbetracht des „in sich verflochtenen Inte-

---

[17] Vgl. *Furrer* S. 18.
[18] Vgl. *Furrer* S. 18.
[19] *Lersch* S. 38 f.
[20] *Lersch* S. 39.

grationszusammenhanges der Psyche"[21] nur als den zu erfassenden Begriffsinhalten inadäquat bezeichnet werden. Natürlich wäre es wünschenswert, psychische Phänomene durch ein logisch durchgeformtes Begriffssystem fassen und verständlich machen zu können. Dieses für die Psychologie zu fordern, würde bedeuten, sich dem nicht nur vereinzelt Juristen gegenüber erhobenen Vorwurf eines „weltfremden Logizismus"[22] auszusetzen. So schwer es der Jurisprudenz auch fallen mag — sie muß sich bei der Wertung psychischer Sachverhalte der lediglich akzentuierenden Terminologie der Psychologie bedienen.

Der Exkurs über die besondere Problematik der Verwendbarkeit psychologischer Begriffe im Rechtsbereich dürfte angedeutet haben, welchen Schwierigkeiten der Jurist bei der Beurteilung psychischer Sachverhalte gegenübersteht. Die speziellen Probleme bei der Frage der rechtlichen Relevanz „unbewußter Vorstellungen" im Rahmen des § 2078 Abs. 2 in bezug auf Inhalt und Grenzen des Begriffes auszuräumen, ist Aufgabe des folgenden Kapitels.

II. Der Begriff der „unbewußten Vorstellung" in Philosophie und Psychologie

1. Stand der Meinungen

Der Begriff der „unbewußten Vorstellung" ist in der Philosophie wie in der Psychologie höchst umstritten.

So vertraten die französischen Sensualisten Charles *Bonnet* (1720 bis 1793) und Etienne *Bonnet de Condillac* (1714 - 1780) den Standpunkt, Vorstellungen zu haben und sich ihrer bewußt zu sein, sei ein und dasselbe. Auch der Tübinger Philosoph Gottfried *Poucquet* (1716 bis 1790) hielt den Begriff aus logischen Gründen für unhaltbar. Schon der Begriff einer Perception ohne Apperception, einer Vorstellung ohne Bewußtsein sei unmöglich. Vorstellungen seien nur durch das Bewußtsein zu kennen[1]. Auch *Wahle*[2] wandte sich scharf gegen den Begriff. Unter Berufung auf *Locke*, der in Vorstellungen ohne Bewußtsein einen Widerspruch sah[3], sah er in der „unbewußten Vorstellung" die sprachliche Verwendung zweier entgegengesetzter, sich ausschließender Begriffe, die genauso widerspruchsvoll sei wie ein unbewußtes Bewußtsein oder ein stilles Getöse[4].

---

[21] *Lersch* S. 38.
[22] *Gerchow*, Vorwort zu *Schewe* S. 7.
[1] Vgl. *Grau*, Die Entwicklung des Bewußtseinsbegriffes im 17. und 18. Jhd., Halle/S. 1916, S. 226; *Pongratz* S. 118.
[2] Entstehung der Charaktere, 1927, S. 37 ff.
[3] Vgl. *Pongratz* S. 118.
[4] Auch *Hack* (S. 95) ist der Meinung, ein unbewußtes Bewußtsein sei sprachlich und logisch ein Widerspruch in sich.

In der Bejahung einer contradictio in adiecto innerhalb des Begriffes der „unbewußten Vorstellung" stehen diese Autoren nicht allein[5]. Auf der anderen Seite verneint eine Reihe nicht unmaßgeblicher Autoren diese contradictio, die den Vorstellungsbegriff extensiv auffassen[6]. Vor allem Psychologen sind der Meinung, dem Begriff der Vorstellung sei das Element des Bewußtseins durchaus nicht wesenskonstitutiv inhaerent. In nicht wenigen psychologischen Schulen wird die „unbewußte Vorstellung" häufig zur Kennzeichnung nicht oder noch nicht dem Bewußtsein zugänglicher seelischer Entitäten verwandt.

Es mag an dieser Stelle genügen festzuhalten, daß die „unbewußte Vorstellung" einerseits wegen ihres angeblich alogischen Charakters als Begriff zum Teil scharf abgelehnt wird, andererseits aber als Bezeichnung spezifisch gearteter seelischer Faktoren bei verschiedenen Autoren nicht unüblich ist.

2. Der Begriff der „Vorstellung"

Die Analyse des Begriffs der „unbewußten Vorstellung" setzt an dem Substantiv „Vorstellung" an. Erst wenn das Wesen des Grundphänomens der „Vorstellung" weitgehend beleuchtet worden ist, können deren Modifikationsausprägungen „bewußt-unbewußt" erhellt und verstanden werden.

Eine allgemein anerkannte Definition der „Vorstellung" gibt es nicht. Umstrittene Definitionsvarianten zeigen eine Vielfalt von engen bis weiten Bedeutungsinhalten und lassen daher eine eindeutige Begriffsklärung nicht zu. Aus der bis in die altgriechische Philosophie zurückreichenden Geschichte des Begriffes können hier nur die Hauptbedeutungsvarianten schwerpunktmäßig skizziert werden[7].

Unter „Vorstellung" ist sowohl der Vorgang des Sich-Vorstellens als auch das Vorgestellte als Ergebnis dieses Vorganges zu verstehen. Daß Divergenzen über den bewußten bzw. unbewußten Charakter von Vorstellungen bestehen, hängt zum größten Teil mit der Definition des Subjekts zusammen, das ein Objekt „vor sich hinstellt". Wer — wie u. a. *Locke* und *Descartes* — als Subjekt das Bewußtsein annimmt, kommt nur zu bewußten Vorstellungen und zu unbewußten Dispositionen. Wer aber — wie z. B. *Freud, Herbart, v. Hartmann* — das Sub-

---
[5] Vgl. i. e. die Aufzählung bei *Eisler* III, S. 297 ff.
[6] Vgl. *Eisler* III, S. 437 ff.
[7] Vgl. über die Geschichte des Vorstellungsbegriffes i. e.: *Knüpfer*, Grundzüge des Begriffes „Vorstellung" von Wolff bis Kant, 1911; *Segal*, Über das Vorstellen von Objekten und Situationen, Münch. Stud. z. Philosophie und Psychologie, 1916, Heft 4; *Stumpf*, Empfindung und Vorstellung, Abhandl. d. preuß. Akad. d. Wiss. 1918, S. 1 - 116; genauer Überblick bei: *Eisler* III, S. 437 ff.

jekt in extensiver Interpretation als „Seele" oder „System psychischer Akte" definiert, gelangt zur Bejahung „unbewußter Vorstellungen".

Wichtig für die juristische Betrachtung ist das Wesen des durch den Vorgang des Sich-Vorstellens Vorgestellten. Vorstellungen im Sinne von Vorgestelltem können „Erinnerungsvorstellungen" und „Phantasievorstellungen" sein[8]. Diese Unterscheidung ist mit den Begriffen „Annahme" und „Erwartung" auch in § 2078 Abs. 2 eingeflossen. Erinnerungsvorstellung ist derjenige anschauliche seelische Inhalt, der als Erinnerungsbild von bereits vorher Wahrgenommenem vorgestellt und damit vergegenwärtigt wird. In der Phantasievorstellung vergegenwärtigt sich das Bewußtsein oder die Seele noch nicht Wahrgenommenes[9]. Die Phantasievorstellungen stehen zu den Erinnerungsvorstellungen insofern in enger Beziehung, als die anschauliche, abbildhafte Vergegenwärtigung von Zukünftigem nur auf der Grundlage des schon Bekannten und Gewußten möglich ist. Das schon Bekannte stellt gleichsam das Material dar, aus dem die Phantasie neue Vorstellungen bewußt oder weniger bewußt formt. Es gibt daher keine Phantasievorstellung, die nicht wenigstens in Teilinhalten auf frühere Erfahrungen zurückginge[10].

Welche besondere Prägung Vorstellungen in unbewußtem Zustande auszeichnet, soll der folgende Abschnitt klären. Inhalt und Grenzen des Begriffes der „unbewußten Vorstellung" ergeben sich aus dem größeren Rahmen der Begriffsantinomie „Bewußtsein — Unbewußtes". Die philosophische und psychologische Literatur zu diesem Problemkreis füllt zahlreiche Bände. Für den Zweck unserer Untersuchung ist es ausreichend, aber auch erforderlich, nach einem kurzen Überblick über die Begriffsgeschichte des Unbewußten nur die wesentlichsten Stellungnahmen in geraffter historischer Darstellung über ihre Inhaltsbestimmung der „unbewußten Vorstellung" zu befragen.

3. Begriffsgeschichte des „Unbewußten"

Die Frage nach dem „Unbewußten" war Jahrhunderte, bevor sich ihrer die Tiefenpsychologie in besonders intensivem Maße annahm, bereits Gegenstand philosophischer Forschung. In der Psychologie spielt sie naturgemäß eine bedeutende Rolle. So bezeichnen sie renommierte Psychologen als das Problem der Psychologie überhaupt[11] und

---

[8] *Eisler* III, S. 437.
[9] Vgl. *Lersch* S. 401 f.; *Dorsch*, Psychologisches Wörterbuch, 8. Aufl. Hamburg/Bern 1970, S. 448; *Mach*, Erkenntnis und Irrtum, 6. Aufl. Darmstadt 1968, S. 22.
[10] Vgl. *Lersch* S. 402.
[11] Theodor *Lipps* auf dem Kongreß für Psychologie in München 1897.

ihre Entdeckung als den wichtigsten Fortschritt in der Psychologie[12]. Andere sehen in ihr ein Scheinproblem, das aus der wissenschaftlichen Psychologie verbannt werden müsse[13].

Der Begriff „Unbewußtsein" tauchte zum erstenmal gegen Ende des 18. Jahrhunderts auf. Nachdem Christian *Wolf* 1720 das deutsche Hauptwort „Bewußtsein" in seinem Buch „Vernünftige Gedanken von Gott, der Welt und der Seele des Menschen, auch allen Dingen überhaupt" als Übersetzung der lateinischen cogitatio und der französischen apperception geprägt hatte, bildete sein Schüler Ernst *Platner*[14] den Begriff „Unbewußtsein" zur Bezeichnung der kleinen, unmerklichen Perzeptionen *Leibniz'*[15]. Das Adjektiv „unbewußt" kannte *Platner* noch nicht. Er sprach aber bereits von „bewußtlosen Vorstellungen". In der Philosophie wurde das Adjektiv „bewußtlos" für seelische Zustände, die heute als „unbewußt" bezeichnet würden, bis ins 19. Jahrhundert hinein verwandt. *Kant, Schopenhauer, Hegel, Herbart* u. a. sprachen von „nicht bewußter", „bewußtloser" und „bewußtseinsloser" Tätigkeit. In der Romantik wurde dann das Adjektiv „unbewußt" zum vielbenutzten Terminus. Das substantivierte Adjektiv „Das Unbewußte" findet sich zum erstenmal in der Vorschule zur Ästhetik (1804) des Platner-Schülers Jean *Paul*[16]. Carl Gustav *Carus* (1789 - 1869) hat das Adjektiv „unbewußt" und das Substantiv „Das Unbewußte" dann vor allem durch sein Buch „Psyche" (1846) in die Psychologie eingeführt. Durch Eduard *v. Hartmanns* „Philosophie des Unbewußten" wurden beide Begriffe popularisiert.

Der Begriff des „Unbewußten" ist wie der des „Bewußtseins" höchst vieldeutig. Die zahlreichen Bedeutungsvarianten sind in der Psychologie verschiedentlich zu Bedeutungskatalogen zusammengestellt worden. So haben u. a. James G. *Miller*[17] und Johannes H. *Schultz*[18] voneinander unabhängig je 16, G. *Wildangel*[19] 12, W. *Hellpach*[20] 8 und andere[21] 4 oder 3 Bedeutungsvarianten unterschieden. Es wäre müßig, diese einzelnen Bedeutungskataloge detailliert wiederzugeben. Sie sind zum Teil für den Nichtpsychologen nur schwer verständlich, weil ihm

---

[12] William *James*, The Varieties of Religion Experience, 1902, S. 233.
[13] Vgl. dazu i. e. *Pongratz* S. 182.
[14] Philosophische Aphorismen, Leipzig 1776.
[15] Vgl. *Brinkmann* S. 26.
[16] „Das Mächtigste im Dichter ist gerade das Unbewußte."
[17] Unconsciousness, 1942.
[18] Grundfragen der Neurosenlehre, 1955.
[19] Beiträge zur Grundlegung der Elementaranalytik des Bewußtseins, Diss. Köln 1962.
[20] Unbewußtes oder Wechselwirkung, 1908.
[21] Vgl. i. e. die Aufstellung bei *Pongratz* S. 190 f.

A. II. „Unbewußte Vorstellung" in Philosophie und Psychologie   45

zumeist der theoretische Hintergrund und die funktionalen Zusammenhänge der Begriffsdifferenzierungen wenig vertraut sein dürften. Um dem Rechtsanwendenden, der im Rahmen des § 2078 Abs. 2 mit dem Begriff der „unbewußten Vorstellung" konfrontiert wird, aber wenigstens annähernd deutlich machen zu können, welche divergierenden Phänomene von dem Adjektiv „unbewußt" gedeckt werden, müssen die wesentlichsten Auffassungen befragt werden.

4. Der Begriff der „unbewußten Vorstellung" in der Philosophie

Leibniz

Leibniz (1646 - 1716) hat den Begriff der „unbewußten Vorstellung" als erster in die wissenschaftliche Diskussion eingeführt. Er wird daher auch der „Entdecker des Unbewußten" genannt[1]. Die Annahme unbewußter seelischer Elemente durch ihn mußte in der Epoche des philosophischen Rationalismus großes Aufsehen erregen, weil bis zu diesem Zeitpunkt der Begriff des „Unbewußten" im allgemeinen kaum verwandt, geschweige denn ihm irgendein beachtenswerter Stellenwert im Rahmen eines philosophischen Systems zugewiesen worden war. Diese Negierung des „Unbewußten" ist auf den beherrschenden Einfluß der „Philosophie des Bewußtseins" zurückzuführen, deren Hauptvertreter *Descartes* und *Locke* Seelisches mit Bewußtsein gleichgesetzt und damit der Annahme unbewußter Komponenten im seelischen Bereich keinen Raum gelassen hatten[2].

Descartes hatte die gesamte Welt einschließlich des Menschen in zwei sich gegenseitig ausschließende Hälften zerlegt, die physische, räumlich-materielle Außenwelt (res extensa) und die psychische, unräumlich-immaterielle Innenwelt (res cogitans). Die Seele hat nicht mehr — wie bei *Aristoteles* — Bewußtsein, sondern sie ist das Bewußtsein selbst. Dieses besteht aus perceptiones und appetitus (elementare Trieb- und Willensregungen). Unbewußte Vorstellungen kennt *Descartes* noch nicht[3].

Locke rückt mit seiner Lehre von der inneren Wahrnehmung etwas von *Descartes* ab. Bewußtsein ist für ihn nicht das Wesen des Psychischen, sondern vielmehr das Merkmal des Denkens. Als psychologischer Empirist hatte er erkannt, daß Erfahrungen, durch welche die „tabula rasa" der Seele ausgefüllt wird, nicht nur durch das Denken, sondern zunächst mittels der Sinneswahrnehmungen gewonnen werden, die er als selbständige psychische Tätigkeiten neben das bewußte Denken

---
[1] Vgl. *v. Hartmann* I, S. 14; *Geiger* S. 25; *Kühler* S. 14; *Eisler* III, S. 297; *Bloch* I, S. 150; *Hofstätter* S. 79; *Pongratz* S. 117, 199; *Brinkmann* S. 24 ff.
[2] Vgl. *Rothacker* S. 134; *Lersch* S. 614.
[3] Vgl. *Kühler* S. 13; *Brinkmann* S. 20 ff.; *Pongratz* S. 190.

stellt. Die Verknüpfung des Bewußtseins mit der seelischen Funktion des Denkens durch *Locke* scheidet das „Unbewußte" als psychisches Faktum nicht völlig aus, rückt es aber vom Denken weg in die Nähe anderer psychischer Erlebnisarten.

Dagegen gibt es bei *Leibniz* seelische Tätigkeit auch außerhalb des Bewußtseins. Er wendet sich damit gegen die Kartesianer, mit denen er darin einig ist, daß die Seele immerfort denke, denen gegenüber er aber betont, daß sie sich dessen nicht stets bewußt sei. Die Statuierung des „Unbewußten" ist für ihn notwendiges Strukturelement seines philosophisch-metaphysischen Systems, das vor allem durch die Monadenlehre bestimmt wird. Monaden sind die einfachen, körperlichen, geistigen, mehr oder weniger bewußten Substanzen, deren tätige Kräfte und Zustände in Vorstellungen bestehen.

Jede Monade ist ein „Spiegel der Welt". Sie enthält das ganze Universum als Vorstellung in sich. Jede ist aber auch als Individuum von allen anderen unterschieden. Der Unterschied liegt nicht im Vorstellungsinhalt, sondern in der Vorstellungsart, die nach Intensitätsgraden differiert. Die Monaden bilden nach der lex continui eine ununterbrochene Stufenreihe und damit einen lückenlosen Weltzusammenhang. Dieser duldet keine Unterbrechung, keine Leerstelle. Scheint sie sich dennoch zu finden, so ist sie in Wahrheit mit unmerklich kleinstem Etwas besetzt. Das nach Intensität graduierte Bewußtsein trägt als kleinste Elemente die „petites perceptions" in sich, die wegen ihrer Schwäche als Einzelfaktoren unmerklich oder nicht bewußt bleiben, doch bei hinreichender Summierung, etwa als Wogengeräusch oder Stimmengewirr, „en masse" durchaus bewußt werden können[4]. Also müssen sie auch vorher in der Seele vorhanden gewesen sein. Diese „petites perceptions" werden überwiegend[5] mit „unbewußte Vorstellungen" übersetzt. Sie sind nicht nur das Band, das „jedes Wesen mit dem ganzen übrigen Universum verbindet"[6] sowie wichtiges Element der Erklärung der „harmonie préétablie des substances", sondern auch die innere Werkstatt der Gefühle, Leidenschaften und vor allem Gewohnheiten[7].

Von den Perzeptionen unterscheidet *Leibniz* die Apperzeptionen, unter denen er bewußte Vorstellungen, das Bewußtsein allgemein und

---

[4] Vgl. *Bloch* I, S. 150; *Lersch* S. 607; *Schütz* S. 41.

[5] *Brinkmann* S. 24 ff., *Pongratz* S. 116 ff. u. passim, übersetzen mit „dunkle Vorstellungen". *Kühler* S. 14, *Bloch* I, S. 150, *v. Hartmann* passim, *Windelband/Heimsoeth* S. 364, 397 sprechen von „unbewußten Vorstellungen". Letzteres liegt nahe, da die apperzipierten Vorstellungen mit „bewußt" übersetzt werden. Vgl. *Brinkmann* S. 24.

[6] *v. Hartmann* I, S. 15; *Kühler* S. 14 f.

[7] Vgl. *Kant* III, S. 295.

das Selbstbewußtsein als Wissen um die eigene Seele begreift[8]. Der Übergang von den unbewußten zu den bewußten Vorstellungen vollzieht sich gradweise und kontinuierlich. Damit wird das Bewußtsein als dynamisches Geschehen bestimmt[9].

Die *Leibniz*sche Begriffsantinomie „Apperzeption-Perzeption" erfuhr in der Folgezeit durch den erbitterten Leibnizgegner C. A. *Crusius* weitgehende Modifizierungen, welche die Begriffskategorien *Kants* stark beeinflussen sollten.

Kant

Seit *Crusius* und vor allem *Kant* gibt es neben dem „perzeptiven Unbewußten" auch das „apperzeptive Unbewußte"[10]. Zwar kommt dieser neue Begriff weder bei *Crusius* noch bei *Kant* expressis verbis vor. Der Sache nach aber wird das Phänomen deutlich beschrieben: Apperzeption ist nach *Kant*[11] die spontane Denkhandlung, die das durch die Sinne gegebene chaotische Material der perzeptiven Bewußtseinsinhalte zu Gegenständen formt. Sie liegt bereits in jeder schlichten Wahrnehmung eines Gegenstandes der Außenwelt vor[12]. Der spontanapperzeptive Akt ist außerzeitlich, nicht-psychischen Charakters und daher dem „direkten Blick des Bewußtseins" verborgen. Nur seine Ergebnisse, die gestalteten Gegenstände, sind im Bewußtsein sichtbar. Der apperzipierende Akt selbst kann nur indirekt aus der Existenz dieser Gegenstände erschlossen werden[13].

Neben diesem „apperzeptiven Unbewußten" kennt *Kant* ferner das „perzeptive Unbewußte", das im wesentlichen mit den „petites perceptions" *Leibniz*' inhaltsgleich ist[14], da es das perzeptive Material der sinnlichen Erfahrung darstellt.

Zum Wesen nicht-bewußter Vorstellungen nimmt *Kant* verschiedentlich ausdrücklich Stellung. Schon in den vorkritischen „Untersuchungen über die Deutlichkeit der Grundsätze der natürlichen Theologie und Moral"[15] stehen die Sätze: „Dunkle Vorstellungen sind diejenigen, deren man sich nicht bewußt ist. Nun zeigen einige Erfahrungen, daß wir auch im tiefen Schlafe Vorstellungen haben, und da wir uns deren nicht bewußt sind, so sind sie dunkel gewesen." Den „Vorstellungen,

---

[8] Vgl. *Kühler* S. 15.
[9] Vgl. *Kühler* S. 15.
[10] Vgl. i. e. *Brinkmann* S. 27 ff.; *Pongratz* S. 190.
[11] Ges. Werke III, S. 134 ff.
[12] Vgl. *Pongratz* S. 190.
[13] Vgl. *Brinkmann* S. 28 f.
[14] Vgl. über die Differenzen: *Brinkmann* S. 31.
[15] Ges. Werke II, S. 760.

die wir haben, ohne uns ihrer bewußt zu sein" widmet er sogar im 1. Teil seiner „Anthropologischen Didaktik" ein ganzes Kapitel[16]. Auch seine „Logik" nimmt eine Unterscheidung zwischen nichtbewußten, dunklen und bewußten, klaren Vorstellungen vor[17]. Als ihr Differenzierungskriterium setzt *Kant* das Bewußtsein ein, das „eigentlich eine Vorstellung ist, daß eine andere Vorstellung in mir ist"[18].

Der deutsche Idealismus

Im deutschen Idealismus wirkte das Unbewußte im Rahmen der Bestimmung der absoluten Vernunft zum letzten und höchsten Prinzip der Philosophie weiter fort[19]. *Fichte* betont, daß die das Bewußtsein erzeugenden Tätigkeiten noch nicht bewußt, also unbewußt sein müßten. Dem göttlichen, unendlichen Urgeist spricht er entschieden das Bewußtsein ab. Die göttliche Urtätigkeit ist unbewußt[20].

Weitaus klarer und faßbarer erkannte *Schelling* den Begriff des Unbewußten. Er gilt als Begründer einer romantischen Philosophie des Unbewußten[21]. Nach *Schelling* wirkt in allem, auch dem „gemeinsten und alltäglichsten Produciren mit der bewußten Tätigkeit eine bewußtlose zusammen"[22]. Der *Fichte*sche göttliche Urgeist ohne Bewußtsein ist für *Schelling* das „ewig Unbewußte, was gleichsam die ewige Sonne im Reich der Geister, durch sein eigenes ungetrübtes Licht sich

---

[16] Ges. Werke XII, S. 417 ff.: „Vorstellungen zu haben und sich ihrer doch nicht bewußt zu sein, darin scheint ein Widerspruch zu liegen; denn wie können wir wissen, daß wie sie haben, wenn wir uns ihrer nicht bewußt sind? Diesen Einwurf machte schon Locke, der darum auch das Dasein solcher Art Vorstellungen verwarf. Allein wir können uns doch mittelbar bewußt sein, eine Vorstellung zu haben, ob wir gleich unmittelbar uns ihrer nicht bewußt sind. Dergleichen Vorstellungen heißen dann dunkle; die übrigen sind klar, und wenn ihre Klarheit sich auch auf die Teilvorstellungen eines ganzen derselben erstreckt und ihre Verbindung erstreckt, deutliche Vorstellungen ... Daß das Feld unserer Sinnesanschauungen und Empfindungen, deren wir uns nicht bewußt sind, ob wir gleich unbezweifelt schließen können, daß wir sie haben, d. i. dunkler Vorstellungen im Menschen ..., unermeßlich sei, die klaren dagegen nur unendlich wenige Punkte derselben enthalten, die dem Bewußtsein offen liegen; daß gleichsam auf der großen Karte unseres Gemütes nur wenig Stellen illuminiert sind, kann uns Bewunderung einflößen ... So ist das Feld dunkler Vorstellungen das größte im Menschen."

[17] Ges. Werke VI, S. 457 f.

[18] Ebenda; vgl. auch VI, S. 492: „Wären wir uns all dessen bewußt, was wir wissen, so müßten wir über die große Menge unserer Erkenntnisse erstaunen."

[19] Vgl. *Rothacker* S. 144.

[20] Vgl. i. e. *v. Hartmann* I, S. 20.

[21] Vgl. *Brinkmann* S. 39 f.

[22] Zitat bei *v. Hartmann* I, S. 21; i. e. über die „bewußtlosen Tätigkeiten des Bewußtseins" Fichtes: *Windelband / Heimsoeth* S. 511, bes. Fußn. 100.

verbirgt, und obgleich es nie Objekt wird, doch allen freien Handlungen seine Identität aufdrückt, ist zugleich dasselbe für alle Intelligenzen, die unsichtbare Wurzel, wovon alle Intelligenzen nur die Potenzen sind ..."[23]. Das „ewig Unbewußte" ist ein potentielles, absolutes, apperzeptives Bewußtsein, das — wie bei *Kant* — infolge seiner zeitlosen Ungegenständlichkeit nicht selbst hell bewußt wird, aber aus seinen Resultanten im Bewußtsein erschlossen werden kann.

E. v. Hartmann

In einem noch so limitierten Überblick über die wesentlichsten Auffassungen zum Begriff des Unbewußten und insbesondere der „unbewußten Vorstellung" im 19. Jahrhundert soll eine Außenseiterstimme gleichwohl nicht unerwähnt bleiben. Es ist dies die des als „Philosophen des Unbewußten" bekannt gewordenen Eduard *v. Hartmann* (1842 - 1906). Sein metaphysisches System fußt auf einer Synthese *Hegel*schen, *Schopenhauer*schen, *Schelling*schen und vor allem *Leibniz*schen Gedankengutes[24]. Vor allem sein 1869 erschienenes Erstlingswerk, die dreibändige „Philosophie des Unbewußten", weist dem Unbewußten im Wirkungszusammenhang mit dem Bewußtsein in extremer Weise die dominierend steuernde Funktion zu. Das Unbewußte erscheint nicht so sehr als romantischer „Lebensgrund" des psychischen Lebens, sondern vielmehr als die steuernde Macht hinter den seelischen Erscheinungen und Prozessen[25]. Alle seelische Tätigkeit, alles Denken und Wollen verläuft für *v. Hartmann* unbewußt. Die bewußten Gefühle, Empfindungen und Vorstellungen sind nur die Erzeugnisse dieser unbewußten Tätigkeit. Das Unbewußte ist hier nicht bloß ein minderer Grad von Bewußtsein wie bei *Leibniz*, sondern der Gegensatz zu allem Bewußtsein. Denn während dieses ein rein zuständliches Sein, ein passiver Zustand des Geistes ist, stellt das Unbewußte die geistige Tätigkeit dar, aus der das Bewußtsein entspringt. Es ist der schöpferische Grund, der vorbewußte Träger und Erzeuger des Bewußtseins. Es gibt wohl Unterschiede in der Stärke der Empfindungen und Vorstellungen innerhalb ein und desselben Bewußtseins, aber keinen fließenden Übergang zwischen Bewußtem und Unbewußtem. Beide sind dem Wesen, nicht bloß dem Grade nach verschieden. *v. Hartmann* ist davon überzeugt, „daß das Unbewußte wirklich alle Leistungen der bewußten Vernunft überbieten kann, daß alles, was irgend das Bewußtsein zu leisten vermag, vom Unbewußten ebenfalls geleistet werden kann, und zwar noch treffender und dabei schneller und für

---
[23] Zitat bei *v. Hartmann* I, S. 22.
[24] Vgl. i. e. *Windelband / Heimsoeth* S. 558.
[25] Vgl. i. e. *Schnehen* S. 145 ff.; über die zahlreichen Arten des Unbewußten: *Eisler* III, S. 299 f.

das Individuum bequemer, da man sich für die bewußte Leistung anstrengen muß, während die unbewußte von selbst kommt"[26].

Der Begriff der „unbewußten Vorstellung" nimmt vor allem in *v. Hartmanns* Willenslehre eine kardinale Stellung ein[27].

„Wirkliches Wollen" kann nach ihm nur unbewußt sein. Was sich beim bewußten Wollen im Bewußtsein vorfindet, ist immer nur die Vorstellung „ich will", d. h. die Vorstellung eines bestimmten Zweckes und der dazu dienlichen Mittel, daneben noch eine Reihe von Gefühlen und Empfindungen, die das unbewußte Wollen begleiten und anzeigen. Wo das Ziel, d. h. die begleitende Zielvorstellung, ins Bewußtsein fällt, spricht er von „bewußtem Willen". Vor dem Hintergrund des aristotelischen Prinzips, daß Wille ohne Vorstellung unmöglich sei, bejaht er die Existenz unbewußten Willens, der deshalb unbewußt sei, weil die ihn begleitende Vorstellung des Zieles unbewußt bleibt[28]. Diese unbewußt bleibende Vorstellung ist „wesentlich ideale Antizipation eines zu realisierenden Willenserfolges, ist übersinnlich — unsinnlich, d. h. frei von sinnlichen Empfindungsqualitäten, sie ist logische Intellektualfunktion, intellektuelle Anschauung". Der Begriff der „unbewußten Vorstellung" kann nach v. Hartmann ohne Bedenken gebraucht werden, wenn man von ihr nur die Form des Bewußtseins und der Sinnlichkeit hinwegdenkt und nichts weiter darunter versteht als die „inhaltliche Bestimmtheit des Wollens oder die unbewußte Vorausbestimmung dessen, was gewollt wird". Die „unbewußte Vorstellung", die aus Gefühlen und Empfindungen die sinnliche Vorstellungswelt des Bewußtseins mit ihren vernünftigen Formen aufbaut, ist eine geistige, schöpferische Tätigkeit, die das Nochnichtseiende unbewußt schauend vorstellt oder vorwegnimmt[29].

Der „Philosophie des Unbewußten" Eduard *v. Hartmanns* blieb die Zustimmung des überwiegenden Teils der deutschen Schulphilosophie als „wissenschaftlicher Modephilosophie" versagt. Seine Kritiker verwarfen das Unbewußte, „weil es ein bloßes Eigenschaftswort und dazu noch ein verneinendes sei, das *v. Hartmann* wider alle Gebote der Logik zu einem wirklichen Ding gestempelt habe"[30].

---

[26] Vgl. Philosophie des Unbewußten I, S. 336.
[27] Vgl. *Zitelmanns* Kritik an *v. Hartmanns* Willenslehre S. 72 f.
[28] Philosophie des Unbewußten I, S. 105 f., 108, 217.
[29] Vgl. *Schnehen* S. 167.
[30] Vgl. i. e. *Schnehen* S. 64.

5. Der Begriff der „unbewußten Vorstellung" in der Psychologie

Herbart

In der 1. Hälfte des 19. Jahrhunderts begann der Begriff des Unbewußten seinen Charakter als Gegenstand metaphysischer Thematik allmählich zu verlieren. Unter dem beherrschenden Einfluß romantischen Gedankengutes[31] wurde das Unbewußte vornehmlich unter „vitalem" Aspekt verstanden[32]. Das romantische Unbewußte ist der „Lebensgrund", dessen „Frucht" zwar das Bewußtsein ist, in dessen Tiefen jedoch keine Forschung einzudringen vermag. In ihm leben Gefühle, Triebe, Instinkt, Spontaneität und Schöpferkraft[33].

Die wichtigsten Stellungnahmen zum romantischen Begriff des Unbewußten sind vor allem den Werken *Herbarts*, *Carus'* und *Wundts* zu entnehmen. Seit dem Erscheinen einer „Wissenschaftlichen Psychologie, neugegründet auf Erfahrung, Metaphysik und Mathematik" im Jahre 1824 von J. F. *Herbart* (1776 - 1841) wurde nun auch das Problem des Unbewußten und „unbewußter Vorstellungen" Gegenstand experimentell orientierter, spezifisch psychologischer Forschungen.

Der „philosophische Psychologe"[34] *Herbart* folgert die Existenz unbewußter Seelentätigkeit aus Bewußtseinszuständen. Unter „bewußtlosen Vorstellungen" versteht er solche, „die im Bewußtsein sind, ohne daß man sich ihrer bewußt ist"[35]. Er nimmt Vorstellungen unterhalb der „Schwelle des Bewußtseins" an, die nur ein von der Realisierung mehr oder minder entferntes Streben nach Vorstellung repräsentieren[36], selbst aber „durchaus kein wirkliches Vorstellen" sind, vielmehr für das Bewußtsein nicht einmal Nichts, sondern eine „unmögliche Größe" bedeuten. In diesen Vorstellungen empfängt die Seele keinen Stoff von außen her. Sie sind vielmehr nur vervielfältigte Ausdrücke für die innere, eigene Qualität der Seele, in der sie als unbewußte verbleiben[37].

Carus

Der als Protagonist der Tiefenpsychologie apostrophierte[38] Dresdener Arzt und Physiologe C. G. *Carus* (1789 - 1869) sprach — stark beein-

---
[31] Ricarda *Huch* nannte die Romantiker die „Entdecker des Unbewußten" (vgl. *Lersch* S. 594).
[32] Vgl. *Pongratz* S. 204 ff.; *Brinkmann* S. 42 f.
[33] Vgl. den vielzitierten Satz aus einem Brief *Goethes* an *Schiller* (1801): „Ich glaube, daß alles, was das Genie tut, unbewußt geschehe."
[34] *McIntyre* S. 34; i. e. *Pongratz* S. 88 ff.; *Windelband / Heimsoeth* S. 504 f.
[35] Zitat bei *v. Hartmann* I, S. 28.
[36] Vgl. *Herbart*, Lehrbuch der Psychologie, Ausgabe von *Hartenstein*, Hamburg 1886, Bd. V, S. 16; *Kühler* S. 25; *Hofstätter* S. 78.
[37] Vgl. *Eisler* III, S. 441; *Wyss* S. 44 f.; *Kühler* S. 8.

flußt durch die Schule *Schellings* — als einer der ersten prononciert aus, daß alles bewußte Seelenleben sich aus dem Unbewußten entfalte und darum nur aus diesem zu verstehen sei[39].

Das Unbewußte ist für *Carus* der „subjektive Ausdruck für das, was objektiv wir als Natur anzuerkennen haben"[40]. Er unterscheidet Vorstellungen, die einmal bewußt waren und auch wieder bewußt werden können. Diese nennt er „relativ unbewußte Vorstellungen". Daneben nimmt er einen leiblichen Bereich des „absolut Unbewußten" an, der nie bewußt war und es nie werden kann[41]. Die Bezeichnung „relativ unbewußt" weist darauf hin, daß *Carus* eine Wechselbeziehung zwischen Bewußtsein und Unbewußtem annimmt, die durch keinerlei Scheidewand getrennt sind. Bewußte Vorstellungen sinken ins Unbewußte ab, nicht allein, „weil wir in jedem Augenblick doch immer nur einen verhältnismäßig kleinen Teil von der ganzen Welt unserer Vorstellungen wirklich erfassen und gegenwärtig halten können, sondern dieser Abstieg bedeutet auch eine Vervollkommnung des Bewußtseins, weil alle bewußten Vorstellungen erst ihre vollkommene Darstellung erfahren, wenn sie der Regie des Unbewußten unterstehen".

Wundt

Eine skeptischere Einstellung zum Unbewußten zeichnet den als Begründer der modernen Psychologie geltenden Wilhelm *Wundt* (1832 - 1920) aus.

In Anlehnung an die Leibnizsche Terminologie von Perzeption und Apperzeption teilt er das Bewußtsein in „Blickfeld" und „Blickpunkt" ein. Zwischen beiden Bereichen findet fortwährend ein Wechsel psychischer Inhalte und damit ein Eingehen ins Unbewußte statt. Die unbewußt gewordenen Inhalte bilden Anlagen oder Dispositionen zur Entstehung künftiger Bestandteile des psychischen Geschehens, die an früher vorhanden gewesene anknüpfen[42]. Hypothesen über Inhalt und Form dieser unbewußten Faktoren lehnt *Wundt* jedoch ab. Annahmen über den Zustand des Unbewußten oder irgendwelche unbewußten Vorgänge ... „seien für die Psychologie unfruchtbar"[43]. Folge-

---

[38] Vgl. i. e. F. *Mohr*, Leibniz, Carus und Nietzsche als Vorläufer unserer Tiefenpsychologie, 1941.
[39] Vgl. sein Hauptwerk „Psyche", 2. Aufl. Pforzheim 1851, S. 13, 18, 21, 56 ff.; *Lersch* S. 594, 612 f.; *Hofstätter* S. 294.
[40] Zitat bei *Kern*, Hans, Die Philosophie des Carl Gustav *Carus*, Leipzig 1926, S. 17 f.
[41] Vgl. *Pongratz* S. 189, 206 ff.
[42] *Wundt*, Grundriß der Psychologie, 10. Aufl. Leipzig 1911, S. 251.
[43] S. 238.

richtig werden „unbewußte Vorstellungen" lediglich als dispositionelle psychische Faktoren aufgefaßt, die nur im „Blickfeld" liegen und als nur perzipiert nicht von der begleitenden Aufmerksamkeit beachtet werden[44].

Freud

Die wissenschaftliche Erforschung unbewußter psychischer Prozesse erfuhr im ausgehenden 19. und beginnenden 20. Jahrhundert in der Psychoanalyse Sigmund *Freuds* (1856 - 1939) ihren revolutionären Höhepunkt. Seine Konzeption des unbewußten Seelischen gilt als sein bedeutendster Beitrag zur Psychologie[45]. Nach seinen eigenen Worten[46] hat er als erster die wissenschaftliche Methode aufgedeckt, mittels derer das Unbewußte untersucht werden könne, nachdem Dichter[47] und Philosophen das Unbewußte lange vor ihm „entdeckt" hätten.

Die anerkannt überragende Stellung *Freuds* in der Geschichte der Erforschung des Unbewußten[48] und die Tatsache, daß wesentlich jüngere psychologische Schulen auf seinem System fußen[49], rechtfertigen, ja erfordern es, *Freuds* Auffassung vom Begriff des Unbewußten und dem der „unbewußten Vorstellung" genauer, weniger synoptisch darzustellen.

Für das Verständnis der Lehre *Freuds* vom Unbewußten ist der Begriff „Verdrängung" konstituierendes Element. Das „Verdrängte" bildet den wesentlichsten Teil des Unbewußten[50].

---

[44] Vgl. i. e. *Pongratz* S. 99 ff.; *Lersch* S. 620 f.
[45] Vgl. *McIntyre* S. 34; *Wyss* (S. 309) bezeichnet Freud sogar als „Entdecker des Unbewußten".
[46] Vgl. *McIntyre* S. 34.
[47] Vgl. bzgl. Äußerungen von Dichtern über das Unbewußte i. e.: *Schnehen* S. 60; *Lersch* S. 594; *Rothacker* S. 75, Fußn. 1; *Brinkmann* S. 37 ff.; *Klages*, Goethe als Entdecker des Unbewußten, in: L. *Klages*, Goethe als Seelenforscher, 2. Aufl. Leipzig 1940; *Rohracher* S. 345 ff.
[48] Vgl. *Ey* S. 269; *Hofstätter* S. 295.
[49] Vgl. *Lersch* S. 629; *McIntyre* S. 31.
[50] Vgl. G. W. VIII, S. 264. Im folgenden wird Freuds sog. „dynamische" Auffassung vom Unbewußten zugrundegelegt, um terminologische Mißverständnisse zu vermeiden. Die Differenzierung zwischen „deskriptiv" Unbewußtem und „dynamisch" Unbewußtem bildet nur einen spezifischen Einzelakzent im Rahmen seiner Forschungen über posthypnotische Suggestion. Sie könnte nur zur Verständnisverwirrung der ohnehin nicht einheitlichen Freudschen Nomenklatur beitragen, soll aber der Vollständigkeit halber nicht unerwähnt bleiben: Im deskriptiven Sinne zählt Freud zum Unbewußten neben den verdrängten auch die latent-bewußtseinsfähigen Inhalte, die nur temporär nicht bewußt sind, aber jederzeit durch leichte Anspannung der introspektiven Aufmerksamkeit bewußt gemacht werden können. Im „dynamischen" Sinne ist nur das Verdrängte unbewußt; die latent-bewußtseinsfähigen Inhalte dagegen werden dem Bereich des „Vorbewußten" integriert. Das bedeutet, daß es im „dynamischen" Sinne nur eine Art des

"Verdrängung"[51] ist ein bewußt wie unbewußt verlaufender Abwehrmechanismus, der das Verlangen nach oder den Gedanken an etwas, das eine mögliche Versuchung durch mißbilligte oder strafbare Triebbedürfnisse darstellt, aus dem Bewußtsein verbannt und an seinem Rückeintritt hindert[52]. Dieser Abwehrmechanismus ist Folge einer Phobie, die selbst wiederum ihren Ursprung in früheren, zumeist sexualen, traumatischen, d. h. qualvollen, unangenehmen, peinlichen Erlebnissen hat[53]. Die Erinnerung an ein Trauma faßt *Freud* in den Begriff der Verdrängung, unter der er eine „diskrete Einheit des Seelenlebens" versteht, „die auf verschiedene Weise mit anderen Einheiten derselben Art in Verbindung steht"[54].

Die „unbewußte Vorstellung" ist bei *Freud* eine zumeist peinliche, unangenehme und daher verdrängte Vorstellung[55]. Diese wird bei Gesunden „von der Assoziationskette des Ich ausgeschlossen" als abgesonderte, unterdrückte im Unbewußten belassen und damit kontrolliert[56].

Diese verdrängten, unbewußten Vorstellungen haben keinen unmittelbaren Zutritt zum Bewußtsein. Zwischen Unbewußtem und Bewußtsein ist vielmehr eine Kontrollinstanz („Zensur") geschaltet, die unbewußte Inhalte zurückdrängen, sie aber auch passieren lassen kann. Im letzteren Falle gehen sie dann in den Bereich des sog. „Vorbewußten" über[57].

Unbewußten gibt, nämlich das Verdrängte, im „deskriptiven" Sinne aber zwei: das Verdrängte und das Latent-Bewußtseinsfähige. Vgl. G. W. VIII, S. 430 - 443; XIII, S. 240 - 245. *Thomae*, Motivation S. 97 - 99; *Ey* S. 271, bes. Fußn. 14; 281 f.

[51] Vgl. zur Theorie der Verdrängung bes. die beiden 1915 erschienenen Untersuchungen „Das Unbewußte" und „Die Verdrängung", G. W. X, S. 248 - 254. *Thomae*, Motivation, S. 311 - 315; *Ey* S. 272 ff.

[52] Vgl. *McIntyre* S. 13, 38.

[53] Vgl. *Wyss* S. 92 f.

[54] Vgl. *McIntyre* S. 39.

[55] Vgl. die 1892 erschienene Publikation „Zur Psychotherapie der Hysterie", G. W. I, S. 59 ff. Dort erscheint auch an anderer Stelle das Unbewußte als „Schattenreich", in dem die gehemmten Vorsätze aufbewahrt werden, wo sie eine ungeahnte Existenz fristen, bis sie als Spuk hervortreten und sich des Körpers bemächtigen, der sonst dem herrschenden Ichbewußtsein gedient hat". (G. W. I, S. 15 ff.).

[56] Vgl. G. W. I, S. 13 ff.; *Wyss* S. 7.

[57] *Freuds* Annahme eines Vorbewußten beruht auf seinen Traumforschungen. Traum ist Kompromiß zwischen Zensur und unbewußtem Wunsch. Die „Traumzensur" wacht im Schlaf darüber, daß unerlaubte, peinliche und anstößige Wünsche nicht unmittelbar an die Oberfläche des Traumbewußtseins kommen. Freud folgert daraus für die Gliederung des psychischen Apparates, daß zwischen der bewußten, kritisierenden Instanz, dem Ich und dem Unbewußten ein Zwischenbereich liegen müsse, der unmittelbaren Zutritt zum Bewußtsein habe. Vgl. dazu i. e. sein umfassendstes psychoanaly-

A.II. „Unbewußte Vorstellung" in Philosophie und Psychologie

Hier wird eine zeitliche Ordnung, sachliche Verknüpfung und die Zensur durch die Realitätskontrolle vorgenommen[58]. Damit entspricht das Vorbewußte schon weitgehend einem Denkprozeß[59]. Während das Unbewußte als wilder, ungebändigter und vor allem unerkannter Bereich[60] nur dem sog. „Lustprinzip"[61] dient, hemmt das Vorbewußte das Unbewußte und bedingt damit das Klare, Gesittete, Reflektierte im Menschen.

Die vorbewußten Vorstellungen haben im Gegensatz zu den unbewußten bereits latent-bewußtseinsfähigen Charakter und können durch die gewöhnlichen Methoden der Selbstbeobachtung ins Bewußtsein gehoben werden[62].

Freud umfaßt in späteren Arbeiten die drei psychischen Zustandsphasen des Unbewußten, Vorbewußten und Bewußten durch die Begriffe „Es", „Ich" und „Überich". Das Verhalten ist eine Funktion dieser untereinander konkurrierenden Systeme. Zum „Es" gehört das Unbewußte, das „Ich" umfaßt Vorbewußtes und Bewußtes. Das „Überich" bildet den Inbegriff der normierenden Instanzen innerhalb der Persönlichkeit, die durch den Einfluß der Gesellschaft aufgebaut und geformt werden[63].

Es ist bis zu dieser Stelle lediglich dargestellt worden, warum und wie „unbewußte Vorstellungen" im Sinne *Freuds* durch Verdrängung entstehen und welche Position sie im Rahmen des Drei-Phasen-Prozesses der Psyche innehaben. Zu ihrer positiven Inhalts- und Wesensbestimmung reicht aber ihre Genese und die negative Aussage, daß sie im Gegensatz zu den vorbewußten Vorstellungen keinen unmittelbaren Zugang zum Bewußtsein haben, nicht hin.

Die Entitäten des Unbewußten werden von *Freud* vor allem in seiner 1915 erschienenen Abhandlung über „Das Unbewußte"[64] positiv beschrieben. Danach ist das Unbewußte als System psychischer Akte der allgegenwärtige Hintergrund des bewußten und offenliegenden Seelenlebens sowie des Verhaltens. Es übt einen ständigen kausalen Einfluß auf das bewußte Denken und Verhalten aus. Es ist damit der Ort, an

---

tisches Werk „Die Traumdeutung", in der *Freud* den Traum als die „via regia" zum Unbewußten bezeichnet. (G. W. II, III, bes. II, S. 543, 546); *Wyss* S. 38 ff.

[58] Vgl. G. W. X. S. 248 - 261, 285 - 288; *Ey* S. 284.
[59] Vgl. *Thomae / Feger* S. 125; *Wyss* S. 69.
[60] Vgl. G. W. XIII, S. 251.
[61] Vgl. G. W. XVII, S. 129.
[62] Vgl. G. W. X, S. 291; *McIntyre* S. 60; *Thomae*, Motivation, S. 97; G. W. XIII, S. 240 - 245.
[63] *Thomae / Feger* S. 125; *Mathey* S. 445; *Thomae*, Individuum, S. 84 f.; G. W. XIII, S. 283 ff.; XV, S. 64 ff.
[64] G. W. X, S. 264 ff.

dem das Verhalten determiniert wird[65]. Hier werden die Triebe in Form von Vorstellungen repräsentiert (sog. „Triebrepräsentanzen")[66]. Ferner werden Gefühle von „unbewußten Vorstellungen" repräsentiert[67].

„Unbewußte Vorstellungen" überleben als „reale Bildung" im System des Unbewußten[68]. Diese reale Bildung kann jedoch nur unter den Bedingungen des Traumes und der Neurosen publizibel gemacht werden[69].

Für den weiteren Gang unserer Untersuchung kann sich eine Zusammenfassung der Lehre *Freuds* von den „unbewußten Vorstellungen" auf die Feststellung beschränken, daß er diese als Vorstellungen versteht, die als verdrängte unerkannt, nicht-verbalisiert und nicht unmittelbar durch das Bewußtsein aktualisierbar gleichwohl einen ständig determinierenden Einfluß auf das Verhalten ausüben. Dagegen sind vorbewußte Vorstellungen jederzeit als latent-bewußtseinsfähige psychische Entitäten ohne Schwierigkeiten durch das Bewußtsein aktualisierbar[70].

C. G. Jung

Die Darstellung über die wichtigsten Stellungnahmen zum Begriff der „unbewußten Vorstellung" wäre im Bereich der Tiefenpsychologie unvollständig, wenn nicht neben der beherrschenden Figur *Freuds* noch die seines zeitweiligen Schülers und späteren Gegners C. G. *Jung* (1876 - 1961)[71] Berücksichtigung fände.

Den hierarchischen Aufbau der Seele stellt *Jung* am Modell des Kegels anschaulich dar. Die Spitze des Kegels ist der relativ kleine Bereich des „Ich". Darunter liegt als breitere und voluminösere Schicht das Bewußtsein. Als weitere Schichten folgen in der Reihenfolge von oben nach unten: das „persönliche Unbewußte" und das „kollektive Unbewußte". Die bei Patienten gemachte Beobachtung des traumhaften Erscheinens primitiver, archaischer Symbole veranlaßte ihn zu der Annahme einer Schicht innerhalb des Unbewußten, die seit Menschen-

---

[65] Vgl. *McIntyre* S. 62.
[66] G. W. X, S. 285; *Ey* S. 273.
[67] Vgl. *McIntyre* S. 64.
[68] Vgl. *McIntyre* a.a.O.
[69] Vgl. G. W. X, S. 264: „Wir kennen das Unbewußte nur als Bewußtes, nachdem es eine Umsetzung ... in Bewußtes erfahren hat." X, S. 286.
[70] Vgl. G. W. VIII, S. 433 f.; 435. Im übrigen kehren in den vorbewußten Vorstellungen *Freuds* die „petites perceptions" von *Leibniz* wieder. Vgl. i. e. *Pongratz* S. 213; *Brinkmann* S. 50.
[71] Vgl. i. e. *Thomae / Feger* S. 127 ff.; *Lersch* S. 629 ff.; *Mathey* S. 445; *Wyss* S. 231 ff.; *Pongratz* S. 224 ff.; *Brinkmann* S. 54 ff.

A.II. „Unbewußte Vorstellung" in Philosophie und Psychologie

gedenken in symbolischer Form, den sog. „Archetypen", alle erlebten Erfahrungen der Menschheit aufbewahrt und vererbt hat. Diese Schicht ist, da allen Menschen gemeinsam, „kollektiv"[72]. Neben den in diesem tieferen Bereich des Unbewußten bereitliegenden Vorstellungen als bildhafte Übersetzung und anschauliche Vergegenständlichung von stark gefühlsbetonten Urerfahrungen des Menschen sind im „kollektiven Unbewußten" auch die Triebe, Affekte und Emotionen angesiedelt[73]. Die Archetypen spielen keine Rolle bei der Auseinandersetzung des einzelnen Menschen mit der Umwelt und der Anpassung an die individuelle Lebenssituation. Ihre Thematik ist vielmehr die allgemein-menschlicher Erfahrung[74]. Daher werden „kollektiv-unbewußte" Vorstellungen vom Bewußtsein nicht aktualisiert, bleiben unbewußt. Nur im Traum und in pathogenen Zuständen treten sie in die Aktualität des Erlebens ein[75]. Das Charakteristikum ihrer Form schließlich ist ihre Undifferenziertheit[76] und Vieldeutigkeit.

Gewissermaßen über den „kollektiv-unbewußten" Vorstellungen nimmt *Jung* „persönlich-unbewußte" Vorstellungen an. Diese sind „insofern Materialien persönlicher Natur, als sie einesteils als Erwerbungen der individuellen Existenz, andererseits als psychologische Faktoren, die ebensogut bewußt sein könnten, zu charakterisieren sind". Als persönliche Inhalte können sie daran erkannt werden, daß ihre Wirkungen, ihr partielles Erscheinen oder ihre Herkunft in der persönlichen Vergangenheit nachweisbar sind[77].

Der latent-bewußtseinsfähige Charakter der „persönlich-unbewußten" Vorstellungen legt eine Parallele zu den vorbewußten Vorstellungen *Freuds* nahe[78], während die „kollektiv-unbewußten" Vorstellungen in Anbetracht ihrer Bewußtseinsunfähigkeit den „unbewußten Vorstellungen" *Freuds* vergleichbar sind.

---

[72] Vgl. *Jung*, Seelenprobleme der Gegenwart, Psychologische Abhandlungen, Bd. III, Zürich 1946; Hans A. *Wyss*, Die Revolution des Bewußtseins, Freud, C. G. Jung und die Gegenwart, in: Symbolon, Jahrbuch für Symbolforschung, Bd. VII, Basel/Stuttgart 1971, S. 168.
[73] Vgl. *Jung*, Symbolik des Geistes, Zürich 1948, S. 374; Von den Wurzeln des Bewußtseins, Zürich 1954, S. 123, 574 f.
[74] Vgl. *Lersch* S. 632; *Hofstätter* S. 298.
[75] Vgl. *Lersch* S. 632.
[76] Vgl. *Wyss* S. 236.
[77] Vgl. *Jung*, Die Beziehungen zwischen dem Ich und dem Unbewußten, 5. Aufl. Zürich 1950, S. 26.
[78] Vgl. *Pongratz* S. 224; Jolande *Jakobi*, Die Psychologie von C. G. Jung, 5. Aufl. Zürich/Stuttgart 1959, S. 45: „Das Vorbewußte nimmt die obere Grenzzone des persönlichen Unbewußten in Richtung auf das Bewußtsein hin ein."

Rothacker

Unter den der Psychoanalyse mit all ihren dogmatischen Verästelungen nachfolgenden psychologischen Richtungen haben vor allem die in den letzten Jahrzehnten insbesondere von H. F. Hoffmann[79], E. Rothacker[80] und Ph. Lersch[81] voneinander weitgehend unabhängig begründeten „Schichtenlehren"[82] der Klärung des Begriffes der „unbewußten Vorstellung" fruchtbare Impulse zugeführt. Die Schichtenlehren gehen vom aus der Geologie übernommenen Bild der räumlichen Aufschichtung aus[83]. Der Aufbau des Seelischen wird in Analogie zum Übereinanderlagern verschiedener Erdschichten gesehen, wobei sich die Aufschichtung in Richtung von unten nach oben, also in vertikaler Richtung, vollzieht. Die einzelnen Schichten stehen nicht — wie bei *Freud* — miteinander in Konkurrenz oder Konflikt, sondern stellen komplementäre Systeme dar, die sich je nach dem Gehalt der Situation ablösen[84].

Die wohl repräsentativste[85] schichtentheoretische Darstellung, die *Rothackers*, geht vom konkreten, lebendigen Verhalten aus, „wie es uns im wirklichen Leben begegnet und sich in den Beobachtungen des Alltags aufdrängt"[86].

Rothacker unterscheidet als hierarchische Funktionsbereiche eine unbewußte Tiefenschicht von einer bewußten Persönlichkeitsschicht. Die erstere nennt er u. a. auch „Das Unbewußte"[87], das „wie ein selbständiges Lebewesen betrachtet werden muß, das zwar durch andere Zentren überschichtet, dennoch innerhalb der Verhaltung der Gesamtperson in zahllosen Fällen noch unmittelbar sich auslebt, in anderen Fällen aber zu den vom Ich geregelten Gesamtreaktionen die tragende Substanz beisteuert"[88].

---

[79] Die Schichttheorie, 1935.

[80] Die Schichten der Persönlichkeit, 1. Aufl. 1938. Vgl. i. e. *Mathey* S. 455 ff.; *Lersch* S. 101 f., 610 f.

[81] Der Aufbau des Charakters, 1938; in späteren Auflagen: Der Aufbau der Person. Vgl. i. e.: *Mathey* S. 458 ff.

[82] Vgl. i. e. *Mathey* S. 437 ff.; *Lersch* S. 99 f.; *Hofstätter* S. 264 ff.; *Jeschek* S. 309 f.; *Henkel*, Studium Generale 1960, 232 ff.; *Fischel* S. 26 ff.

[83] Vgl. als Repräsentant der Kritiker der Schichtentheorien: *Gruhle*, Verstehende Psychologie, Stuttgart 1948, S. 42: „Die Seele hat keine Schichten. Sie ist ein Gesamtgeschehen mit verschiedenen Seiten, Facetten, Funktionen, Regungen und dergleichen, aber weder mit Teilen noch mit Schichten." Ferner: ders., Die Weisen des Bewußtseins, Zeitschr. f. Neur. 131, 78 ff. (1930).

[84] Vgl. *Thomae*, Individuum, S. 89.

[85] *Mathey* S. 455.

[86] Vgl. *Rothacker* S. VII, XI, 7, 164 und passim; *Mathey* S. 455.

[87] *Rothacker* bevorzugt die synonymen Termini: Tiefenperson, Es, Emotionalschicht, Unbewußtes. Vgl. S. 72 f., bes. 73 Fußn. 5.

[88] S. 73.

A. II. "Unbewußte Vorstellung" in Philosophie und Psychologie 59

Der zweite, darüber liegende Funktionskreis, die sog. „Person-Schicht", enthält ein vom wachen, bewußten Ich sowie von bestimmten Erziehungsnormen des betreffenden Kulturkreises angelegtes System von Reaktionsweisen, Übungen und Erfahrungen. Diese Instanz „hat sich das Ich zum Zwecke letzter Lenkung und Hemmung des Unbewußten geschaffen"[89]. Zum anderen hat sie aber auch die Aufgabe, die aus diesem quellenden Regungen zu veredeln und in disziplinierter Form zu vertreten[90].

Innerhalb dieser beiden Hauptfunktionskreise differenziert *Rothacker* weitere spezifische Schichten.

Im Bereich des Unbewußten liegt zutiefst die „Vitalschicht"[91]. Sie trägt die biologisch-physiologischen Funktionen des Körpers, ohne die kein höheres Leben möglich ist, gibt ihre Energien laufend an höhere Schichten ab und bildet dadurch auch den Kraftspeicher für alle seelischen und geistigen Leistungen.

Über der Vitalschicht ist die „vegetative Schicht" angesiedelt[92]. In ihr sind die Instinkte, Triebe, Emotionen und Affekte angelegt. Sie liegt unter der Schicht des „animalischen Es"[93]. Während die beiden vorher bezeichneten Schichten das „Leben im Menschen" repräsentieren, ist die darauf aufliegende Schicht die des „Tieres im Menschen". Sind in der vorhergehenden Schicht die Triebe und Instinkte grundgelegt, steht hier deren aktive Entäußerung animalischen Lebens, die spontane und zielstrebige auf die Umwelt gerichtete Tendenz, d. h. Reaktionsformen animalischen Charakters im Vordergrund.

Über dieser auch die des „Tieres im Menschen" genannten Schicht liegt eine mit ihr eng verknüpfte, die des „Kindes im Menschen"[94]. Hier ist insbesondere der auch im erwachsenen Menschen in nicht zu unterschätzender Weise vorhandene Spieltrieb verankert[95].

Bei allen bisher dargestellten Schichten des Es bleiben deren Inhalte weitgehend unbewußt, werden höchstens in Form eines „stimmungsmäßigen Inneseins dunkel miterlebt"[96].

In der nächsthöheren Schicht der sog. „beseelten Tiefenperson"[97] findet sich dagegen schon eine höhere Form des Bewußtwerdens, die

---

[89] S. 88.
[90] Vgl. *Mathey* S. 456.
[91] S. 20 ff.; *Jeschek* S. 310; *Mathey* S. 456.
[92] S. 23 ff.
[93] S. 34 ff.
[94] S. 41 ff.
[95] Vgl. *Mathey* S. 456.
[96] S. 41.
[97] S. 72 ff.

in bezug auf das eigentliche wache, helle Bewußtsein des noch zu besprechenden Ich als Vorform anzusehen ist. Diese „ausschließlich menschliche emotionale Schicht"[98] hat „nicht die helle Wachheit, zu welcher anscheinend auch das gehört, was man sachlich sehr zutreffend als ein Wissen darum beschreibt, daß wir handeln und daß wir leben, wenn wir handeln und erleben"[99]. Sie trägt vielmehr „unterhalb der wachen Bewußtheit als deren Vorform eine Art völlig unmittelbar gefühlsnaher Bewußtheit" in sich, „die mehr oder weniger deutlich oder dämmrig bei ... seelischen Akten mitschwingt"[100]. Diese Bewußtseinsart nennt *Rothacker* das „Innesein"[101].

Zu ihrem Inhalt gehören u. a. Vorstellungen, Perzeptionen, die zwar noch unbewußt, aber bereits „vorbewußt" sind[102]. Die Annahme von Vorstellungen in dieser Schicht liegt in deren Fähigkeit zu Wahrnehmungserlebnissen begründet. Daher kann *Rothacker* feststellen[103], „daß es eine elementare Tatsache des Seelischen ist, daß alle beseelten Lebewesen mit Hilfe bestimmter Prozesse mit ihrer Umgebung Kontakt gewinnen, daß sie in erlebende und praktische Kommunikation ... mit ihr treten, daß sie auf ein Außen sich beziehen, auf ein Anderes sich hinwenden ..., und so zu mehr oder weniger primitiven Formen des Habens von gegenständlichen Erlebnissen, des Wissens von Etwas, der Kenntnisnahme gelangen, d. h. daß sie perzeptive Prozesse vollziehen".

Ohne damit sein deskriptives Konzept verleugnen zu wollen, wagt *Rothacker* weiter die Hypothese[104], daß diese vorbewußten Vorstellungen vielleicht in unendlich zahlreichen Abstufungen bei allen Akten mitschwingen und diese sogar damit erst zu psychischen Akten im eigentlichen Sinne machen, sie als „psychisch" definieren.

Vorbewußte Vorstellungen sind aber als Bewußtheitsvorform im Bereich des Unbewußten „nicht ohne weiteres ein mitlaufendes Wissen der psychischen Vorgänge von sich selbst, sondern sind weit eher ein Selbstgefühl derselben ... als Keim des menschlichen Selbstbewußtseins"[105].

Den Übergang von den unbewußt-vorbewußten seelischen Funktionen zu den bewußten repräsentiert schließlich die höchste Schicht, die „Personschicht"[106] oder „Ichschicht".

---
[98] S. 76.
[99] S. 78 f.
[100] S. 79.
[101] S. 137; vgl. zu diesem Begriff auch: *Geiger* S. 42 ff.
[102] S. 75, 79.
[103] S. 9.
[104] S. 79.
[105] S. 80.
[106] S. 86 ff.; *Mathey* S. 457.

A. II. „Unbewußte Vorstellung" in Philosophie und Psychologie 61

Hier gelangen die angeborenen und für den Menschen spezifischen Anlagen und Fähigkeiten sprachlicher, intellektueller, moralischer, künstlerischer Art zu ihrer variablen Ausbildung[107]. Erst die Personschicht verfügt in vollem Sinne über die sog. „Vernunftakte", deren Anlagen aber bereits im Unbewußten bestehen. Die aus dem Unbewußten quellenden gedanklichen Einfälle werden in dieser Schicht diszipliniert, geformt, sind aber noch nicht hell, wach bewußt, apperzipiert[108]. Die Funktionen der Personschicht verlaufen vielmehr „nicht weniger vorbewußt oder unbewußt als die der emotionalen Schicht"[109]. Sie werden erst zu hellwacher, aktualisierter Bewußtseinsform durch Hinzutreten der sog. „Ich-Funktion" oder des „Ich", die oder das nicht als eigene Schicht anzusehen ist, sondern nur als Träger heller Wachheit und Bewußtheit eine Kontrollfunktion ausübt[110].

Das Ich gibt somit Anlaß, scharf zwischen Bewußtsein und Bewußtheit zu trennen[111]. Zum Bewußtsein zählt *Rothacker* die Wahrnehmungserlebnisse, das „gegenständliche" Bewußtsein, Perzeptionen, vorbewußte Prozesse[112]. Diese werden erst zu Elementen der Bewußtheit, wenn der durch den klassischen Terminus des „Apperzipierens" gekennzeichnete Faktor hinzutritt. Die Fähigkeit zu diesem Hinwendungsakt gespannter Aufmerksamkeit besitzt ausschließlich das Ich. Es wird im Rahmen eines „auxiliaren Prozesses" tätig, wo Verhaltensweisen auf Schwierigkeiten stoßen[113], wo es gilt, „sich zusammenzunehmen". Das geschieht jedoch nur in besonderen Ausnahmesituationen. Im allgemeinen lebt das Individuum aus dem Unbewußten heraus und bedarf zumeist nicht des Affixes „Bewußtheit", da die meisten Aktionen automatisiert oder mechanisiert ohne angespannte Wachheit funktionieren[114].

Diese erlernten, gewohnten, nicht der Reflexion und Apperzeption bedürfenden Verhaltensweisen und die sie betreffenden Vorstellungen nennt *Rothacker* „unbewußt" im Sinne von „vorbewußt"[115]. Diese Handlungen werden u. U. sogar noch bei starker geistiger Schwächung beherrscht. Von ihnen ist der größte Teil des Alltags bestimmt[116].

---

[107] S. 87.
[108] S. 91.
[109] S. 90.
[110] S. 87. Vgl. *Rudolphi* S. 10.
[111] S. 8.
[112] S. 9.
[113] S. 11, 141.
[114] S. 11, 141; vgl. auch: *Jeschek* S. 310.
[115] S. 9, 69 f.
[116] S. 70; vgl. auch: *Heidegger*, Sein und Zeit, Halle 1927, Bd. I, S. 66 ff.

Abschließend läßt sich aus der *Rothacker*schen Schichtenlehre für den Begriff der „unbewußten Vorstellung" folgende Definition herauskristallisieren: „Unbewußte Vorstellungen" sind solche, die als Ergebnis perzeptiver Prozesse und weitgehend als gewohnte, automatisierte nicht von der hellwachen Bewußtheit der Ichfunktion apperzipierend begleitet und kontrolliert werden, aber trotzdem voll wirksam Verhaltensweisen überwiegend bestimmen[117].

Die Gestalttheorie

Als letzte der wichtigsten psychologischen Lehren soll die sog. „Gestalttheorie"[118] über ihre Interpretation der Begriffe „Unbewußtes" und „unbewußte Vorstellung" befragt werden.

In Anlehnung an den physikalischen Feldbegriff[119] siedelt die Gestaltpsychologie die Relation „Bewußtes-Unbewußtes" in einem psychischen Feld — auch „Erlebnisfeld" genannt — an. Dieses besteht aus Elementen, die als „Figur" abgehoben sind, solchen, die als deren „Grund" erscheinen und schließlich Entitäten, die zwar psychisch vorhanden, aber weder zur „Figur" noch zum „Grund" gehören.

Von diesen Implikationen des Erlebnisfeldes sind jeweils nur wenige Gegenstände ausdrücklicher Aufmerksamkeit, eine Folge der sog. „Enge des Bewußtseins"[120]. Allein die „Figuren" sind jeweils wirklich gegenwärtig oder bewußt. Der „Grund" dagegen ist unscheinbar, unbeachtet und unbegrenzt. Sobald sich ihm jedoch die Aufmerksamkeit zuwendet, wird er zur „Figur". Zugleich werden vorherige „Figuren" zum „Grund". Dieser ist der Aufmerksamkeit nicht nur zufällig entzogen, weil die Aufmerksamkeit auf etwas anderes gerichtet ist, sondern es gehört zu seinem Wesen, zu seiner Funktion als Hintergrund, unbeachtet und unbemerkt, „in einem ganz bestimmten Sinne unbewußt zu sein"[121]. „Figur" und „Grund" ergeben zusammen das „aktuelle Bewußtseinsfeld". Der „Grund" ist Voraussetzung und Basis für die bewußten Vorgänge und genauso wirksam wie die „Figur"[122]. Seine Unscheinbarkeit ist die des Selbstverständlichen, das im speziellen Wahrnehmen, Denken und Handeln dessen Grundlage bildet und als unproblematisch, erledigt, bewältigt, die Voraussetzung für die

---

[117] Vgl. i. e. S. 7 - 10.
[118] Vgl. i. e.: *Hofstätter* S. 142 ff.
[119] Vgl. *Schewe* S. 86 f.
[120] Vgl. i. e.: *Hofstätter* S. 36, 80; *Schewe* S. 108. Unter diesem Begriff wird das Phänomen verstanden, daß nur eine relativ geringe Anzahl von Vollzügen im Bewußtsein repräsentiert ist und eine noch kleinere in jedem einzelnen Augenblick bewußt erfaßt wird.
[121] Vgl. *Conrad* S. 56 ff., 61 f.; *Schewe* S. 111; *Rudolphi* S. 155; *Horn* S. 40.
[122] Vgl. *Conrad* S. 56 ff.

A. III. „Unbewußte Vorstellung" als Abgrenzungskriterium

weiteren, spezielleren, der ausgesonderten „Figur" zugewendeten psychischen Vorgänge ist. „Unbewußt" bedeutet hier nicht unbeachtet und daher unbewältigt, sondern unbeachtet, weil selbstverständlich[123].

Neben diesem dem „Grund" zugeordneten „Unbewußten in einem bestimmten Sinne" kennt die Gestalttheorie noch eine zweite Bedeutungsvariante dieses Begriffes. „Unbewußt" sind nämlich auch außerhalb des „Grundes" gelegene Faktoren, die als dessen „Umring ein Feld der Potentialität"[124] bilden. Hierzu gehört das potentielle Wissen, das nur latent wahrnehmungsbereit, aber noch nicht aktualisiert ist. Das Unbewußte in dieser Modifikation wird in der Gestalttheorie auch „randbewußt", „perzeptiv unbewußt" oder „marginal unbewußt" genannt[125]. Dementsprechend tragen auch „unbewußte Vorstellungen", die in den verschiedenen Bereichen wirksam sind, diese differenzierten Bezeichnungen.

III. Der Begriff der „unbewußten Vorstellung" als subsumtionsfähiges Abgrenzungskriterium

Die Darstellung der wichtigsten außerjuristischen Auffassungen konnte zunächst Aufschluß über die Berechtigung des Satzes von *Coing* geben, die Lehre von den „unbewußten Vorstellungen" sei vom Standpunkt der Psychologie her anfechtbar[1]. Die Vielzahl der untereinander wesentlich divergierenden psychologischen Meinungen beweist, daß es *einen* Standpunkt der Psychologie nicht gibt. Gründe für die Anfechtbarkeit des Begriffes von den verschiedenen Standpunkten her haben sich gleichwohl herauskristallisiert.

Die in der Lehrbuchliteratur vertretene und vor allem von *v. Lübtow*[2] und *H. Lange*[3] prononciert formulierte Auffassung, die „unbewußte Vorstellung" sei ein Nichts und ihre Gleichsetzung mit einer wirklichen Vorstellung beruhe auf einer psychologischen Fiktion, ist indessen in einem zweifachen Sinne widerlegt worden. Zum einen gibt es nach ganz allgemeiner Meinung in der Psychologie reale und voll wirksame psychische Faktoren des von der Rechtsprechung mit dem Begriff der „unbewußten Vorstellung" gemeinten Inhalts. Vor allem die Schichtenlehre und die Gestalttheorie haben mittels anschaulicher Modelle deutlich machen können, wie der von der Rechtsprechung gemeinte Inhalt im einzelnen strukturiert ist. Dabei hat sich auch zugleich gezeigt, wie

---

[123] Vgl. *Schewe* S. 115.
[124] Vgl. *Schewe* S. 117.
[125] Vgl. *Conrad* S. 57; *Schewe* S. 117.
[1] s. o. 1. Teil, B, III, 3.
[2] s. o. Einleitung.
[3] s. o. 1. Teil, B, III, 4.

schief die Inhaltsbestimmung der Rechtsprechung formuliert ist, die von Vorstellungen spricht, die der Erblasser zwar nicht in sein Bewußtsein aufgenommen, aber als selbstverständlich seiner Verfügung zugrunde gelegt hat.

Das Selbstverständliche ist das Gewohnte, das irgendwann einmal zum ersten Mal getan und dann durch ständige Übung automatisiert, mechanisiert wurde. Wer gefragt wird, was er für selbstverständlich halte, dürfte sehr schnell auf bestimmte gewohnte, vertraute Faktoren zu sprechen kommen. Dabei bedarf es im Normalfall eines geringen psychoenergetischen Aufwandes, um diese Faktoren hellbewußt werden zu lassen, d. h. die Vorstellungen, die Selbstverständliches, Gewohntes betreffen, können jederzeit sofort aktualisiert werden. Ohne auf die wenig effektive Frage eingehen zu wollen, was wohl die Rechtsprechung unter „Bewußtsein" verstehen mag, kann doch der Bezug von „Aufnahme ins Bewußtsein" und „Selbstverständlichem" nur so lauten: Der Erblasser hat bestimmte Vorstellungen deswegen nicht in sein Bewußtsein aufgenommen, *weil* sie ihm selbstverständlich waren.

Daß aber nichtsdestoweniger die meisten menschlichen Verhaltensweisen von selbstverständlichen Vorstellungen weitgehend getragen werden und damit die Inhaltsbestimmung der Rechtsprechung durchaus kein psychisches Nihil deckt, kann auf Grund der diesbezüglich einhelligen psychologischen Stimmen nicht mehr bezweifelt werden. Zum anderen wird der Begriff der „unbewußten Vorstellung" in der Psychologie als durchaus gebräuchlich zur Bezeichnung real wirksamer psychischer Entitäten verwandt. Es kann daher nicht behauptet werden, der Begriff selbst sei inhaltsleer und habe lediglich die Funktion einer Fiktion. Wenn auch aus den von *Coing* angeführten Gründen der Begriff der „unbewußten Vorstellung" nicht anfechtbar ist, so ergeben sich doch aus anderen Gründen erhebliche Bedenken gegen die Verwendbarkeit im rechtlichen Bereich.

Es ist nämlich deutlich geworden, daß der von der Rechtsprechung gemeinte Inhalt mit den von philosophischen und psychologischen Autoren mit demselben Begriff bezeichneten psychischen Faktoren lediglich im Rahmen eines mit der Formel „in einem gewissen Sinne" sehr speziellen, eingeschränkten Bedeutungsverständnisses innerhalb der Gestaltpsychologie identisch ist. In allen anderen Stellungnahmen werden mutatis mutandis die von der Rechtsprechung gemeinten Vorstellungen nicht uneingeschränkt mit dem Adjektiv „unbewußt" verbunden.

In der erörterten philosophischen Literatur hat der Begriff vielmehr zumeist den Charakter eines metaphysischen Grundbegriffes. Im psycho-

A.III. „Unbewußte Vorstellung" als Abgrenzungskriterium

logischen Schrifttum sprechen vor allem *Wundt* und *Freud* der „unbewußten Vorstellung" die Fähigkeit ab, kurzfristig durch das Bewußtsein apperzipiert werden zu können. Ein schwacher Bezug zur Inhaltsbestimmung der Rechtsprechung ist — abgesehen von der Gestaltpsychologie — mit einiger Mühe lediglich bei *Leibniz* und *Rothacker* zu entdecken.

Leibniz sieht aber in den „petites perceptions" nicht als gewohnt und daher selbstverständlich in Begleitfunktion real vorhandene Vorstellungen, sondern u. a. lediglich „die Werkstatt der Gewohnheiten", d. h. den Ort, wo die Dispositionen für Gewohnheiten bereitgestellt und vorbereitet werden.

Auch *Rothacker* spricht in Verbindung mit „unbewußten Vorstellungen" von Gewohnheitshandlungen. Diese „unbewußten Vorstellungen" sind nach seiner Terminologie aber zugleich „vorbewußt" und eben nicht ohne weiteres Teil des Begleitwissens, sondern vielmehr ein „Selbstgefühl"[4].

Obwohl diese beiden Autoren „unbewußte Vorstellungen" im Bereich von Gewohnheitshandlungen ansiedeln, wollen sie mit dem Begriff aber nur psychische Entitäten bezeichnet wissen, die einen erkennbar niedrigeren Bewußtseinsgrad als der von der Rechtsprechung gemeinte Zustand haben.

Nur der unbewußte „Grund" der Gestalttheorie ist mit den von der Rechtsprechung gemeinten Inhalten identisch. Aber sogar von dieser Lehre wird der Begriff nicht einem eindeutig fixierbaren Inhalt vorbehalten, sondern auch der graduell schwächere Bereich des „Randbewußten" mit „unbewußt" bezeichnet.

Die im psychologischen Schrifttum als „unbewußt" bezeichneten Vorstellungen sind ganz überwiegend einer kurzfristig vorgenommenen Kontroll- und Abrufmöglichkeit entzogen und daher weitgehend bewußtseinsunfähig. Dagegen sind die „unbewußten Vorstellungen" der Rechtsprechung jederzeit aktualisierbar und haben damit einen relativ hohen Bewußtseinsgrad. Nach überwiegender Meinung in der Psychologie sind die von der Rechtsprechung gemeinten psychischen Inhalte keine „unbewußten". Der von der Rechtsprechung verwandte Begriff paßt daher nicht auf die gemeinten Inhalte. Diese terminologisch-interdisziplinäre Divergenz und die schillernde Bandbreite der Bedeutungsvarianten des Begriffs der „unbewußten Vorstellung" dürften nicht in unwesentlichem Maße an der die Verwendung des Begriffes im juristischen Bereich begleitenden Ratlosigkeit schuld sein. Dasselbe gilt auch für die spärliche, wenig konkrete Inhaltsbestimmung der Rechtsprechung.

---

[4] Vgl. oben 2. Teil, A, II, 5 (*Rothacker*).

Aus den genannten Gründen ergibt sich einerseits, daß diese Ratlosigkeit nur zu verständlich und berechtigt, andererseits der Begriff der „unbewußten Vorstellung" für den rechtlichen Bereich nicht verwendbar ist. Terminologische wie inhaltliche Mißverständnisse könnten vermieden und der Weg zu einer klareren Sicht der psychologischen Hintergründe der Rechtsprechung innerhalb des § 2078 Abs. 2 gebahnt werden, wenn mit deutlich abgegrenzten Begriffen operiert würde. Die Kongruenz zwischen Begriff und Inhalt ist unabdingbare Voraussetzung einer transparenten, überzeugenden rechtlichen Beurteilung der in Frage stehenden psychischen Phänomene. Erst wenn der Begriff so eindeutig begrenzt ist wie der dazugehörige Inhalt, kann er als im Rechtsleben taugliches Abgrenzungskriterium diskutiert werden.

Es gilt also, für den von der Rechtsprechung gemeinten, aber mit dem Begriff der „unbewußten Vorstellung" unzulänglich und mißverständlich bezeichneten Bewußtseinszustand einen prägnanteren, adäquateren Begriff aufzufinden. Erst wenn ein solcher Begriff mit einem entsprechenden eindeutig fixierbaren Inhalt in die Diskussion um die Berücksichtigung des irrealen Erblasserwillens im Rahmen des § 2078 Abs. 2 eingeführt ist, kann sie sich im Spannungsfeld zweier klar gegeneinander abgegrenzter Meinungspole frei entfalten.

B. Der Begriff des „Mitbewußtseins"

Wenn einem Juristen die Frage nach bestimmten Bewußtseinsformen gestellt wird, dürfte er im Normalfall vermutlich nicht die zivilrechtlichen Vorschriften der §§ 104 ff. BGB oder gar § 2078 Abs. 2 BGB zunächst assoziieren, sondern vielmehr Aspekte der seit langem brisant geführten Kontroverse im Bereich des Strafrechts um die Bewußtseinsform des Vorsatzes oder die des Unrechtsbewußtseins. Gerade im Rahmen dieser Problematik hat es die neuere Strafrechtslehre vor dem durch den Streit zwischen den Vorsatz- und Schuldtheorien systematisch differenzierten dogmatischen Hintergrund verstanden, die bereits erstarrt geglaubten Meinungsfronten konstruktiv aufzuweichen, indem sie auf der Grundlage psychologischer Forschungsergebnisse neue fruchtbare Akzente setzte[5].

Da die Rechtsprechung mit dem Begriff der „unbewußten Vorstellung" im Rahmen des § 2078 Abs. 2 eine differenzierte Skala von verschiedenen Aktualitätsstufen des Erblasserbewußtseins im Zeitpunkt der Testamentserrichtung angedeutet wissen will und im Strafrecht

---

[5] Vgl. *Schewe* S. 28 ff.; *Welzel* MDR 1951, 66; *Seelig*, Schuld, Lüge, Sexualität, Stuttgart 1955, S. 29; *Hardwig* GA 1956, 372; *Mattil* ZStW 74, 209; *Mezger* LK § 59, II, 9 (S. 482); *Rudolphi* S. 150 ff.; *Horn* S. 38 ff.; *Platzgummer* S. 81 ff.; *Roxin* ZStW 78, 256, 258.

ähnliche Aktualitätsstufen des Unrechtsbewußtseins oder der Kenntnis von Tatumständen von Tätern unterschieden werden, bietet sich für den Zivilrechtler, der in seiner Disziplin höchst selten mit der rechtlichen Würdigung differenzierter Bewußtseinsgrade konfrontiert wird, ein informierender Blick in die diesbezüglich fortgeschrittenere strafrechtliche Dogmatik geradezu an.

Die Parallele liegt nahe: Die Aktualitätsform des Unrechtsbewußtseins von Tätern stellt die psychische Grundlage dar, auf die sich der Schuldvorwurf der Rechtsordnung stützen muß. Während im Strafrecht an bestimmte Bewußtseinskonstellationen des Täters im Zeitpunkt der Tat strafrechtliche Sanktionsfolgen geknüpft werden, ziehen im Erbrecht gewisse Bewußtseinskonstellationen des Erblassers im Zeitpunkt der Testamentserrichtung, d. h. der Setzung eines rechtsgeschäftlichen, privatautonomen Aktes, zivilrechtliche Konsequenzen nach sich. In beiden Fällen wertet der Richter differenzierte Bewußtseinsgrade auf ihre rechtliche Relevanz hin. Diese Parallele impliziert für den Zivilrechtler die Hoffnung, in der diesbezüglichen strafrechtlichen Dogmatik den passenden Begriff für den psychischen Inhalt zu finden, um dessen terminologische Bemäntelung und Eingrenzung es in dieser Untersuchung geht.

Der Zustand des Bewußtseins, in dem ein gewohnter und daher selbstverständlicher Vorstellungskreis jederzeit aktualisierbar ist, steht vor allem im Brennpunkt der Lehren *Schewes* und *Platzgummers*. *Schewe*[6] führt die Diskussion um die Bewußtseinsform des Vorsatzes mit den Waffen gestaltpsychologischer Terminologie. Der von der Rechtsprechung gemeinte psychische Inhalt ist deutlich in seinem gestalttheoretischen Konzept dem „Grund" zuzuordnen, für den er aber den Begriff „unbewußt" verwendet. Damit bietet *Schewe* zwar den passenden psychischen Inhalt, aber nicht den adäquaten Begriff.

Im wesentlichen denselben psychischen Inhalt, aber einen neuen, prägnanten Begriff bietet dagegen *Platzgummer*[7] an.

Ausgangspunkt der Lehre *Platzgummers* ist assoziations- und wahrnehmungspsychologisches Gedankengut[8], darunter besonders der Begriff des „Mitbewußtseins", der von dem Wiener Psychologen und Juristen Hubert *Rohracher* bereits 1946 geprägt worden ist[9].

Für unsere Zwecke ist es nicht erforderlich, die Details der Platzgummerschen Lehre und ihre Auswirkungen für die strafrechtliche

---

[6] S. 108 ff., vgl. auch: *Rudolphi* S. 155 ff.
[7] S. 81 ff.
[8] Vgl. i. e.: *Hofstätter* S. 24 ff.; *Rohracher* S. 96 ff.
[9] *Rohracher*, Einführung in die Psychologie, 1. Aufl. 1946; 9. Aufl. 1965, S. 52 f.; 340 f.

Kontroverse um die Bewußtseinsform des Vorsatzes im einzelnen darzulegen[10]. Unsere Aufmerksamkeit muß sich vielmehr allein auf den mit dem Begriff des „Mitbewußtseins" bezeichneten Inhalt richten.

Nach *Rohracher*[11] ist „mitbewußt" alles, was man weiß, ohne daß man daran denkt, daß man es weiß. Kein gesunder Mensch ist darüber im Zweifel, wer er ist, welchen Beruf er hat, wer seine Angehörigen sind, wo er wohnt, welche Sorgen ihn gerade plagen, welche Aussichten sich ihm bieten, worin seine nächsten Aufgaben bestehen und welche Pläne er verfolgt; alles dies ist im Bewußtsein ständig „mitvorhanden". Man denkt nicht daran, man weiß einfach immer davon und wenn man danach gefragt wird, so bedarf es keiner Anstrengung des Gedächtnisses, um eine Antwort zu geben, sondern die Antwort ist sofort aus dem unmittelbaren Erleben verfügbar, ohne Nachdenken und ohne die charakteristischen Erscheinungen, die auftreten, wenn man sich an etwas erinnert. Es bedarf keiner Erinnerungsleistung, um die Antwort zu geben. Das „Mitbewußte" ist unformuliert immer „nebenher" bewußt. Es ist unbemerkt, weil es immer vorhanden ist. Zu ihm gehören auch frühere Erfahrungen über einen wahrgenommenen Gegenstand, die automatisch in ihn hineinempfunden werden, so auch seine Bedeutung und der Sinn, den er für den Menschen hat[12]. *Platzgummer* rechnet zum „Mitbewußten" ferner persönliche Qualitäten, besonders länger dauernde Pflichtverhältnisse des Täters oder allgemeine Umweltfaktoren, die als „dauerndes Begleitwissen" ständig verfügbar sind[13]. Er betont, daß ein lediglich potentielles Wissen noch keinen Vorsatz begründen könne, da es ungeeignet sei, die Grundlage eines Willensaktes abzugeben[14]. Das „Mitbewußte" sei aber gerade kein potentielles Wissen, das man nur bei Bedarf heraushole, sondern ein jederzeit greifbarer Inhalt des Bewußtseins, der immer im Hintergrund des aktuellen Erlebens mitschwinge[15].

Es ist ohne große Schwierigkeiten festzustellen, daß der Begriff des „Mitbewußtseins" genau den Bewußtseinszustand zum Inhalt hat, den die Rechtsprechung mit dem erkannt dubiosen Begriff der „unbewußten Vorstellung" bezeichnet. In beiden Fällen handelt es sich um psychische Bestände, die als gewohnte und daher selbstverständliche nicht ausdrücklich beachtet oder erwogen werden, aber trotzdem jeder-

---

[10] Vgl. i. e.: *Schewe* S. 42 ff.; *Rudolphi* S. 151 ff.; *Horn* S. 38 f.; *Roxin* ZStW 78, 248 ff.

[11] S. 52 f.

[12] Vgl. *Platzgummer* S. 84; *Schewe* S. 43.

[13] S. 87.

[14] S. 59.

[15] S. 6.

zeit sofort in Formulierungen aktualisierbar sind. Was zu diesen psychischen Inhalten konkret gehört, ist den Ausführungen *Platzgummers* und *Rohrachers* in unmißverständlicher Weise zu entnehmen. Ihre Inhaltsbestimmungen des „Mitbewußten" haben damit die karge und spärliche Definition der Rechtsprechung um erfreulich klare transparente und detaillierte Beschreibungskonstituentien angereichert.

Der Begriff des „Mitbewußtseins" bietet einen weiteren Vorzug: Er ist für die beschriebenen Inhalte reserviert. In der gesamten Psychologie werden keine anderen als diese damit verbunden.

Diese terminologische wie materiale Eindeutigkeit zeichnet ihn in entscheidendem Maße vor dem völlig diffusen und indifferenten Begriff der „unbewußten Vorstellung" aus. Daß er im Bereich des Strafrechts als durchaus taugliches Abgrenzungskriterium nicht wenig Anklang gefunden hat[16], beweist überdies, daß er nicht nur in der psychologischen, sondern auch in der juristischen Dogmatik gut verwertbar ist. Aus diesen schwerwiegenden Gründen ist der Rechtsprechung und der h. M. dringend zu empfehlen, den in der Rechtspraxis unbrauchbaren Begriff der „unbewußten Vorstellung" zugunsten dem der „mitbewußten Vorstellung" aufzugeben, die je nach Zeitdimension als „mitbewußte Annahme" oder „mitbewußte Erwartung" zu präzisieren ist. Demnach ergibt sich für den Bereich des § 2078 Abs. 2 folgende Definition:

Eine Vorstellung ist mitbewußt, wenn sie als jederzeit sofort aktualisierbarer, notwendiger Bestandteil der Willensbildung solche Umstände betrifft, welche die infolge ihrer Gewohnheit selbstverständliche und daher unreflektierte Grundlage der letztwilligen Verfügung bilden.

Nach dem Austausch des Begriffes der „unbewußten Vorstellung" durch den der „mitbewußten Vorstellung" dürfte die allgemeine Ratlosigkeit, die sich sowohl unter terminologischem wie inhaltlichem Aspekt um die Berücksichtigung differenzierter Bewußtseinsgrade im Rahmen des Erwartungsbegriffes des § 2078 Abs. 2 gerankt hatte, einer klaren Sicht des psychologischen Hintergrundes dieser Auffassung gewichen sein.

Diese bisher weitgehend theoretisch begründete Aufhellung kann nun der vergleichenden Analyse der Sachverhalte praktisch zugute kommen, die von der Rechtsprechung dem Begriff der „unbewußten Vorstellung" zugeordnet worden sind. Nur auf diese Weise ist die Berechtigung des gegen die Rechtsprechung erhobenen Vorwurfes nachprüfbar, sie berücksichtige mit dem Begriff der „unbewußten Vorstellung" in Wirklichkeit das Nichtwissen als Anfechtungsgrund[17].

---
[16] Vgl. *Baumann* § 26, II, 3, a.
[17] *Kipp / Coing* § 24, II, 2, b (S. 119).

Dritter Teil

Vergleichende Fallanalyse

Die von der Rechtsprechung mit „unbewußter Vorstellung" bezeichneten Bewußtseinssituationen sollen an dem von den Voraussetzungen der „mitbewußten Erwartung" gebildeten Maßstab gemessen werden. Dabei sind die entscheidenden Kriterien die Motivierung des Erblasserwillens im Zeitpunkt der Testamentserrichtung durch die Erwartung, die Gewohntheit und damit Selbstverständlichkeit der von ihr intendierten Umstände sowie schließlich das Fehlen der Notwendigkeit stärkerer Erinnerungsleistungen in der Person des Erblassers.

Aus den in Betracht kommenden Sachverhalten läßt sich zunächst eine größere Gruppe herauslösen, die eine besondere Gemeinsamkeit kennzeichnet. Es sind dies die Fälle, in denen das Wohl- bzw. Schlechtverhalten bedachter Personen streitiger Inhalt einer möglichen Erwartung des Erblassers war. Dazu zählen die Entscheidungen

    a) RG Warn. 1931 Nr. 50[1]

    b) BGHZ 4,91[2],

    c) BGH FamRZ 62,256[3],

    d) BGH NJW 1963,246[4],

    e) BGH DB 1971,1859[5] und

    f) BGH LM § 2078 Nr. 4[6].

Im erstgenannten Fall a) war die Erwartung des Erblassers streitig, der von ihm bedachte Neffe werde nur ebenbürtig heiraten. *Coing*[7] ist der Meinung, dies sei der typische Fall des Nichtbedenkens eines Umstandes, „der ein Gegenmotiv gebildet hätte". *Stötter*[8] stimmt dem zu, indem er in der Konstruktion einer unbewußten Erwartung der ebenbürtigen Verheiratung die Fiktion einer positiven Vorstellung

---

[1] Vgl. oben 1. Teil, A, I.
[2] Vgl. oben 1. Teil, A, II.
[3] Vgl. oben dto.
[4] Vgl. oben dto.
[5] Vgl. oben dto.
[6] Vgl. oben dto.
[7] *Kipp / Coing* § 24, II, 2 c (S. 119 f.).
[8] S. 85.

sieht. Als Begründung dafür, daß der Erblasser in keiner Weise mit der nichtebenbürtigen Verheiratung seines Neffen habe rechnen können und daher nicht gerechnet habe, führt er die Tatsache an, daß das Testament bereits im Jahre 1905 errichtet worden sei, der Neffe aber erst 1925 nach Aussterben einer vorhergehenden Linie des hessischen Hauses erbberechtigt geworden sei, zu einer Zeit, als die Rechtseinrichtung der Ebenbürtigkeit schon längst aufgehoben gewesen sei.

Beide Autoren ordnen den Sachverhalt dieser RG-Entscheidung dem Tatbestandselement „Erwartung des Nichteintritts eines Umstandes" zu. Daß eine negative Erwartung vorgelegt habe, entspricht aber nicht den von der Tatsacheninstanz getroffenen Feststellungen. Danach hat die Beweisaufnahme über das Persönlichkeitsbild des Erblassers orthodoxe Standesauffassungen ergeben, die sich auch auf die Verheiratung seiner Erben erstreckten. Demzufolge hat das RG eine bestimmte Vorstellung der ebenbürtigen Verheiratung festgestellt. Die Annahme einer Erwartung des Nichteintritts einer nichtebenbürtigen Verheiratung wäre nur dann berechtigt gewesen, wenn bestimmte Erfahrungen des Erblassers über die Heiratsabsichten seiner Neffen Zweifel an der Sicherheit einer ebenbürtigen Verheiratung ergeben hätten. Dafür haben aber die Tatsachenfeststellungen keinen Anlaß gegeben. Infolgedessen besteht kein Grund, die von der Erwartung des Eintritts einer ebenbürtigen Heirat ausgehende Entscheidung des RG in Frage zu stellen.

Das Argument, dies sei der typische Fall des Nichtbedenkens eines Umstandes, sticht demnach nicht. Das gleiche gilt für die Argumentation *Stötters*. Daß 20 Jahre zwischen der Testamentserrichtung und dem Entstehen der Erbberechtigung liegen und in der Zwischenzeit die Rechtseinrichtung der Ebenbürtigkeit aufgehoben wurde, kann für den im Zeitpunkt der Testamentserrichtung eindeutig festgestellten Willen des Erblassers keinerlei Relevanz haben.

Der einzige Grund zur Kritik an dieser Entscheidung liegt lediglich in der Tatsache, daß das RG die festgestellte „bestimmte" Erwartung des Erblassers als nur „unbewußt" bezeichnet hat.

b) Zur Inhaltsbestimmung der in BGHZ 4,91 so genannten „nicht ganz besonders bewußten Erwartung" ist ein Rückschluß auf die Bewußtseinslage der Erblasserin im Zeitpunkt des Erbvertragsschlusses erforderlich. Wichtigstes Indiz dafür ist der Wortlaut eines § des Erbvertrages, in dem sehr detailliert die Sorge- und Pflegeverpflichtungen der beiden Vertragserben festgelegt waren. Die Annahme liegt sehr nahe, daß eine Erblasserin einen Erbvertrag, der solche engen persönlichen Bindungen zwischen den Vertragsparteien vielleicht über lange Jahre hindurch konstituiert, nur mit solchen Personen schließt, über deren charakterliche Eigenschaften sie sehr genaue Vorstellungen hat. Die Erwartung eines untadeligen, vertragstreuen Verhaltens der Vertragserben wurde dann auch folgerichtig vom BGH als im Zeitpunkt des Vertragsschlusses zweifellos existent bejaht, obwohl sie vertraglich expressis verbis nicht zum Ausdruck gekommen war. Die Bereitschaft der Vertragserben zu vertragsgemäßem Wohlverhalten war ein wesentliches Erfordernis der zweckentsprechenden Durchführung des Erbvertrages. Ein diesbezügliches Nichtbedenken auf Seiten der Erblasserin erscheint ausgeschlossen.

c) Die sehr genauen Tatsachenfeststellungen in der Entscheidung BGH FamRZ 62, 256 erlauben es, die unter den Begriff der „unbewußten Vorstellung" subsumierten Inhalte klar zu bestimmen. Ob die Erblasserin die Erwartung[9] in Form einer „unbewußten Vorstellung" hatte, ihre Nichte werde ihrem Sohn nicht das Leben nehmen, muß nach dem beurteilt werden, was sie im Zeitpunkt der Testamentserrichtung über diese Möglichkeit wußte oder wissen konnte. Wie der BGH festgestellt hat, wußte die Erblasserin von den beiden Selbstmordversuchen ihrer Nichte in den Jahren 1948 und 1951. Daß sie mit weiteren Versuchen dieser Art gerechnet habe, sei daher nicht völlig ausgeschlossen[10]. Mangels einer entscheidenden Besserung der bisherigen Lebensverhältnisse ihrer Nichte habe ein weiterer Selbstmordversuch und auch ein sog. erweiterter Selbstmordversuch keineswegs außerhalb jeder Erwartbarkeit gelegen.

Vor dem Hintergrund dieser Tatsachenfeststellungen wird klar, daß die Erblasserin allen Grund hatte, weitere — auch erweiterte — Selbstmordversuche ihrer Nichte in Erwägung zu ziehen. Ein Nichtbedenken dieser Möglichkeit scheidet hier völlig aus. Die Erblasserin dürfte vielmehr sogar bewußt über die diesbezügliche Zukunft ihrer Nichte nachgedacht und gehofft haben, sie werde von weiteren Versuchen dieser Art Abstand nehmen. Die Tatsachenfeststellungen lassen demnach nicht den Schluß zu, die Wohlverhaltenserwartung sei für die Erblasserin selbstverständlich gewesen, weil sie darüber nicht näher nachgedacht zu haben brauchte.

In diesem Fall muß somit zumindest von einer „mitbewußten Erwartung" des Wohlverhaltens der bedachten Nichte ausgegangen werden.

d) In der Entscheidung NJW 1963, 246 hat der BGH zwei Erwartungen des Erblassers voneinander getrennt. Die Erwartung, die Hoferhaltung im Familienbesitz werde nicht gefährdet, wurde als „be-

---

[9] Der BGH scheidet hier die „Annahme" nicht terminologisch sauber von der „Erwartung", wenn er von „irriger Annahme künftiger Umstände" spricht.

[10] FamRZ 62, 257.

wußt", diejenige, die sich auf das Ausbleiben künftiger Unstimmigkeiten richtete, wurde dagegen als in Form einer „unbewußten Vorstellung" möglich bezeichnet[11]. Es bedarf keiner weiteren Erörterung, daß der Erblasser bei Abschluß eines Hoferbvertrages die Zukunft bezüglich der ungefährdeten Erhaltung seines Grundbesitzes innerhalb der Familie sehr genau überdacht haben dürfte und daher seine auf den Nichteintritt einer Gefährdung gerichtete Erwartung eine sehr bewußte war. Dagegen sind die Bedenken des BGH, eine bewußte Erwartung des Nichteintritts von Unstimmigkeiten zwischen Erblasser und Vertragserben zu bejahen, nicht ganz verständlich. Der Erblasser dürfte nämlich nicht nur über eine mögliche Gefährdung der Erhaltung seines Hofes im Familienbesitz sehr bewußt nachgedacht und ihren Nichteintritt bewußt erwartet haben. Auch das persönliche Verhältnis zu seinem Bruder als einer wichtigen Komponente der harmonischen Weiterführung des Hofes dürfte vom Erblasser in seiner Willensbildung konstitutiv berücksichtigt worden sein. Es liegt hier eine ähnliche Sachlage wie in der oben unter b) besprochenen Entscheidung vor, die allein die Annahme einer mitbewußten Erwartung des Wohlverhaltens des Vertragserben fordert, zugleich aber das Nichtbedenken solcher wesentlicher zukünftiger Umstände ausschließt.

e) Das gleiche gilt für die Entscheidung des BGH in DB 1971, 1859 = WM 1971, 1153. Das OLG Hamm hatte zwar zu Recht in der Vorinstanz besondere Umstände gefordert, welche die Annahme rechtfertigen könnten, daß der Erblasser bei Kenntnis eines grobfahrlässigen Fehlverhaltens des Bedachten nicht wie geschehen testiert hätte. Zu Unrecht hatte es jedoch im vorliegenden Fall solche Umstände verneint[12]. Es ist dem BGH voll beizupflichten, der für den Fall einer nicht unbedeutenden Zuwendung an einen verwandtschaftlich nicht verbundenen Dritten die Wohlverhaltenserwartung als Motiv des Erblassers bejahte. Demgemäß ist auch hier von einer zumindest mitbewußten entsprechenden Erwartung auszugehen[13].

f) Während in den 5 bisher besprochenen Entscheidungen Wohlverhaltenserwartungen vorlagen, hat die Entscheidung BGH LM § 2078

---

[11] Die Abgrenzung des BGH zwischen unbewußter und irrealer Erwartung wird von *Lüderitz* (Fälle S. 214) als wenig überzeugend bezeichnet.

[12] RGRK / *Johannsen* (12. Aufl., § 2078 Anm. 49) stimmt dem OLG Hamm ohne Begründung zu und bezeichnet die BGH-Entscheidung als „sehr weitgehend".

[13] *v. Lübtow* (S. 320) bejaht in diesem Fall zwar auch entgegen dem OLG Hamm die Anfechtung, begründet sie aber mit einer irrealen Vorstellung.
Hack (S. 99) nimmt auch zu Unrecht an, daß der BGH eine Vorstellung der Erblasserin darüber, daß der eingesetzte Erbe ihren Tod herbeiführen werde, unterstellt und damit fingiert habe. Die Erwartung braucht nicht so konkret zu sein, um als mitbewußte Wohlverhaltensvorstellung akzeptiert zu werden.

Nr. 4 eine andere Fallkonstellation zur Grundlage. Hier war das im Sinne der nationalsozialistisch orientierten Erblasserin fehlende politische Wohlverhalten ihres von ihr nicht bedachten Bruders ein wesentlicher Beweggrund ihrer Verfügung[14].

Dunz[15] hat diese Entscheidung in einer ausführlichen Stellungnahme abgelehnt. Er faßt sie in die Formel „Testamentsanfechtung bei Gesinnungsänderung des Erblassers nach Testamentserrichtung" und ist der Auffassung, das förmliche Testamentsrecht dürfe unter keinen Umständen einen geänderten Erblasserwillen post testamentum berücksichtigen. *Dunz* verkennt, daß die rechtliche Relevanz von Gesinnungsänderungen des Testators nach Testamentserrichtung nicht so sehr in den Problemkreis des § 2078 Abs. 2 gehört, sondern vielmehr in den der ergänzenden Testamentsauslegung[16]. Es ist ihm jedoch ohne Bedenken zuzustimmen, daß die bloße Änderung des Erblasserwillens post testamentum noch keinen Anfechtungsgrund nach § 2078 Abs. 2 darstellt. Aber diese Frage ist — so gestellt — nicht das entscheidende Problem des von *Dunz* besprochenen Urteils. Die Anfechtungsmöglichkeit wurde nämlich vom BGH nicht für den Fall einer Gesinnungsänderung der Erblasserin nach Testamentserrichtung bejaht, sondern für den der Erwartung der Erblasserin, sie selbst werde ihre politische Einstellung nicht ändern, d. h. Anfechtungsgrund sollte nicht die Gesinnungsänderung selbst sein, sondern die fehlerhafte Willensbildung der Erblasserin, die fest davon überzeugt gewesen sein könnte, sie werde auch in Zukunft treuer Anhänger des Nationalsozialismus bleiben.

Die Annahme ist durchaus nicht abwegig, daß die Erblasserin als überzeugte Nationalsozialistin bei Testamentserrichtung in keiner Weise daran gedacht hat, sie könne ihre politische Einstellung einmal ändern. Es liegen jedoch auch Anhaltspunkte dafür vor, daß die Erblasserin über die Möglichkeit des Wechsels ihrer politischen Ansichten reflektiert haben könnte. Im Jahre 1944 — bei Testamentserrichtung — bestand schließlich Grund genug, am nationalsozialistischen Weltbild zu zweifeln. Diese zum Ende des Krieges immer intensiver werdenden Zweifel sprechen gegen die Ansicht, die Erblasserin habe nicht im entferntesten an die Möglichkeit einer Gesinnungsänderung im Jahre 1944 gedacht. Der gerade in diesem Kriegsjahr heftig tobende Kampf zwischen Anhängern und Gegnern des Regimes forderte ein Überdenken der Berechtigung des eigenen politischen Standortes geradezu heraus. Auch daß sich laut Klägervortrag die Beziehungen zwischen

---

[14] Vgl. oben 1. Teil, A, II und den Abdruck der Entscheidung bei: *Lüderitz*, Fälle, S. 211 ff. sowie die Besprechung bei: *Johannsen* S. 644.
[15] FamRZ 1956, 351 f.
[16] Vgl. i. e. dazu die umfassende Monographie von *Keuk*.

Erblasserin und dem nicht bedachten Bruder in Anbetracht des bevorstehenden Unterganges des Dritten Reiches wieder gebessert hätten, spricht dafür, daß die Erblasserin in ihrer politischen Einstellung nicht so unbeirrbar gewesen sein dürfte, den Fortbestand ihrer Auffassung unreflektiert bleiben zu lassen.

Diese der Entscheidung zugrundeliegende Argumentation für die Bejahung einer Erwartung der Nichtänderung eigener politischer Meinungen steht deshalb auf erkennbar schwachen Füßen, weil der BGH[17] im Rahmen des zu prüfenden Motivbündels der Erblasserin den Schwerpunkt auf die falsche Erwartung gelegt hat. Motiv für den Erbausschluß des Bruders war nicht primär die Erwartung der Nichtänderung ihrer eigenen politischen Meinung, sondern deren Korrelaterwartung, ihr Bruder werde auch nach Testamentserrichtung ein in ihrem Sinne politisches Schlechtverhalten zeigen. Dieser wesentliche Beweggrund schafft eine deutliche Parallele zu den Wohlverhaltensfällen:

Bei diesen besteht im Zeitpunkt der Testamentserrichtung zwischen der persönlichen Einstellung des Erblassers und derjenigen der bedachten Person harmonische Übereinstimmung, die sich später wider Erwarten in Dissens wandelt. In dem hier vorliegenden „Schlechtverhaltensfall" verläuft die Entwicklung reziprok. Im Zeitpunkt der Testamentserrichtung herrscht Dissens, der später einem Konsens weicht. Diese wesentliche Gemeinsamkeit beider Fallkonstellationen erfordert dieselbe psychologische wie rechtliche Beurteilung persönlicher Eigenschaften bedachter bzw. nicht bedachter Personen als Verfügungsmotiv. Auch in diesem Fall ist demnach von einer mitbewußten Erwartung des Fortbestehens persönlicher Eigenschaften auszugehen[18].

Der Einfluß von bestimmten Vorstellungen über persönliche Eigenschaften der Erben auf die Willensbildung mag in den wenigsten der 6 besprochenen Fälle im Zeitpunkt der Testamentserrichtung vom Erblasser bewußt reflektiert worden sein, d. h. daß er sich Eigenschaften der bedachten bzw. nicht bedachten Person als Verfügungsgrund detailliert bewußt gemacht und ebenso bewußt mit ihrem Fortbestand in der Zukunft gerechnet hätte. Wenn ein solcher Erblasser hätte gefragt werden können, welche Vorstellungen und Erwartungen Ver-

---

[17] Vgl. auch: RGRK / *Johannsen*, 11. u. 12. Aufl., § 2078 Anm. 39, 47; *Soergel / Siebert / Knopp* § 2078 Rdnr. 5.

[18] a. A.: *Lange*, Erbrecht, § 35, III, 2 c (S. 386), Fußn. 3, der ohne nähere Begründung vertritt, der BGH habe in dieser Entscheidung die Grenze zwischen dem „dämmernden" Bewußtsein und dem Nichtwissen „praktisch überschritten". Dagegen läßt RGRK / *Johannsen* (11. u. 12. Aufl., § 2078 Anm. 47) hier die Anfechtung zu, weil die Erblasserin unbewußt als selbstverständlich davon ausgegangen sei, sie werde ihre politische Einstellung nicht ändern.

fügungsmotiv gewesen seien, so würde er im Normalfall mit an Sicherheit grenzender Wahrscheinlichkeit ohne längeres Zögern u. a. auch auf Wohl- bzw. Schlechtverhaltensvorstellungen hingewiesen haben. Es dürfte der Normalfall sein, daß Vorstellungen dieses Inhalts als Verfügungsmotiv nicht nur bezüglich der vom Erblasser selbst miterlebten und daher beurteilbaren Vergangenheit und Gegenwart bestehen, sondern sich auch in Form von Erwartungen über den Tod hinaus auf den Fortbestand der bisherigen Persönlichkeitsmerkmale beziehen.

Die persönlichen Eigenschaften einer testamentarisch bedachten Person sind im allgemeinen ein so notwendiger Inhalt des den Erblasser zu seiner Verfügung bestimmenden Vorstellungs- und Erwartungskreises, daß auch ohne eine diesbezügliche Erwähnung im Testament von ihrem selbstverständlichen Vorhandensein in der Person des Erblassers gesprochen werden kann. In diesen Fällen bedarf es nur eines sehr geringen psychoenergetischen Aufwandes von Seiten des Erblassers, um diese Vorstellungen und Erwartungen im Zeitpunkt der Testamentserrichtung sofort aktualisieren zu können.

In jedem dieser 6 Sachverhalte liegt somit eine mitbewußte Erwartung des Erblassers im Hinblick auf persönliche Eigenschaften der bedachten Person und deren zukünftiges Verhalten ihm gegenüber vor.

Die restlichen von der Rechtsprechung mit dem Begriff der „unbewußten Vorstellung" verbundenen Entscheidungen haben demgegenüber andere Fallkonstellationen zur Grundlage. Das gilt zunächst für die in RG Warn. 1931 Nr. 50 angeführten Beispielsfälle, den Inflations- und den Totgeburtfall.

Wenn ein Erblasser kurz vor seinem Tode seine schwangere Ehefrau und den nasciturus je zur Hälfte zu Erben einsetzt, dann geht er laut RG „stillschweigend und unbewußt" von der Erwartung einer Lebendgeburt aus[19]. Das RG übernahm damit eine einige Jahre zuvor von *Kipp*[20] verwandte Formulierung.

Es ist nicht ersichtlich, warum ein Erblasser in der beschriebenen Situation nur „stillschweigend und unbewußt"" von einer Lebendgeburt ausgehen soll. Der Normalfall dürfte doch vielmehr der sein, daß ein solcher Erblasser in der Hoffnung auf baldige Vaterfreuden sehr bewußt und zudem durchaus nicht nur stillschweigend eine Lebendgeburt bestimmt und deutlich erwartet[21]. Da diese Erwartung ein zen-

---

[19] Vgl. dazu die RG-Entscheidung: Warn. 1914 Nr. 125 = SeuffA 69, 272 = Recht 1914 Nr. 367 = DJZ 1914, 235.

[20] JW 1925, 356.

[21] Das RG hatte in Warn. 1914 Nr. 125 die Anfechtung wegen irriger Erwartung der Lebendgeburt eines Kindes bejaht, ohne von einer „stillschweigenden oder unbewußten" Erwartung zu sprechen.

trales und nicht nur in begleitender, nicht näher zu beachtender Funktion vorhandenes Verfügungsmotiv darstellt, ist hier die Annahme einer lediglich mitbewußten Erwartung verfehlt. Es handelt sich vielmehr um eine hellbewußte Vorstellung[22].

Als zweites Beispiel für das Vorliegen einer „unbewußten Vorstellung" führt das RG eine Inflationsentscheidung an[23]: Ein Erblasser, der in der Zeit vor der Inflation über sein Vermögen verfügt habe, ohne sich eines besonderen Vertrauens zu den Währungsverhältnissen bewußt zu sein, könne mit der Fortdauer des in dieser Hinsicht bestehenden Zustandes als etwas Selbstverständlichem gerechnet, also den Nichteintritt einer wesentlichen Veränderung erwartet haben.

Entgegen der Auffassung des RG werden Inflationsentscheidungen dieser Art in der Literatur fast allgemein als typische Fälle für das Nichtbedenken zukünftiger Umstände gewertet[24]. Es wird darauf hingewiesen, daß ein Erblasser, der sich zu einer Zeit, in der niemand mit dem Eintreten einer Inflation habe rechnen können, testiert habe, weder latent noch unbewußt von der Voraussetzung ausgegangen sei, die Währungsverhältnisse würden stabil bleiben. Eine solche „unbewußte Vorstellung" sei jedenfalls in den Inflationsfällen gar keine psychisch existente Vorstellung, weil der Erblasser an die Möglichkeit einer Inflation gar nicht gedacht habe[25]. Auch die *Oertmann*sche „abgeblaßte Vorstellung"[26] der allgemeinen Fortdauer der bisherigen Währungsverhältnisse wird inzwischen einhellig abgelehnt[27].

Ein Erblasser, der sich nicht eines besonderen Vertrauens zu den Währungsverhältnissen bewußt ist, hat in der Tat keinen Grund, über mögliche Veränderungen der Währungsverhältnisse zu reflektieren. Diese gehören keinesfalls zum Kreis der Verfügungsmotive und sind somit auch nicht Gegenstand entsprechender Erwartungen[28].

Die vom RG für Inflationsfälle angenommene „unbewußte Vorstellung" erweist sich demnach als nicht existent.

Aus der Rechtsprechung des BGH verbleibt eine letzte Entscheidung zur Überprüfung auf das Vorliegen einer mitbewußten Erwartung.

---

[22] Vgl. auch: *Stötter* S. 83; a. A. RGRK / *Johannsen* § 2078, 11. u. 12. Aufl., Anm. 46; *Soergel / Siebert / Knopp* § 2078 Rdnr. 5.
[23] RG LZ 1923, 603 = Recht 1923 Nr. 1359.
[24] *Kipp / Coing* § 21, III, 3 d; *Larenz*, Geschäftsgrundlage, S. 9 ff.; *Stötter* S. 84 ff.; *Kegel* S. 148; *Stampe* IhJb 72, 382; *Schmidt* S. 34 ff.; *Lange*, Erbrecht, § 35, III, 2 c (S. 386) Fußn. 3.
[25] *Stötter* S. 84 ff.
[26] *Oertmann*, Geschäftsgrundlage, S. 37.
[27] Vgl. *Larenz*, Geschäftsgrundlage, S. 9 ff.; *Kegel* S. 148.
[28] a. A.: RGRK / *Johannsen*, 11. u. 12. Aufl., § 2078 Anm. 46; *Soergel / Siebert / Knopp* § 2078 Rdnr. 5.

In BGH LM § 2078 Nr. 3 war die Erwartung der Erblasserin streitig, die von ihr bedachte Frau werde nicht Anlaß für die Zerstörung ihrer Ehe werden[29].

Die Beurteilung der Art der Vorstellungen und Erwartungen der Erblasserin im Zeitpunkt der Testamentserrichtung wird hier sehr erschwert, weil auf nur sehr spärliche Tatsachenfeststellungen zurückgegriffen werden kann. Die Wertung muß sich mit dem knappen Satz des BGH begnügen, „die Erblasserin habe nicht angenommen, daß die von ihr testamentarisch bedachte Frau der Anlaß für die Zerstörung ihrer Ehe sein würde". Aus dieser Formulierung kann nur entnommen werden, daß die Erblasserin keinen Grund hatte, die Möglichkeit einer Ehegefährdung durch die von ihr bedachte Person in Erwägung zu ziehen. Wenn der BGH nämlich der Auffassung gewesen wäre, „nicht angenommen" sei im Sinne von „nach reiflichem Überdenken der Gefährdungsmöglichkeiten trotzdem oder gerade deswegen nicht angenommen" zu interpretieren, hätte er gewiß keinerlei Bedenken gehabt, die bewußte Erwartung des Nichteintritts der ehegefährdenden Umstände zu bejahen. Daß diese Bedenken jedoch augenscheinlich vorhanden waren, spricht entschieden für die Richtigkeit der Vermutung, daß die Erblasserin an diese Umstände gar nicht gedacht, sie gar nicht überdacht hat und daher von ihrem völlig unerwarteten Eintritt überrascht war. Sie hatte keinen Grund, die nach Testamentserrichtung sich entwickelnden ehegefährdenden Umstände bei ihrer Willensbildung ins Kalkül zu ziehen, da die bedachte Frau in der Vergangenheit nie Objekt ehewidriger Tendenzen ihres Ehemannes gewesen war. Sie hätte — befragt nach ihren diesbezüglichen Erwartungen — vermutlich zur Antwort gegeben, an solch eine Möglichkeit habe sie nicht im geringsten gedacht, weil diese abwegig sei. Erwartungen in Hinsicht auf den Fortbestand der Eigenschaft der bedachten Frau als Nichtobjekt ehewidriger Anträge bzw. auf den Nichteintritt der Eigenschaft als entsprechendes Objekt dürften in keiner Weise vorgelegen haben[30].

Der Unterschied zu den besprochenen Wohl- bzw. Schlechtverhaltensfällen liegt nahe: In diesen waren Vorstellungen und Erwartungen über das Wohl- bzw. Schlechtverhalten der bedachten Personen wenigstens als mitbewußte, motivationsbestimmende Begleitvorstellung bei Testamentserrichtung real vorhanden. Das dürfte in diesem Fall gewiß ebenso anzunehmen sein, da die Erblasserin Vorstellungen über von ihr gutgeheißene und geschätzte persönliche Eigenschaften der bedachten Frau bei Testamentserrichtung zumindest in mitbewuß-

---

[29] s. o. 1. Teil, A, II. Vgl. *Johannsen* S. 646.
[30] Ebenso: RGRK / *Johannsen*, 11. u. 12. Aufl., § 2078 Anm. 48, der für einen Irrtum in diesem Falle Umstände verlangt, aus denen folgt, daß die Erblasserin bei Verfügungserrichtung mit dem Nichteintritt der Ehetrübung als selbstverständlich rechnen konnte. *Leipold* S. 144.

ter Form durchaus gehabt haben dürfte. Dazu gehörten mit hoher Wahrscheinlichkeit jedoch nicht Vorstellungen über die Eigenschaft der bedachten Frau als Objekt ehewidriger Anträge des Ehemannes der Erblasserin. Wohlverhaltensvorstellungen haben nur das aktive Wohlverhalten der bedachten Person zum Inhalt. Diejenigen der Erblasserin hatten sich in diesem Fall auch erfüllt, da die bedachte Frau in keiner Weise initiativ zu den späteren Geschehnissen Anlaß gegeben hatte, sondern ohne eigene Schuld überraschend mit den ehewidrigen Anträgen konfrontiert worden war. Vorstellungen und Erwartungen über Eigenschaften der bedachten Frau als Objekt des Schlechtverhaltens Dritter konnten demnach nicht in gleicher Weise wie die Wohlverhaltensvorstellungen motivationsbildend gewesen sein.

Eine laut BGH die Anfechtung rechtfertigende „Erwartung des Nichteintritts von Umständen, die die Erblasserin zwar nicht ausdrücklich erwogen, aber für sich als selbstverständlich ansehen konnte"[31], hat demnach in der Person der Erblasserin in keiner psychisch realen Form vorgelegen. Dies ist vielmehr der typische Fall einer nichtvorhersehbaren, wesentlichen Veränderung der Verhältnisse nach Testamentserrichtung, die die Willensbildung der Erblasserin im Zeitpunkt der Testamentserrichtung nicht beeinflußt hat. Die hier vom BGH angenommene „unbewußte Vorstellung" erweist sich als nicht existent.

Die Analyse aller von der Rechtsprechung mit dem Begriff der „unbewußten Vorstellung" in Verbindung gebrachten Fälle ergibt somit folgendes Resultat:

Die Bewußtseinslage, in der künftige Umstände von mitbewußten Erwartungen umfaßt werden, ist nur bei einer begrenzten Gruppe von Fällen gegeben, in denen persönliche Eigenschaften bedachter bzw. nicht bedachter Personen als die Verfügungsmotive bestimmend in einem sofort aktualisierbaren Vorstellungs- und Erwartungskreise des Erblassers im Zeitpunkt der Testamentserrichtung gelegen und sich nach Testamentserrichtung entgegen dem erschließbaren Willen des Testators wesentlich verändert haben. In allen anderen Fällen, in denen die Rechtsprechung die „unbewußte Vorstellung" bejaht hat, ist die streitige Bewußtseinslage entweder von sehr bewußten oder gar nicht vorhandenen Erwartungen charakterisiert.

Die vergleichende Fallanalyse hat schließlich auch erwiesen, daß die Rechtsprechung durch die Verwendung des Begriffs der „unbewußten Vorstellung" de facto durchaus nicht allgemein und in jedem Fall den irrealen Erblasserwillen berücksichtigt hat, wie *Coing*[32] meint. Lediglich in zwei von neun Entscheidungen trifft dies zu.

---

[31] s. o. 1. Teil, A, II.
[32] *Kipp / Coing* § 24, II, 2 b (S. 119).

Vierter Teil

Die Auslegung des Tatbestandselementes „irrige Erwartung"

Einleitung

Die Klärung des Begriffs der „unbewußten Vorstellung" sowie der von der Rechtsprechung mit seiner Bezeichnung gemeinten psychischen Inhalte hat die Tatsachengrundlage geschaffen, auf deren rechtliche Wertung hin das Gesetz befragt werden muß. Die Antwort soll die Auslegung des § 2078 Abs. 2 geben, in dessen Rahmen das Problem, ob unbewußte und darüber hinaus auch irreale Vorstellungen des Erblassers anfechtungsrelevant sind, — soweit ersichtlich — nur im Hinblick auf das Tatbestandselement „irrige Erwartung" von Rechtsprechung und Literatur erörtert worden ist. Ob und inwieweit dieselben oder ähnliche Erwägungen auch für das Tatbestandselement „irrige Annahme" gelten, bleibt mangels entsprechender Hinweise unklar. Dieser Behandlung des Problems in Rechtsprechung und Literatur gemäß konzentriert sich die Auslegung auf die „irrige Erwartung", ohne jedoch auf die mögliche Anwendung gewonnener Erkenntnisse auf die „irrige Annahme" zu verzichten.

Den methodischen Weg zur Erreichung des Auslegungszieles der Ermittlung des heute maßgeblichen, normativen Gesetzessinnes[1] bestimmen sowohl subjektive wie objektive Auslegungsmomente. Der normative Gesetzessinn ist damit Resultante des Willens des Gesetzgebers als historischem Faktum und zugleich auch der Vorschrift selbst immanenter objektiver, vernünftiger Zweckkomponenten. Seine Gewinnung richtet sich nach den bewährten Auslegungskriterien des Wortsinnes, des Bedeutungszusammenhanges des Gesetzes, seiner Entstehungsgeschichte und schließlich der Teleologie[2]. Dem letztgenannten Kriterium kommt dabei die gewichtigste Bedeutung vor allen anderen zu[3]. Die Darlegung des teleologischen Auslegungsmomentes wird sich zunächst an den in den Materialien zum Ausdruck gekommenen subjektiven Zweckbestimmungen des historischen Gesetzgebers

---

[1] Vgl. *Larenz*, Methodenlehre, S. 300; *Flume*, Rechtsgeschäft, S. 293; *Betti*, Auslegungslehre, S. 600 ff.; *Zippelius* S. 29.

[2] Vgl. i. e. *Larenz*, Methodenlehre, S. 301 ff.; *Zippelius* S. 57 ff.; *Coing*, Methodenlehre, S. 25 ff.

[3] Vgl. *Larenz*, Methodenlehre, S. 321, 332.

orientieren müssen, die wertvolle Anhaltspunkte und Hinweise für die Auslegung geben können, aber nicht deren letztes Ziel darstellen. Die teleologische Perspektive des historischen Gesetzgebers bildet aber den unverzichtbaren Ausgangspunkt der Bestimmung der Teleologie des Gesetzes. Vor ihrem Hintergrund muß dem in Rechtsprechung und Literatur erfolgten Bedeutungswandel des § 2078 Abs. 2 Rechnung getragen werden, indem die Vorschrift in ihrer Sinndeutung aus ihrem Bezug auf die Zeit ihrer Entstehung herausgelöst und bis zur Gegenwart hin weiterentwickelt wird[4]. Erst im Anschluß daran kann die für die heutige Rechtssituation maßgebliche Teleologie des § 2078 Abs. 2 fixiert werden, die primär an objektiven Postulaten der Rechtsordnung auszurichten ist. Die Bestimmung des Gesetzeszweckes wird demnach auf einer subjektiv- und objektiv-teleologischen Komponente ruhen[5].

Die Priorität der teleologischen Kriterien im Bedeutungsrahmen der Auslegung weist den anderen Kriterien einen differenzierten Stellenwert zu. Gegenüber dem systematischen und dem historischen Element hat der Wortlaut eine besondere Gewichtigkeit. Sein relativer Vorrang beruht auf den Bestandsgarantien des Gesetzes und damit der Rechtssicherheit, die das Gesetz bewirken soll. Er ist als „Kristallisationskern der Auslegung" ein wesentlicher Stabilisierungsfaktor des Auslegungsprozesses[6]. Die Grenze eigentlicher Auslegung setzt der „mögliche Wortsinn", d. h. „die Gesamtheit derjenigen Bedeutungen, die nach dem allgemeinen Sprachgebrauch noch mit einem Ausdruck verbunden werden können"[7]. Was nicht innerhalb dieser Grenze liegt,

---

[4] Vgl. i. e. über das Recht als Funktion der Geschichte: Gerhart *Husserl*, Recht und Zeit, Frankfurt/M. 1955, S. 26, 58, 60; *Larenz*, Methodenlehre, S. 229.

[5] Auf den alten und bis heute andauernden Streit zwischen subjektiven und objektiven Auslegungstheorien kann hier nicht näher eingegangen werden. In den meisten Fällen kommen die verschiedenen Modifizierungen beider Theorienströme zu den gleichen praktischen Ergebnissen. Der ductus unserer Untersuchung folgt im wesentlichen der *Larenz*schen Auslegungstheorie als einer der sog. „Vereinigungstheorien".
Vgl. i. e. zur Problematik der Gesetzesauslegung aus dem fast unübersehbaren Schrifttum die aus jüngster Zeit stammende ausführliche Monographie von Axel *Mennicken*, Das Ziel der Gesetzesauslegung, 1970, bes. über die praktischen Auswirkungen der Streitfrage: S. 9, Fußn. 1; 103, Fußn. 125; zur *Larenz*schen Theorie: S. 65 ff.; 67, wo *Mennicken* zu dem zutreffenden Ergebnis gelangt, daß die *Larenz*sche Vereinigungstheorie eine Präponderanz objektiv-teleologischer Komponenten impliziert.
Vgl. aus der Rspr., die weitgehend im Sinne einer objektiven Theorie judiziert: BVerfGE 1, 312; 8, 307; 10, 244; 11, 129. Ähnlich: BGHZ 33, 330; 37, 60; 46, 80. Vgl. ferner die divergierenden Urteile des BGH in: NJW 1951, 369; BGHZ 3, 162, 308; LM § 133 BGB Nr. 3 u. die Übersicht über die Rspr. bei: *Bender* JZ 1957, 593.

[6] *Mennicken* S. 14; vgl. auch: *Coing*, Methodenlehre, S. 30.

[7] *Larenz*, Methodenlehre, S. 304; *Zippelius* S. 57, 78. In wichtigen neueren rechtstheoretischen Untersuchungen über die im allgemeinen unsichere

4. Teil: Die Auslegung des Tatbestandselementes

greift in den Bereich der Rechtsfortbildung ein[8], deren Notwendigkeit und Zulässigkeit an besonders strenge Voraussetzungen geknüpft sind.

A. Der Wortsinn

I. Die „Erwartung"

Im Rahmen des Streites um die sprachliche Auslegung des Begriffs „Erwartung" spannt sich das Spektrum der Meinungen von der „deutlichen", „bewußten"[1] über die „allgemeine", „unbestimmte", „unbewußte"[2] bis hin zur gänzlich fehlenden Vorstellung eines zukünftigen Ereignisses[3].

Der allgemeine Sprachgebrauch versteht unter „Erwartung" eine Einstellung der Aufmerksamkeit — insbesondere in Form einer Vorstellung —, die auf das Eintreten oder Nichteintreten eines in der Zukunft liegenden Gegenstandes gerichtet ist[4]. In der Regel dürfte dabei die Intentionalität der Aufmerksamkeit als bewußt erlebte und damit deutlich und bestimmt aufgefaßt werden. Die Bewußtheitsqualität einer Erwartung ist daher zum „Kernbereich"[5] ihres Bedeutungsverständnisses zu zählen und somit Ergebnis einer engen sprachlichen Auslegung[6].

Daneben kann aber unter „Erwartung" auch eine weniger oder gar nicht bewußte Erscheinungsform von Einstellungen der Aufmerksamkeit oder Vorstellungen verstanden werden, deren Existenz mit Hilfe des Überraschungsphänomens plastisch beweisbar ist[7]. Wer sich z. B. im Verlauf einer hitzigen Diskussion mittels eines bislang tadellos funktionierenden Feuerzeuges eine Zigarre anzünden will und dann

---

Grenzziehung zwischen Auslegung und Lückenfüllung bildet der „mögliche Wortsinn" das entscheidende Abgrenzungskriterium. Vgl. i. e.: *Canaris* S. 25, 197; *Engisch* S. 146; ders., Der Begriff der Rechtslücke, in: Festschrift für Wilhelm *Sauer*, 1949, S. 85 (88); *Larenz*, Methodenlehre, S. 303 f.; *Tomuschat*, Verfassungsgewohnheitsrecht?, Heidelberg 1972, S. 65 f.

[8] *Larenz*, Methodenlehre, S. 321; *Zippelius* S. 56; a. A. *Mennicken* S. 14 f.
[1] s. o. 1. Teil, B, I.
[2] s. o. 1. Teil, B, II.
[3] s. o. 1. Teil, B, III.
[4] Vgl. *Eisler* I, S. 407; *Lersch* S. 286 f.
[5] Vgl. zur Differenzierung „Kernbereich-Randbereich": *Larenz*, Methodenlehre, S. 302; *Canaris* S. 22; *Coing*, Methodenlehre, S. 38, verwendet das Begriffspaar „Kern-Grenzsaum" unter Hinweis auf ein Zitat aus *Llewellyns* „Präjudizienrecht und Rechtsprechung in Amerika" (1933) bei *Radbruch*, Klassenbegriffe und Ordnungsbegriffe, Revue internationale de la théorie du droit XII (1938), S. 52 f.
[6] Vgl. *Larenz*, Methodenlehre, S. 328.
[7] Vgl. dazu ausführlich: *Lersch* S. 287.

A.I. Die „Erwartung"

ein erstmaliges Versagen des Feuerzeuges feststellt, wird auf Befragen erklären, er habe auf der Grundlage der Kenntnis vom bisherigen Funktionieren des Feuerzeuges auch dieses Mal das Entzünden einer Flamme „erwartet" und sei deswegen über das Versagen überrascht.

In diesem Fall würde also von „Erwartung" gesprochen, obwohl die Einstellung der Aufmerksamkeit auf das Entzünden des Feuers vor dem Betätigen des Feuerzeuges nicht im geringsten die Qualität einer bewußten Vorstellung dieses Inhalts hatte. Daß aber die Aufmerksamkeit in irgendeiner schwächeren, aber durchaus real vorhandenen Bewußtseinsform der Einstellung auf das Entzünden der Flamme gerichtet war, beweist das Überraschungsmoment als Folge einer Typizität antizipierenden Erwartung, die durch plötzlich auftretende Atypizität nicht bestätigt wurde[8]. Diese Art der Einstellung der Aufmerksamkeit nennt *Lersch* „vorstellungsfreie, unbewußte Erwartung"[9], während *Rohracher*[10] von „mitbewußter Erwartung" spricht. Die Erwartung in dieser unbewußten oder mitbewußten Form beruht auf der Grundlage des Selbstverständlichen, Gewohnten[11].

Das Bedeutungsverständnis kann sich demnach sowohl auf eine bewußte als auch eine unbewußte oder mitbewußte Form der Erwartung beziehen. Der die letztere betreffende Sprachgebrauch liegt aber eher im sog. „Randbereich"[12] oder „Bedeutungshof"[13] der allgemeinen Bedeutungsvorstellungen und wird daher von einer weiten sprachlichen Auslegung gedeckt[14], deren äußerste Grenze der „mögliche Wortsinn"[15] bestimmt. Ein Nichtbedenken nicht selbstverständlicher und damit ungewohnter zukünftiger Ereignisse geht erkennbar über diese Grenze hinaus. Wenn das zukünftige Ereignis nicht in irgendeiner Form mit der Einstellung der Aufmerksamkeit durch deren Intentionalität verbunden ist, kann von einer Erwartung nicht mehr die Rede sein.

Während der allgemeine Sprachgebrauch demnach eine Subsumtion — im Sinne der Rechtsprechung — unbewußter bzw. mitbewußter Erwartungen unter § 2078 Abs. 2 zuläßt, schließt er das Nichtwissen, d. h. die gänzlich fehlende Erwartung erkennbar davon aus.

---

[8] Vgl. *Schütz* S. 105.
[9] S. 287.
[10] S. 341.
[11] Vgl. *Eisler* I, S. 407; *Kant* XII, S. 439; *Schütz* S. 184 ff.
[12] Vgl. *Larenz*, Methodenlehre, S. 302.
[13] Vgl. *Canaris* S. 22 m. w. Nachw.; *Zippelius* S. 56 spricht vom „Bedeutungsspielraum der Gesetzeswörter".
[14] Vgl. zur diesbezüglichen sog. Andeutungstheorie: *Engisch* S. 82 ff.; *Enneccerus / Nipperdey* § 54 Fußn. 3; *Canaris* S. 23.
[15] s. o. 4. Teil, A, I

Anderer Auffassung ist *Coing*[16], der unter Berufung auf den Sprachgebrauch eine Gleichstellung von Irrtum und Nichtwissen vertritt, indem er den Satz anführt: „Schon sprachlich sagen wir: Ich bin ausgegangen, weil ich nicht wußte, daß Besuch kam."

Ausgangspunkt dieses sprachlichen Argumentes für die Berücksichtigung des Nichtwissens sind nicht die vom Gesetz verwandten Begriffe „Annahme" und „Erwartung", sondern deren vermeintlicher Oberbegriff „Irrtum". Infolge dieser undifferenzierten Subsumtion verkennt *Coing*, daß im Rahmen des Tatbestandselementes „irrige Erwartung" nicht die Gleichstellung von Irrtum und Nichtwissen streitig sein sollte, sondern vielmehr die der nichterfüllten Erwartung und des Nichtwissens. Seine Subsumtion der nichterfüllten Erwartung unter den Irrtum verdeckt eine Schlußfolgerung, die sich aus der Aufspaltung des von ihm verwandten Begriffes „Irrtum" in die vom Gesetz gebrauchten Begriffe „irrige Annahme" und „irrige Erwartung" ergibt. Wenn nämlich der Sprachgebrauch nach Meinung *Coings* Irrtum und Nichtwissen gleichbehandelt, dann muß dies im Wege eines argumentum a maiore ad minus auch für die nichterfüllte Erwartung und das Nichtwissen gelten. Diesen Schluß zu falsifizieren, gelingt ohne weiteres einem Vergleich des von *Coing* angeführten Satzes mit folgendem Korrelatsatz: Ich bin ausgegangen, weil ich mich über den kommenden Besuch geirrt habe, oder richtiger: Ich bin ausgegangen, weil ich erwartet habe, daß kein Besuch kommen würde. Erst die Gesamtschau dieser Sätze verdeutlicht, daß der Sprachgebrauch durchaus einen Unterschied zwischen Irrtum bzw. nichterfüllter Erwartung und Nichtwissen macht; denn der genannte Korrelatsatz impliziert im Gegensatz zu dem von *Coing* angeführten Satz eine Vorstellung über die Möglichkeit eines Besuches. Die in der *Coing*schen Argumentation verborgene und bezeichnenderweise von ihm selbst nicht ausgesprochene Konsequenz einer sprachlichen Gleichbehandlung von Erwartung und Nichterwartung auf der einen und Annahme und Nichtannahme auf der anderen Seite enthüllt die Unhaltbarkeit dieser Auffassung[17].

Während der allgemeine Sprachgebrauch demnach eine Subsumtion unbewußter Erwartungen im Sinne der Rechtsprechung bzw. mitbewußter Erwartungen im Sinne von *Rohracher* unter § 2078 Abs. 2 zuläßt, schließt er das Nichtbedenken zukünftiger Umstände davon aus[18].

---

[16] *Kipp / Coing* § 24, II, 2 b (S. 118); vgl. auch: *Staudinger / Coing* § 119 Rdnr. 1.

[17] Diese Mißachtung des klaren Wortlautes verträgt sich wenig mit folgendem Satz *Coings* aus allgemeinem methodischem Zusammenhang (Auslegungsmethoden S. 18): „Die Jurisprudenz ... ist eine interpretierende Wissenschaft, und der Jurist unterscheidet sich vom Rabulisten dadurch, daß er nach dem objektiven Sinn des Rechtssatzes sucht und nicht einen beliebigen Sinn in den Satz hineinträgt."

II. Die „irrige" Erwartung

1. Stand der Meinungen

In den modernen Lehrbüchern, Kommentaren und auch in der Rechtsprechung wird allgemein übersehen, daß die Verbindung des Begriffs „Erwartung" mit dem Adjektiv „irrig" im Schrifttum gelegentlich als Redaktionsmangel des § 2078 Abs. 2 bezeichnet worden ist, weil ein Irrtum sich niemals auf die Zukunft beziehen könne[19]. Daher sei diese Begriffsverbindung unzutreffend und eine scharfe begriffliche Trennung zwischen „irriger Annahme" und „unerfüllter Erwartung" vorzunehmen[20]. Aus der Verbindung der „Annahme" und der „Erwartung" durch das Adjektiv „irrig" wird jedoch in der Literatur ganz überwiegend gefolgert, das Gesetz berücksichtige in § 2078 Abs. 2 jeglichen Motivirrtum, d. h. irrige Vorstellungen über Vergangenheit, Gegenwart und Zukunft[21]. Daß es einen Irrtum über die Zukunft gibt, vertritt auch der ganz überwiegende Teil der Literatur zur allgemeinen Irrtumsproblematik des § 119[22]. Auch in den Entscheidungen der Recht-

---

[18] So auch: BGH DB 1971, 1859 = WM 1971, 1153 (s. o. 1. Teil, A, II a. E.); RGRK / *Johannsen*, 11. Aufl., § 2078 Anm. 49.

[19] Vgl. *Fischer* S. 190, 197, 226; *Kolf* S. 6 f.; *Reichel* AcP 138, S. 207, Fußnote 10; *Wieacker* S. 238, insbes. Fußn. 44; *Stötter* S. 76 ff.; ders. JZ 1963, 127 f.; ders. AcP 166, 176; ders. NJW 1971, 2283.

[20] Vgl. *Fischer* S. 190.

[21] Vgl. für alle: *Schmidt* S. 25 f.; *Brox*, Erbrecht, Rdnr. 229; *Kipp / Coing* § 24, I (S. 116); II, 2 (S. 117); *Staudinger / Seybold* §§ 2078, 2079 Rdnr. 79; *Soergel / Siebert / Knopp* § 2078 Rdnr. 4; *Larenz* A. T. § 20, III (S. 336); *Dunz* FamRZ 1956, 351; so auch schon: *Dernburg* § 45, IV, 2 a; *Leonhardt* § 2078, II, B, 2 b; *Martius* S. 54.

[22] *Palandt / Heinrichs* § 119, 2 a; *Brox*, Irrtumsanfechtung, S. 80, 139; *Flume*, Rechtsgeschäft, § 21, 8 (S. 425); *Schäfer* S. 28; *Uhlmann* LZ 1931, Sp. 129 ff.; *Eskötter* S. 12. Vgl. zur Behandlung künftiger Umstände im Rahmen des Irrtums über die Geschäftsgrundlage: *Larenz*, Geschäftsgrundlage, S. 51, der innerhalb der Definition der subjektiven Geschäftsgrundlage den Begriff der gemeinsamen Vorstellung der Vertragsparteien aufspaltet, indem er zwischen als vorhanden angenommenen Vorstellungsinhalten und für die Zukunft erwarteten Umständen unterscheidet. *Staudinger / Weber* § 242, E 165, ist im Rahmen der Erörterung des Irrtums in der Geschäftsgrundlage zunächst der Meinung, über zukünftige Umstände und Entwicklungen seien irrige Vorstellungen möglich. Aber bereits im folgenden Absatz (E 166) gibt er Zweifeln darüber Ausdruck: „Waren die hinsichtlich der künftigen Entwicklung gehegten Vorstellungen und Erwartungen, die dem Rechtsgeschäft zugrunde lagen, bei Eingehen des Geschäftes frei von Irrtum, ergibt aber die spätere Entwicklung, daß diese Vorstellungen und Erwartungen damals nicht berechtigt waren, so kann von einem Fehlen der Geschäftsgrundlage wegen Irrtums keine Rede sein. Enttäuschung in den Erwartungen stellt, streng genommen, keinen Irrtum dar, ebenso tun dies nicht Vermutungen, Hoffnungen, Zweifel." Daß diese Erkenntnis nicht dazu führt, nichterfüllte Erwartungen gänzlich aus dem Irrtumsbegriff zu eliminieren, bleibt unverständlich, zumal *Staudinger / Weber* dann (E 167) auf *Merz* (Verhandlungen des Schweiz. Jur. Vereins 76 (1942), 420 a) hinweist, der den Irrtum über eine zukünftige Entwicklung überhaupt aus dem Grundlagenirrtum heraus-

sprechung zu § 2078 Abs. 2 wird im Anschluß an den Gesetzeswortlaut durchgängig von „irriger Erwartung"[23] oder von einem „Irrtum des Erblassers über künftige Umstände"[24] gesprochen.

Die Klärung dieses streitigen begrifflichen Problems hat vor allem für den Bereich des § 2078 Abs. 2 eine nicht geringe Bedeutung. Wenn nämlich eine Erwartung nicht irrig sein kann, d. h. wenn es keinen Irrtum über die Zukunft gibt, dann ist auch der allgemein unter das Tatbestandselement „Erwartung" subsumierte Begriff der „unbewußten Vorstellung" nicht Teil der Irrtumsproblematik, sondern ein davon isoliert zu behandelndes Willenselement. Demgegenüber wären die wichtigsten Fälle des § 2078 Abs. 2, nämlich die der unzutreffenden Vorstellung des Erblassers über zukünftige Umstände, entgegen dem fast allgemeinen Sprachgebrauch in Rechtsprechung und Literatur keine Irrtumsfälle.

Die Frage, ob demnach die Zuordnung des Adjektivs „irrig" zu dem Substantiv „Erwartung" einen Redaktionsmangel darstellt, muß mangels überzeugender Begründungen[25] als nicht beantwortet angesehen werden. Eine Lösung des Problems läßt sich nur von einer Ableitung aus der Irrtumsdefinition erwarten.

2. Definition des Irrtums

Die zum Teil unterschiedlich lautenden Definitionen des Irrtumsbegriffes in der Literatur zeichnet eine wesentliche Gemeinsamkeit aus: die Beziehung eines intellektuellen Faktors auf Seiten des Irrenden

---

nehmen wolle, offenbar beeinflußt von der Vorschrift des Art. 24 Ziff. 4 des Schweiz. ObR, der als Grundlagenirrtum nur einen Irrtum über einen bestimmten Sachverhalt anerkenne (vgl. zum Grundlagenirrtum im schweizerischen Recht die ausführliche Darstellung von *Larenz*, Geschäftsgrundlage, S. 32 ff.). Darum habe auch das Schweizer Bundesgericht die irrigen Vorstellungen über die künftige Entwicklung als zur Vertragsanfechtung ungeeignete Irrtümer im Beweggrund bezeichnet (BGE 45, II, 322; 47, II, 315).

[23] Vgl. RGZ 86, 210; RG Warn. 1931, Nr. 50; BGH 4, 94 f.; BGH LM § 2078 Nr. 8 = NJW 1963, 246; BayObLGZE 62, 299, 308; BayObLG NJW 1971, 1565. Das RG hat in einigen allgemeine Irrtumsprobleme betreffenden Entscheidungen bewußt die Subsumierung nichterfüllter Erwartungen unter den Irrtumsbegriff vermieden: RG Recht 1913 Nr. 2691; Gruch. Beitr. 49, 893 f.; RGZ 75, 272 f.; 85, 324 f.; 111, 257 f.; 106, 398; 117, 310.

[24] Vgl. BGH DB 1971, 1859 = WM 1971, 1153.

[25] Vgl. z. B. *Fischers* (S. 190) fast belletristisch anmutende Argumentation: „Es handelt sich bei der Erwartung nicht um das Glauben, sondern um das Hoffen. Ein Irrtum kann sich streng genommen nur auf das Wissen beziehen und muß bereits Geschehenes oder Gegenwärtiges betreffen. Bei der Erwartung handelt es sich aber um die stets unter dem Schleier der Ungewißheit liegende Zukunft, um den Fehlschlag einer mit gutem oder schlechtem Grunde gehegten falschen Hoffnung, um das spätere Reißen eines Ankers, den man für haltbar gehalten hatte, um eine Abweichung der Gestaltung der Zukunft von der Vorstellung, die man sich in dieser Beziehung gemacht hatte ..."

A.II. Die „irrige" Erwartung

zu einem Gegenstand als Objekt. Dieser intellektuelle Faktor wird von der überwiegenden Mehrheit mit „Vorstellung" bezeichnet, die in bezug auf ein Objekt „falsch" oder „unzutreffend" sein müsse[26]. Daß er im Gegensatz dazu jedoch vereinzelt als „unbewußte Unkenntnis vom wirklichen Sachverhalt"[27] aufgefaßt wird, fordert eine genauere Untersuchung des Irrtumsbegriffes heraus.

Der Begriff „Irrtum" ist als Problem der Erkenntnistheorie kohärenter Teil der Begriffsantinomie „Wahrheit-Falschheit". Wenn es keine Vorstellungen gäbe, könnte es weder Wahrheit noch Falschheit geben. Wenn eine ausschließlich materiale Welt existierte, gäbe es keinen Platz für den Begriff der Falschheit. Eine solche Welt würde zwar das enthalten, was man Tatsachen oder Wirklichkeit nennt, aber keine „Wahrheiten". Wahrheit oder Falschheit sind vielmehr Eigenschaften von Vorstellungen oder Aussagen von oder über Tatsachen oder die Wirklichkeit. Wahrheit und Falschheit sind demnach von etwas abhängig, das außerhalb der Vorstellung selbst liegt[28].

Sie sind Eigenschaften, die von bestimmten Beziehungen der Vorstellungen zu Gegenständen geprägt werden[29]. Wenn diese Beziehung in einer Übereinstimmung zwischen Vorstellung und Vorstellungsgegenstand besteht, erhält die Vorstellung das Prädikat „wahr" und diese Beziehung die Bezeichnung „Wahrheit"[30]. Hat aber diese Relationsbestimmung das Urteil zum Ergebnis, daß eine Divergenz vorliegt, so wird der Vorstellung das Prädikat „falsch" zugeordnet. In diesem Falle liegt in der Relation ein Irrtum, wenn die Divergenz vom Subjekt der Vorstellung nicht erkannt wird[31]. Wird sie jedoch vom Irren-

---

[26] Vgl. *Staudinger / Coing* § 119 Rdnr. 1; *Planck / Flad* § 119, 3.

[27] BAG NJW 1960, 2211; *Palandt / Heinrichs* § 119, 2 b.

[28] Vgl. *Zitelmann* S. 319 f.: „Irrtum im engeren Sinne ist jede unwahre Vorstellung; jedoch die Einzelvorstellung kann weder wahr noch unwahr sein. Von Wahrheit oder Unwahrheit läßt sich erst sprechen, wenn die Einzelvorstellung Glied eines Urteils wird, vor allem, wenn das Urteil vollzogen wird, daß in der Einzelvorstellung Entsprechendes wirklich existiere. Die Vorstellung von einem Menschen mit 7 Flügeln ist weder wahr noch unwahr. Unwahr wäre nur das Urteil, daß ein solcher Mensch existiere. Vorige Definition ist demnach nur richtig, wenn wir unter Vorstellung nicht die Einzelvorstellung, sondern die Vorstellungsverknüpfung im Urteil verstehen."

[29] Vgl. *Erismann*, Theodor, Psychologie und Recht, Bern 1947, S. 60: „Ein bloßes Erlebnis hat nicht die Qualität von wahr und falsch. Nur die Transzendenz als Grundeigenschaft des Denkens, sein Etwas zum Objekt haben, Etwas betrachten, was es nicht selbst ist, führt Wahrheit und Falschheit herbei, denn nur so kann das Vorgestellte so gedacht werden, wie es auch ist oder anders gedacht werden, als es ist, also wahr oder falsch gedacht werden."

[30] Vgl. *Russel* S. 108 f.; *Eisler* S. 450; *Zitelmann* S. 323 f.; *Kant* VI, S. 476.

[31] *Kant* VI, S. 480: „Das Gegenteil von der Wahrheit ist die Falschheit, welche, sofern sie für Wahrheit gehalten wird, Irrtum heißt."

den erkannt, ist der Divergenzzustand beendet[32]. Die erkannte Falschheit der Vorstellung kann solange in einem Stadium von Vermutungen und Zweifeln fortbestehen, bis die wahre Relation erkannt wird[33].

„Irrtum" muß demnach als nichterkannte Divergenz zwischen einer Vorstellung und einem außerhalb ihrer selbst liegenden Gegenstand der Wirklichkeit definiert werden[34].

Die nicht selten anzutreffende Formulierung, Irrtum sei „eine falsche Vorstellung von der Wirklichkeit"[35], verkennt die Struktur der wesentlichen Elemente des Irrtumsbegriffes. Die falsche Vorstellung selbst ist noch kein Irrtum. Sie stellt lediglich einen Bestandteil des Urteilsaktes dar, in dessen Rahmen das die Vorstellung produzierende Bewußtsein das Subjekt und die Gegenstände der Wirklichkeit die Objekte des Urteils sind[36].

Auf der Basis der gegebenen allgemeinen Irrtumsdefinition kann nun die Klärung der Frage aufgebaut werden, ob ein Irrtum über die Zukunft möglich ist.

3. Der „Irrtum" über die Zukunft

Die Bejahung dieser Frage hängt entscheidend davon ab, ob im Rahmen der Definition der Begriff „Zukunft" unter den der „Wirklichkeit" subsumiert werden kann. Man ist zunächst geneigt anzunehmen, daß eine Divergenz zwischen einer Vorstellung und einem Objekt, das erst in der Zukunft innerhalb der Seinsordnung erscheint, d. h. das vor seiner tatsächlichen Aktualisierung lediglich vorstellungsmäßig in der Denkordnung antizipiert worden ist, sehr wohl möglich und damit ein Irrtum gegeben sein müßte. Wenn eine Vorstellung nämlich ein noch nicht tatsächlich vorhandenes, aber in der Zukunft eintretendes Ereignis zum Inhalt hatte und das erwartete Ereignis nicht oder nicht so wie erwartet eintritt, so ist eine Relationsbestim-

---

[32] Vgl. *Zitelmann* S. 320.
[33] Vgl. *Russel* S. 123.
[34] Vgl. ähnlich: *Lehmann / Hübner*, Allg. Teil des Bürgerlichen Gesetzbuches, 16. Aufl. Berlin 1966, § 34, III; *Fulterer* S. 44; *Zitelmann* S. 371; *Abel* S. 1; *Larenz*, A. T. § 20, II, a; *Schönke / Schröder* § 263 Rdnr. 28: „Irrtum ist eine unrichtige Vorstellung von Tatsachen."
[35] Vgl. *Staudinger / Coing* § 119 Rdnr. 1; *Planck / Flad* § 119, 3; *Pernice*, Zeitschr. f. H. R. 25, 140; *Schmidt* S. 6; Maria *Plum* AcP 130, 223: „Der eigentliche Irrtum besteht in der Vorstellung von etwas Falschem." Fehlerhaft wird diese Definition nicht nur durch die Gleichsetzung von Irrtum und Vorstellung, sondern auch dadurch, daß der Gegenstand der Vorstellung als falsch bezeichnet wird. Wie oben dargelegt, kann das Prädikat „wahr" oder „falsch" nicht der Wirklichkeit, sondern nur der diese nicht zutreffend wertenden, erkennenden Vorstellung zugeordnet werden.
[36] Vgl. *Russel* S. 112.

mung durchaus möglich, die eine Divergenz zwischen beiden Faktoren zum Ergebnis hat. Zweifelhaft kann nur sein, ob diese Divergenz den Kategorien Übereinstimmung-Wahrheit oder Nichtübereinstimmung-Irrtum zugeordnet werden kann. Dieser Zweifel wird sehr bald zerstreut, wenn man das temporäre Verhältnis der Vorstellung zu ihrem Objekt näher betrachtet.

Eine Relation im Sinne der gegebenen Irrtumsdefinition kann nur dann bestimmt werden, wenn kommensurable Größen vorhanden sind. Die Kommensurabilität innerhalb des Irrtumsbegriffes zwischen Vorstellung und Vorstellungsgegenstand ist eine Funktion der Gleichzeitigkeit dieser beiden Vergleichselemente. Letztere ist in der Irrtumsdefinition dadurch als Postulat formuliert, daß der Vorstellungsgegenstand der Wirklichkeit angehören muß. Zur Wirklichkeit gehören aber als „Verwirklichtes" nur Vergangenheit und Gegenwart[37]. Die Zukunft ist dagegen als noch nicht aktualisierter, damit lediglich potentieller Zeitbereich nicht wirklich. Sie kann zwar durch Vorstellungen antizipiert werden. Deren Übereinstimmung bzw. Nichtübereinstimmung mit ihrem antizipierten Objekt kann aber erst dann festgestellt werden, wenn das Objekt in der Wirklichkeit vorhanden ist. Das bedeutet, daß eine Relationsbestimmung im Sinne des Irrtumsbegriffes erst nach Eintritt oder Nichteintritt des antizipierten Ereignisses vorgenommen werden kann. In diesem Zeitpunkt besteht nun zwar der Vorstellungsgegenstand in der Wirklichkeit, aber unter Umständen nicht mehr die Vorstellung als präsenter Faktor. Natürlich ist es denkbar, daß eine einmal gedachte Vorstellung während des zeitlichen Stadiums bis zum Eintritt des antizipierten Ereignisses immer wieder neu reflektiert wird und zum Zeitpunkt des Eintritts des Ereignisses als synchron kommensurable Größe vorhanden ist. In einem solchen Fall ist dann erst eine Relationsbestimmung im Sinne der Irrtumsdefinition mit Eintritt oder Nichteintritt des Ereignisses möglich. Als hier aber allein in Betracht zu ziehender Normalfall soll angenommen werden, daß die die Zukunft antizipierende Vorstellung bei Eintritt oder Nichteintritt ihres Gegenstandes nicht mehr als gedacht besteht. Die nichterfüllte Erwartung eines Erblassers ist dafür typisches Beispiel. Daß es dabei an der für den Irrtumsbegriff erforderlichen Gleichzeitigkeit von Erwartung und erwartetem Ereignis fehlt, dürfte evident sein.

Es soll an dieser Stelle nicht verkannt werden, daß der allgemeine Sprachgebrauch die Formulierung zulassen würde: „Wenn derjenige, der vor seinem Tode den Eintritt eines zukünftigen Ereignisses erwartet hat, stirbt und das Ereignis nicht eintritt, so hat er sich damals in

---

[37] Vgl. *Eisler* III, S. 601.

einem Irrtum befunden. Er hat sich darüber geirrt, daß sich die Zukunft so entwickeln würde."

Dieser Sprachgebrauch mag zwar üblich sein, bietet aber keine Gewähr für terminologische Sauberkeit. Er läßt nämlich völlig außer acht, daß im Zeitpunkt des Denkens der Erwartung die kommensurable Größe ihres Gegenstandes in der Wirklichkeit gar nicht vorhanden, somit eine auf Gleichzeitigkeit beruhende Relationsbestimmung und daher Irrtum nicht möglich waren. Aber auch im Zeitpunkt des Eintritts oder Nichteintritts des erwarteten Ereignisses fehlt die kommensurable Größe, weil die dann nicht mehr als gedacht existente Erwartung nicht mehr an der gleichzeitig bestehenden Wirklichkeit auf Kongruenz bzw. Divergenz hin gemessen werden kann. Die in der genannten Formulierung des allgemeinen Sprachgebrauchs liegende Relationsbestimmung, die ein später eintretendes Erwartungsobjekt auf den Zeitpunkt des Denkens der Erwartung reprojiziert und damit als in einem früheren Zeitpunkt bestehend fingiert, verstößt gegen das Postulat der Gleichzeitigkeit der für den Irrtumsbegriff relevanten kommensurablen Größen. Eine solche Relationsbestimmung kann weder im Zeitpunkt des Denkens der Erwartung noch in dem des Eintritts oder Nichteintritts des erwarteten Ereignisses einen Irrtum zum Ergebnis haben, sondern allenfalls das Urteil, daß die realisierte Zukunft der sie antizipierenden Vorstellung asynchron divergent ist. Diese Relation einer asynchronen Divergenz zeichnet im Gegensatz zum Irrtum den Begriff der „nichterfüllten Erwartung" aus[38].

Ein Irrtum kann sich demnach nur auf Umstände der Vergangenheit oder Gegenwart beziehen. Der vermeintliche „Irrtum über die Zukunft" muß als nichterfüllte Erwartung bezeichnet werden.

Dieser begriffsdogmatische Exkurs erweist, daß der Gesetzgeber in § 2078 Abs. 2 eine contradictio in adiecto statuiert hat, die in der Literatur ganz überwiegend übersehen worden ist. Der wohl einzige Autor, der den Begriff gegen die spärlichen Angriffe ausführlich verteidigt, nämlich *Schmidt*[39], argumentiert an der zentralen Problematik

---

[38] Das von *Stötter* S. 77 u. passim im Anschluß an RG Gruch. Beitr. 49, 893 f. verwandte Adjektiv „getäuscht" gibt der Divergenzrelation der transitiven Intention des Verbs „täuschen" entsprechend eine subjektivierende Färbung, die ihrem objektivierten Charakter nicht entspricht.

[39] S. 25 f.: „Ebenso wie man nicht nur von einer Tatsache der Vergangenheit oder Gegenwart zu wissen vermag, sondern auch von einer zukünftigen Tatsache, ebensogut kann man auch das Eintreten einer zukünftigen Tatsache zu wissen glauben, d. h. mit Sicherheit erwarten, daß ein bestimmter Umstand eintreten oder nicht eintreten werde. Wenn dann später dieser mit Sicherheit erwartete Umstand nicht eintritt oder entgegen der Erwartung doch eintritt, dann ist eben die Erwartung eine irrige gewesen. Wenn z. B. die Erblasserin der Braut ihres Sohnes den alten Familienschmuck vermacht, so tut sie dies nur, weil sie zu wissen glaubt, daß die Vermächtnis-

A.II. Die „irrige" Erwartung

der Frage vorbei. Der Versuch seiner Beweisführung muß in die begriffliche Irre führen, weil er eine falsche Definition des Begriffes „Wissen" zugrunde legt. Er versteht nämlich unter „Wissen" die Vorstellung einer Tatsache als einer sicher vorhandenen oder sicher eintretenden, wobei er einschränkt: „... jedenfalls im juristischen Sinne[40]."

Die Kritik an diesem Begriffsverständnis *Schmidts* muß zunächst an seiner Einschränkung „auf den juristischen Sinn" einsetzen. Daß irgendwelche stringenten Gründe spezifisch juristischer Art eine Ausdehnung des Wissensbegriffes auf zukünftige Tatsachen erfordern, versäumt *Schmidt* darzutun. Das dürfte wohl auch schwerlich möglich gewesen sein, da solche Gründe nicht ersichtlich sind. Als Definition von „Wissen" ist vielmehr die allgemein gültige zugrundezulegen. Der Begriff „Wissen" ist ein Korrespondensbegriff zu dem der „Wahrheit"[41]. Nur Wirkliches, Verwirklichtes ist wahr[42]. Zukunft ist als potentielle Größe weder wirklich noch wahr. Sie kann demnach nicht „gewußt" und ferner — wie *Schmidt*[43] es will — nicht als „sicher eintretende Tatsache" verstanden werden. Sicher ist nur, was wirklich ist.

Einige Zeilen nach seiner schiefen Wissensdefinition widerlegt sich *Schmidt*[44] dann auch selbst, indem er sehr richtig bemerkt, daß es „immer erforderlich sei, daß Tatsachen als sicher vorhanden oder eintretend vorgestellt würden; denn andernfalls, dann also, wenn die Tatsache nur als möglich oder wahrscheinlich vorliegend oder eintretend vorgestellt werde, habe man es nicht mit einem Wissen, sondern nur mit einer Vermutung oder einem Zweifel zu tun. Das eigentlichste und wichtigste Kriterium des Wissens bestehe aber darin, daß die so vorgestellte Tatsache auch objektiv der Wirklichkeit entsprechen müsse."

Auch das von *Schmidt* zwecks plastischer Stütze seiner These angeführte Beispiel der Erblasserin, die im Hinblick auf die bevorstehende Heirat ihres Sohnes dessen Braut alten Familienschmuck vermacht hat[45], verfehlt die mit ihm bezweckte Aufgabe, ja beweist sogar anschaulich

---

nehmerin in absehbarer Zeit die Gattin ihres Sohnes werde. Sie stellt sich also eine zukünftige Tatsache als sicher vor, sie vermutet nicht bloß oder hält es für wahrscheinlich, sondern sie erwartet es; wird dann das Verlöbnis gelöst, so ist die Erwartung, durch die die Erblasserin zu ihrer Verfügung bestimmt worden ist, eine irrige gewesen." Die Argumentation und das angeführte Beispiel sind offensichtlich *Martius*, S. 54 f. entlehnt.

[40] S. 24.
[41] Vgl. *Russel* S. 123: „Was wir fest glauben, wird, wenn es wahr ist, Wissen genannt."
[42] Vgl. *Eisler* III, S. 601.
[43] S. 24.
[44] S. 25.
[45] s. o. 4. Teil, A, II, 3 Fußn. 39.

4. Teil: Die Auslegung des Tatbestandselementes

die Richtigkeit der Gegenauffassung. Besagte Erblasserin mag eine bevorstehende Heirat ihres Sohnes mit seiner Braut durchaus nicht nur vermutet, sondern sogar für wahrscheinlich gehalten haben. Sie mag sie nach allgemeinem Sprachgebrauch sogar für sicher gehalten haben. Das ist jedoch für den Wissensbegriff völlig irrelevant. Einzig relevant ist nur, daß die Heirat nicht sicher sein kann. Es sind über ihren Eintritt nur Spekulationen möglich. Von einem Wissen auf Seiten der Erblasserin kann in Anbetracht der Nichtverwirklichung der Heirat keine Rede sein.

Damit dürfte endgültig deutlich geworden sein, auf welch tönernen Füßen der Versuch von *Schmidt* steht, die in § 2078 Abs. 2 verwandte Begriffsverbindung „irrige Erwartung" zu retten[46].

Da es keinen Irrtum über die Zukunft gibt, stellt die Begriffsverbindung „irrige Erwartung" einen Redaktionsmangel dar[47]. Aus Gründen terminologischer Klarheit empfiehlt es sich, diesem durch Herauslösung der nichterfüllten Erwartung aus dem Irrtumsbegriff abzuhelfen. § 2078 Abs. 2 statuiert demnach die Relevanz des Motivirrtums lediglich durch das Tatbestandselement „irrige Annahme". Die „nicht-

---

[46] *Schmidts* Hinweis auf *Pernice*, Labeo III, S. 75 und *Strohal*, Anfechtung, S. 40 f., vermag daran nichts zu ändern. Zwar sprechen beide von der Möglichkeit eines „Irrtums über zukünftige Verhältnisse"; sie lassen aber jegliche nähere Behandlung der Problematik vermissen. *Strohal* gebraucht nicht einmal den Begriff „Erwartung", sondern spricht von einer „Verfügung, die auf einer die Gestaltung der Zukunft betreffenden irrigen Annahme des Erblassers beruht". In einem solchen Fall liege Motivirrtum vor. Pernice behandelt die Frage im Rahmen des falsa causa-Problems bei Vermächtnissen: Mit der Bezeichnung falsa causa sind nicht bloß die Fälle einer unrichtigen Vorstellung getroffen, sondern auch die, wo bloß eine ausdrücklich kundgegebene Erwartung des Erblassers sich nicht verwirklicht, also gewissermaßen Irrtum über die zukünftige Gestaltung der Verhältnisse vorliegt." — *Pernice* scheint mit „unrichtiger Vorstellung" eine solche über vergangene oder gegenwärtige Umstände zu meinen, da er diese deutlich von der „nichtverwirklichten Erwartung" absetzt. Daß er Zweifel hat und sich scheut, beide Begriffe mit Irrtum zu bezeichnen, beweist das einschränkende „gewissermaßen". Vgl. zu dieser *Pernice*-Stelle auch: *Fischer* S. 192 f.

[47] Diesen hat die Kommission für die 2. Lesung zu vertreten. Die Kommission für die 1. Lesung hatte noch in § 1781 I des 1. Entwurfs eine klare Unterscheidung zwischen „einem sich auf die Vergangenheit oder Gegenwart beziehenden Irrtum und einer nichterfüllten Voraussetzung" des Eintritts oder Nichteintritts eines künftigen Ereignisses oder eines rechtlichen Erfolges vorgenommen, vgl. Mot. V, 48 = Mugdan V, 26. Die 2. Kommission wollte durch Streichung des Begriffes „Voraussetzung" an dem sachlichen Gehalt des § 1781 I nichts ändern. Vgl. Prot. V, 49 = Mugdan V, 540 —. Sie hat auch den Unterschied zwischen Wissens- und Erwartungsvorstellungen durchaus nicht übersehen, aber versäumt, eine klare terminologische Differenzierung durchzuführen. Auf Grund dieser Nachlässigkeit floß die noch in § 1781 I prononcierte Differenzierung zwischen Irrtum und Voraussetzung zugunsten einer Verkürzung des Wortlautes in § 2078 II nicht ein, indem die Erwartung der Annahme durch ein Adj. verbunden angepaßt wurde. Vgl. *Fischer* S. 204 f.; *Stötter* S. 81 f.

erfüllte Erwartung" und damit auch die auf die Zukunft gerichtete „unbewußte" bzw. „mitbewußte" Vorstellung sind dagegen als vom Motivirrtum isolierte, selbständige Willenselemente zu behandeln.

Aus der Prüfung des ersten Auslegungskriteriums sind demnach zwei Schlußfolgerungen zu ziehen:
1. Nach dem Wortsinn des § 2078 Abs. 2 rechtfertigt allein eine — bewußte oder unbewußte bzw. mitbewußte — nichterfüllte Erwartung des Erblassers die Anfechtung wegen veränderter zukünftiger Umstände. Der Wortlaut schließt ein entsprechendes Nichtbedenken als Anfechtungsgrund aus.
2. Dem in der Begriffsverbindung „irrige Erwartung" liegenden Redaktionsmangel muß durch Verwendung der Begriffsverbindung „nichterfüllte Erwartung" abgeholfen werden.

B. Der Bedeutungszusammenhang des Gesetzes

Der Sinnzusammenhang[1] der §§ 2077, 2078 und 2079 wird nur vereinzelt von Vertretern der Mindermeinung[2] als Argument für die Berücksichtigung des Nichtwissens im Rahmen des § 2078 Abs. 2 verwandt, während die h. M. ihm keine Beachtung schenkt. Diese drei Gesetzestatbestände haben die gemeinsame Teleologie, daß die Durchführung testamentarischer Verfügungen, die nicht oder nicht mehr dem Willen des Erblassers zum Zeitpunkt der Verfügungserrichtung[3] entsprechen, im Sinne der Verwirklichung des Willensdogmas verhindert werden soll. Wenn die §§ 2077 - 2079 auch diese allgemeine ratio legis verbindet, so unterscheiden sie sich doch durch die Ausrichtung auf besondere Fallkonstellationen nicht unwesentlich.

I. § 2077

Nach § 2077 sind Zuwendungen unter Verlobten oder Ehegatten im Zweifel unwirksam[1], wenn das Verlöbnis nichtig oder vor dem Erbfall

---
[1] Vgl. zum systematischen Auslegungskriterium i. e.: *Larenz*, Methodenlehre, S. 305 ff.; *Zippelius* S. 59 ff.
[2] *Brox*, Irrtumsanfechtung, S. 140; *Lange* IhJb 82, 27; *v. Lübtow* S. 321.
[3] Vgl. BGHZ 42, 327 (332).
[1] Im Gegensatz zur Regelung des BGB sah § 1783 des Entwurfs I für die genannten Verfügungen die Rechtsfolge der Anfechtbarkeit vor (vgl. Mot. V, 53 = Mugdan V, 28). Die Motive bezeichneten demgemäß § 1783 E I ausdrücklich als Unterfall des § 1781 E I, des jetzigen § 2078. Sie legten auf die Feststellung Wert, daß es lediglich eine „Sache der juristischen Konstruktion" sei, ob man sich für die Anfechtbarkeit oder die kraft Gesetzes eintretende Unwirksamkeit entscheide. Während die 1. Kommission die Rechtsfolge der Anfechtbarkeit wählte, zog die 2. die Unwirksamkeit kraft Gesetzes vor. Die rechtliche Grundidee der Vorschrift wurde dadurch jedoch nicht geändert (vgl. dazu *Oertmann* S. 107).

aufgelöst oder die Ehe, sei es auch erst nach dem Erbfall, rechtskräftig für nichtig erklärt[2] oder vor dem Tode des Erblassers durch rechtskräftige Scheidung oder Aufhebung oder durch Schließung einer neuen Ehe nach der Todeserklärung des Erblassers aufgelöst worden ist. Nach Abs. 3 ist dem Verlobten oder Ehegatten jedoch jeder Gegenbeweis dafür gestattet, daß der Erblasser im Zeitpunkt der Testamentserrichtung in irgendeiner Weise zu erkennen gegeben hat, er wolle die Verfügung trotz Beendigung des ihn motivierenden Familienverhältnisses[3] gegen die allgemeine Lebenserfahrung aufrechterhalten[4,5].

Im Rahmen des § 2077 sind zwei Fragen umstritten, von denen die erste die Rechtsnatur der Vorschrift betrifft. Die h. M. sieht in § 2077 eine „dispositive Auslegungsregel"[6], während die Gegenauffassung darin einen „ergänzenden dispositiven Rechtssatz für einen besonderen Fall" erblickt[7]. Ferner herrscht Streit darüber, ob es allein auf die Einstellung des Erblassers im Zeitpunkt der Testamentserrichtung ankommt[8] oder ob das Testament auch auf Grund eines später zum Ausdruck gekommenen Willens aufrechterhalten werden kann[9]. Für unsere Zwecke ist ein Eingehen auf diese Streitthemen entbehrlich. Von Wichtigkeit ist allein die spezielle ratio legis des § 2077, daß ein Erblasser in der Regel seinen Ehegatten oder Verlobten mit Rücksicht auf das eheliche oder Verlobtenverhältnis bedenkt und es nach Beendigung des Statusverhältnisses regelmäßig nicht mehr seinem Willen entspricht, daß sein geschiedener Gatte oder früherer Verlobter erbt. Weil ein Widerruf aus diesem Grunde oft unterbleibt, nimmt das Gesetz die in der Scheidung oder der Lösung des Verlöbnisses zum Ausdruck gekommene Willensänderung des Erblassers zum Anlaß, prophylaktisch die Unwirksamkeit des Testamentes zu erklären[10]. Bei

---

[2] Vgl. §§ 23, 24 EheG.
[3] Vgl. RGZ 134, 275; BGHZ 19, 269; BGH FamRZ 60, 28; *Bartholomeyczik*, Erbrecht, § 22, III, 7.
[4] Vgl. §§ 1931, 1933.
[5] § 2077 gilt entsprechend auch für das gemeinschaftliche Testament (§ 2068) und den Erbvertrag (§ 2279 Abs. 1).
[6] Vgl. z. B.: *Oertmann* S. 108; *Palandt / Keidel* § 2077, 2; *Planck / Flad* § 2077, 3; *Staudinger / Seybold* § 2077 Rdnr. 2; *Erman / Hense* § 2077 Rdnr. 1; *Lange*, Erbrecht, § 34, II, 5 a (S. 372), anders noch in IhJb 82, 21; BGH FamRZ 1960, 28; weitere Nachweise bei *v. Lübtow* S. 292, Fußn. 162.
[7] Vgl. z. B.: *Kipp / Coing* § 23, V, 4 (S. 114); *v. Lübtow* S. 292 f.; *Bartholomeyczik*, Erbrecht, § 22, III, 7; *Lange* IhJb 82, 21; *Frommhold*, Das Erbrecht des Bürgerlichen Gesetzbuches, Berlin 1900, § 2077, 1; *Ehrlich*, Das zwingende und nichtzwingende Recht im Bürgerlichen Gesetzbuch, Jena 1899, S. 233 Nr. 57; *Siber* S. 362; i. e. *Keuk* S. 48 ff.; Mot. V, 54 = Mugdan V, 29.
[8] Vgl. i. e. die Nachweise bei *v. Lübtow* S. 293, Fußn. 166.
[9] Vgl. i. e. die Nachweise bei *v. Lübtow* a.a.O., Fußn. 167; *Keuk* S. 51 ff.
[10] *Keuk* S. 51.

B. Der Bedeutungszusammenhang des Gesetzes — I. § 2077

der Berufung des Ehegatten ist es demnach als selbstverständliche Grundlage der Verfügung anzusehen, daß die Ehe wirksam ist und weiterhin besteht[11]. Daher fehlt bei von Anfang an nichtiger Ehe die Verfügungsgrundlage, während sie bei späterer Auflösung der Ehe[12] wegfällt[13]. Die Berücksichtigung dieses als typisch unterstellten Grundlagemangels ist das entscheidende Element der ratio legis des § 2077[14]. Hier wird deutlich, daß das Gesetz in § 2077 auf dieselben als selbstverständlich zugrundegelegten Umstände abstellt, die auch von der Rechtsprechung im Rahmen des § 2078 Abs. 2 mit dem Begriff der „unbewußten Vorstellung" erfaßt werden sollen. In beiden Fällen sind das anfängliche Fehlen bzw. der spätere Wegfall von als selbstverständlich vorausgesetzten, motivbildenden Umständen Unwirksamkeits- bzw. Anfechtungsgründe. Nach dem ausdrücklichen Gesetzeswortlaut des § 2077 braucht jedoch diese selbstverständliche Verfügungsgrundlage, nämlich das Bestehen des familiären Statusverhältnisses, nicht Inhalt einer Annahme oder Erwartung zu sein. Es genügt vielmehr im Gegensatz zu dem insofern evident abweichenden Wortlaut des § 2078 Abs. 2 die objektive Nichtigkeit oder spätere Unwirksamkeit der Ehe bzw. des Verlöbnisses und damit die Unkenntnis des Erblassers von einem vergangenen, gegenwärtigen oder zukünftigen Mangel der Verfügungsgrundlage. § 2077 ist demnach gegenüber dem allgemeineren § 2078 Abs. 2 eine lex specialis[15, 16], die Auslegungsrückschlüsse auf den nur in § 2078 Abs. 2 enthaltenen Begriff der Erwartung in zweifacher Weise erlaubt:

Wegen seines Zuschnitts auf eine als besonders typisch aufgefaßte Verfügungsgrundlage ist § 2077 aus der lex generalis des testamentarischen Anfechtungsrechts, § 2078, herausgelöst und — im Vergleich zu diesem — mit schwächeren Rechtsfolgevoraussetzungen statuiert worden. Trotz dieses grundsätzlichen Unterschiedes kann die h. M. aus § 2077 ein systematisches Argument für ihre Lehre von den unbewußten Vorstellungen herleiten, da das Gesetz hier in einem Sonderfall des § 2078 Abs. 2 die „unbewußte Vorstellung" von einer selbstverständlichen Verfügungsgrundlage in der Sache berücksichtigt. Damit darf

---

[11] Vgl. i. e. *Oertmann* S. 107 f.; *Lange*, Erbrecht, § 34, II, 5, b (S. 373).
[12] Entsprechendes gilt beim Verlöbnis.
[13] *Lange*, Erbrecht, § 34, II, 5, b (S. 373) Fußn. 1.
[14] *Oertmann* S. 107.
[15] Vgl. i. e. *Oertmann* S. 107 - 110; *Lange*, Erbrecht, § 34, II, 5, d (S. 373): „Hinter § 2077 steht § 2078."
[16] *Lange* hat seine in IhJb 82, 27 geäußerte Argumentation für die Berücksichtigung des Nichtwissens, die sich auf einen Vergleich zwischen § 2077 und § 2078 Abs. 2 stützte, in seinem Lehrbuch aufgegeben. Im Gegensatz zu seiner damaligen Auffassung wird hier der essentielle Unterschied zwischen beiden Vorschriften deutlich, der eine Parallelisierung verbietet.

aber die Grenze zwischen unbewußter und gänzlich fehlender Vorstellung nicht verwischt werden. Während bei § 2077 der irreale Erblasserwille über die „unbewußte Vorstellung" hinaus ohne Zweifel relevant wird, so setzt doch bei der lex generalis des § 2078 Abs. 2 dessen Wortlaut nach den Erkenntnissen des ersten Auslegungskriteriums die entsprechende Grenze.

II. § 2079

Diese Vorschrift wird allgemein als Sonder- oder Unterfall des in § 2078 Abs. 2 geregelten Motivirrtums angesehen[1]. Aus dieser Eigenschaft und der anfechtungsbegründenden Relevanz des Nichtwissens in § 2079 leiten *Brox*[2] und *v. Lübtow*[3] ein systematisches Argument für die Berücksichtigung des irrealen Erblasserwillens im Rahmen der lex generalis § 2078 Abs. 2 ab.

Es ist angesichts des eindeutigen Wortlauts der Vorschrift überhaupt nicht streitig, daß der Erblasser über die mögliche Existenz eines Pflichtteilsberechtigten im Zeitpunkt des Erbfalles keine positiven Vorstellungen gehabt haben muß, sondern bloße Unkenntnis ausreicht. Allein das Fehlen der Kenntnis des Erblassers ist Voraussetzung der Anfechtung[4].

Die Vorschrift geht davon aus, daß der Erblasser bei Kenntnis der Sachlage den Pflichtteilsberechtigten nicht übergangen haben würde. Im Gegensatz zu § 2078[5] hat also der Anfechtende nicht die Kausalität zwischen Irrtum und Verfügung zu beweisen, da sie gesetzlich vermutet wird. Der Anfechtungsgegner muß vielmehr den Gegenbeweis aus Satz 2 führen und beweisen, daß der Erblasser, auch wenn er die Existenz des Pflichtteilsberechtigten gekannt oder sie vorausgesehen hätte, nach seinem mutmaßlichen Willen so wie geschehen verfügt hätte[6]. In Abweichung zu der allgemeinen Bestimmung des § 2078 Abs. 2 mindert das Gesetz demnach mit Rücksicht auf das besonders nahe verwandtschaftliche Verhältnis eines Pflichtteilsberechtigten zum

---

[1] Vgl. nur: *Bartholomeyczik*, Erbrecht, § 24, I, 3, e; *Lange*, Erbrecht, § 35, III, 2, d (S. 386); *Kipp / Coing* § 24, II, 2, d (S. 120); *Staudinger / Seybold* §§ 2078, 2079 Rdnr. 33; *v. Lübtow* S. 324, Fußn. 28 m. w. Nachw.; RGZ 143, 352; BGH FamRZ 60, 29; BayOLG NJW 1971, 1566; so schon die Mot. V, 51 = Mugdan V, 27; a. A. *Dobrzynski* S. 41; i. e. zu § 2079; *Vilmar*, Die Anfechtung letztwilliger Verfügungen auf Grund des § 2079 BGB, Diss. Marburg 1908; *Oertmann* S. 103 - 106.

[2] s. o. 1. Teil, B, III, 2.

[3] S. 321.

[4] *Martius* S. 57 f.; *Meyersohn*, Auslegung des § 2080 BGB, Diss. Erlangen 1908, S. 28; *Stötter* S. 95; *Oertmann* S. 105; *v. Lübtow* S. 326.

[5] Vgl. BayObLG 63, 264; OLG Hamm OLGZ 66, 497.

[6] Vgl. *Palandt / Keidel* § 2079, 1; *Oertmann* S. 104.

Erblasser die zur Vernichtung einer letztwillen Verfügung nötigen Anforderungen. Hier wird die Parallele zu § 2077 deutlich. Auch bei § 2079 braucht nach dem eindeutigen Wortlaut und seiner ratio legis die Existenz eines Pflichtteilsberechtigten nicht Gegenstand einer Annahme oder Erwartung des Erblassers zu sein. Über eine unbewußte Vorstellung hinaus wird hier auch der irreale Erblasserwille berücksichtigt und damit denselben Auslegungsrückschlüssen wie im Falle des § 2077 Raum gegeben.

Obwohl demnach in § 2077 wie in § 2079 die Unkenntnis zukünftiger Umstände als Unwirksamkeits- bzw. Anfechtungsgrund ausreicht, verbietet es ihre Natur als ausdrücklich von der allgemeineren Vorschrift des § 2078 Abs. 2 abweichende Spezialnormen für besonders geartete Fallkonstellationen mit besonders schutz würdigen Interessenlagen und einem als typisch und damit selbstverständlich zugrundegelegten Erblasserwillen ganz entschieden, sie hinsichtlich ihrer subjektiven Voraussetzungen dem § 2078 Abs. 2 gleichzuschalten[7]. Die durch den Gesetzgeber bewußt vorgenommene Aussonderung dieser Spezialtatbestände aus dem § 2078 Abs. 2 ist vielmehr deutliches Indiz, daß verschieden geartete Interessenlagen rechtlich unterschiedlich gewertet werden sollen.

Das systematische Auslegungskriterium gibt somit einen nicht zu verkennenden Hinweis darauf, daß in § 2078 Abs. 2 strengere Maßstäbe an den Bewußtseinsgrad des Erblassers bezüglich der Beachtung seiner Verfügungsgrundlage gelegt werden müssen als dies in den §§ 2077, 2079 der Fall ist, d. h. daß ein bloßes Nichtbedenken künftiger Umstände in § 2078 Abs. 2 nicht als Anfechtungsgrund ausreichen kann. Schließlich sind diese beiden Unterfälle des § 2078 Abs. 2 der Beweis dafür, daß dem Gesetz die Inhalte einer unbewußten bzw. mitbewußten Vorstellung durchaus nicht fremd sind.

C. Die Entstehungsgeschichte des § 2078 Abs. 2

I. Die Materialien

In der ersten Lesung des Entwurfs zum BGB wurde der folgende § 1781 von der Kommission formuliert:

„Eine letztwillige Verfügung kann angefochten werden, wenn der Erblasser zu derselben durch einen auf die Vergangenheit oder die Gegenwart sich beziehenden Irrtum bestimmt worden ist, oder wenn der Erblasser zu der Verfügung durch die Voraussetzung des Eintritts oder Nichteintritts eines künftigen Ereignisses oder eines rechtlichen Erfolges bestimmt worden ist und die Voraussetzung sich nicht erfüllt hat. Die Ver-

---

[7] So auch: *Stötter* S. 95.

fügung ist nur dann anfechtbar, wenn der Irrtum aus der Verfügung zu entnehmen[1] oder die Voraussetzung in derselben ausdrücklich oder stillschweigend erklärt ist."

Zur Begründung der klaren Unterscheidung zwischen einem Irrtum über vergangene oder gegenwärtige Tatsachen auf der einen und einer Voraussetzung des Eintritts oder Nichteintritts künftiger Ereignisse auf der anderen Seite wies die Kommission darauf hin, daß die Mangelhaftigkeit des Willens, die zu berücksichtigen sei, sowohl darin liegen könne, daß der Erblasser zur Zeit der Testamentserrichtung unter dem Einfluß eines Irrtums über gegenwärtige oder vergangene Tatsachen sich befände und dadurch zu der Errichtung der Verfügung bewogen worden sei, als auch darin, daß er den Eintritt oder Nichteintritt eines künftigen Ereignisses oder rechtlichen Erfolges vorausgesetzt habe und nur für den Fall der Verwirklichung seiner Voraussetzung die Verfügung habe treffen wollen, dabei aber unterlassen habe, seine Verfügung dem Willen entsprechend zu bedingen und zu beschränken[2].

Weiter legte die Kommission Wert auf die Feststellung, daß es keinen Unterschied machen dürfe, ob der vorausgesetzte Eintritt oder Nichteintritt eines künftigen Ereignisses oder eines rechtlichen Erfolges sich vor oder nach dem Erbfall entscheide[3]. Der § 1781 mußte sich in der Folgezeit herber Kritik unterziehen[4]. Daß er bezüglich der Vergangenheit und Gegenwart von einem „Irrtum", bezüglich zukünftiger Tatsachen aber von einer „nichterfüllten Voraussetzung" spreche, war Inhalt der Polemik *Strohals*[5]. Er sah als Gegner der Windscheidschen Voraussetzungslehre in der „Voraussetzung" lediglich eine verdeckte, auf die Zukunft abgestellte Bedingung[6], bei deren Eintritt oder Nichteintritt eine Anfechtung nicht möglich sei. Vornehmlich auf Grund seiner Formulierungsvorschläge[7] wurde der § 1781 in der 2. Lesung eingehend revidiert. Den Absatz 2 strich man ersatzlos und nahm damit

---

[1] Vgl. zu dieser mißverständlichen Formulierung: *Schulz* S. 73, Fußn. 2; *Oertmann* S. 95, Fußn. 1; *Fischer* S. 203. Gemeint war die kausale Bedeutung des irrtümlich angenommenen Umstandes.

[2] Vgl. Mot. V, 48 = Mugdan V, 26.

[3] Vgl. Mot. V, 49 = Mugdan V, 26.

[4] Vgl. zum „causa adiecta"-Problem des Abs. 2: *Leonhard*, Gutachten für den 20. Jur. Tag, III, S. 96; *Strohal*, Anfechtung, S. 15; *Zitelmann*, Bekker-Fischer, Beiträge 2, S. 51, 195; *Petersen*, Bekker-Fischer, Beiträge 16, S. 45; i. e. *Fischer* S. 201 ff.

[5] Anfechtung S. 18 ff.

[6] Anfechtung S. 29 ff.

[7] § 1781 sollte lauten: „Insofern eine letztwillige Verfügung der wahren Absicht des Erklärenden nicht entspricht, kann sie angefochten werden. Anfechtung ist insbesondere auch zulässig wegen mangelhafter Willensbestimmung durch Irrtum im Beweggrunde."

C. Die Entstehungsgeschichte des § 2078 Abs. 2 — I. Materialien

vom Erfordernis der causa adiecta Abstand[8]. Ferner strich die 2. Kommission den Begriff der „Voraussetzung" unter Hinweis darauf, daß man es bereits bei der Beratung der Vorschriften über die ungerechtfertigte Bereicherung und den Vergleich abgelehnt habe, die „Voraussetzung" als gesetzlichen Begriff aufzunehmen[9]. Vielfach werde eine Bedingung gemeint sein, wenn der Erblasser von einer „Voraussetzung" spreche. Daher könne es in der Praxis zu Zweifeln führen, wenn im BGB bei dem Wegfall oder dem Nichteintritt einer „Voraussetzung" lediglich auf eine Anfechtung gemäß § 1781 verwiesen werde. Eine sachliche Änderung wurde durch die Streichung der „Voraussetzung" jedoch ausdrücklich nicht herbeigeführt[10].

Die 2. Kommisison lehnte ferner einen Antrag ab, der die Anfechtung auf den Fall beschränken wollte, daß sich der Irrtum auf die Vergangenheit oder Gegenwart bezieht. Der „Irrtum über ein zukünftiges Ereignis" sollte danach kein Anfechtungsrecht geben. Der Antragsteller betonte jedoch[11], daß der bisherige Absatz 2 aufrecht erhalten werden müsse, wenn die Anfechtung wegen Irrtums über ein zukünftiges Ereignis zugelassen werde. Es erscheine zwar gerechtfertigt, eine letztwillige Verfügung der Anfechtung zu unterwerfen, wenn der Erblasser zu ihr durch einen Irrtum über einen zur Zeit der Errichtung bestehenden Umstand bestimmt worden sei. Es gehe aber zu weit, wenn man ganz allgemein auch zukünftige Ereignisse berücksichtigen wolle. Vergangenheit und Gegenwart könne der Erblasser übersehen und sich eine bestimmte positive Vorstellung von den für ihn wesentlichen Umständen machen. Die Zukunft liege aber für ihn völlig dunkel da. Wenn der Erblasser nur eine ganz allgemeine Vorstellung der kommenden Ereignisse gehabt habe, so sei es nicht angängig, die Anfechtung des letzten Willens deshalb zuzulassen, weil der Verlauf ein anderer gewesen sei, als der Erblasser erwartet habe. Eine scharfe Scheidung lasse sich bei zukünftigen Ereignissen, wenn der Erblasser nicht eine Bedingung gesetzt habe, zwischen den allgemeinen Bestimmungsgründen für seine Entschlüsse, welche rechtlich nicht beachtet werden könnten, und der rechtlich relevanten causa efficiens für seinen Willen nicht ziehen. Es würde zu höchst bedenk-

---

[8] Vgl. Prot. V, 51 = Mugdan V, 541 f.

[9] Die *Windscheidsche* „Voraussetzung" ist außer von der Rspr. (RGZ 24, 169; 60, 59; 62, 268) auch von der Rechtslehre größtenteils abgelehnt worden (*Lenel* AcP 79, 61; *Kohler* AcP 101, 372; *Oertmann* S. 2 ff.; *Stampe* IhJb 72, 380; *Locher* AcP 26, 247).

[10] Vgl. Prot. V, 49 = Mugdan V, 540. *Fischer* (S. 204 f.) sieht entgegen diesem ausdrücklichen Hinweis der Kommission in dem Austausch der „Voraussetzung" durch die „Erwartung" eine Erweiterung des Anwendungsbereiches der Vorschrift.

[11] Vgl. Prot. V, 50 = Mugdan V, 540.

lichen Folgen führen, wenn der Eintritt irgendeines Ereignisses, das den Erblasser bestimmt hätte, anders zu verfügen, wenn er es erlebt hätte, einen Anfechtungsgrund abgeben könnte. Wolle der Erblasser seinen Willen von einem zukünftigen Ereignis abhängig machen, so möge er dieses als Bedingung setzen. Sei das aber nicht geschehen, so könnten die nach Errichtung der Verfügung eingetretenen Ereignisse bei der Anfechtung keine Beachtung finden.

Die Mehrheit der 2. Kommission lehnte diesen Antrag ab und führte zur Begründung aus: Wenn der Erblasser durch eine positive und deutliche Vorstellung eines tatsächlichen Umstandes oder Ereignisses zu der letztwilligen Verfügung bestimmt worden sei, so müsse die letztwillige Verfügung angefochten werden können, falls sich hinterher herausstelle, daß jene Vorstellung eine irrige gewesen sei. Soweit es sich um Vergangenheit oder Gegenwart handele, werde dies von keiner Seite bezweifelt. Es sei aber prinzipiell kein Unterschied zu machen, wenn das bestimmende Ereignis in der Zukunft liege; insbesondere sei vom Standpunkte des Erblassers aus die Sachlage insoweit die gleiche. Bei der gegenteiligen Auffassung sei übersehen, daß nicht jedes Ereignis, das etwa für den Erblasser von Bedeutung hätte sein können, einen Grund zur Anfechtung abgeben solle, sondern nur ein solches, von dem sich der Erblasser eine positive Vorstellung gemacht habe und welcher in positiver oder negativer Richtung für ihn bestimmend gewesen sei. Die Vorstellung selbst müsse immer einen positiven Charakter gehabt haben, der Inhalt derselben könne positiv oder negativ gewesen sein. Es möge selten sein, daß der Erblasser durch die Vorstellung des Eintritts oder Nichteintritts eines solchen Ereignisses wirklich in seinem Willen bestimmt worden sei, ohne daß er eine Bedingung setze. Aber derartige Fälle könnten unzweifelhaft vorkommen und, wenn sie vorkämen, sei es nur gerecht und konsequent, die Anfechtung zuzulassen, falls eben die bestimmende Vorstellung eine irrige gewesen sei. Wäre ein erheblicher Mißbrauch zu befürchten, so müsse man allerdings aus diesem Grunde eine Beschränkung im Sinne des erwähnten Antrags eintreten lassen. Indessen hätten sich im Gebiete des gemeinen Rechts bislang Mißstände nicht herausgestellt, und die Schwierigkeit des Beweises, daß eine nicht ausgesprochene Vorstellung eines künftigen Ereignisses wirklich für den Erblasser bestimmend gewesen sei, die Verfügung zu treffen, werde auch in Zukunft davon abhalten, in leichtfertiger Weise mit der Anfechtung letztwilliger Verfügungen vorzugehen[12].

Als Ergebnis brachten dann die Beratungen der 2. Kommission die Umgestaltung des bisherigen Absatz 1 des § 1781 zu dem § 2078 Abs. 2,

---

[12] Prot. V, 50 = Mugdan V, 541.

wobei man in dessen verkürzten Wortlaut auch den bisherigen Betrug und Drohung behandelnden § 1780 miteinbezog.

II. Die historische Argumentation für die Gleichsetzung von Irrtum und Nichtwissen

Coing[1] leitet unter Zustimmung von *Brox*[2] aus der Entstehungsgeschichte des § 2078 Abs. 2 ein historisches Argument für die Gleichstellung von Irrtum und Nichtwissen ab. Dabei bildet den Ausgangspunkt seiner Beweisführung der Rechtszustand des gemeinen Rechts, dessen h. L. die Gleichstellung vorgenommen habe. In diesem Zusammenhang beruft sich *Coing* insbesondere auf *Savigny* und *Zitelmann*.

Im Gegensatz zum klassischen römischen Recht[3] hat das gemeine Recht bei letztwilligen Verfügungen zwar den Motivirrtum des Erblassers als Anfechtungsgrund berücksichtigt[4]. Es ist jedoch im Recht der letztwilligen Verfügungen nirgends die Rede von einer prinzipiellen Gleichsetzung des Motivirrtums mit dem Nichtwissen. Das ist lediglich im Rahmen der Behandlung des Irrtums bei Rechtsgeschäften unter Lebenden der Fall, wo unter „Irrtum" sowohl eine unwahre Vorstellung=Irrtum im engeren Sinne als auch eine fehlende Vorstellung= Irrtum als Unwissenheit verstanden wird[5]. Die wenigen Fälle, bei denen die Relevanz des Nichtwissens bei letztwilligen Verfügungen bejaht wurde, beruhen als Ausnahmeentscheidungen auf entsprechenden römischen Quellen, die eben nicht von einer grundsätzlichen Anerkennung des Motivirrtums ausgehen, sondern von der Notwendigkeit einer Billigkeitsregelung[6].

Demgemäß hat auch *Savigny* bei Rechtsgeschäften unter Lebenden zwar Irrtum und Nichtwissen rechtlich gleichbehandelt[7]. Bei letzt-

---

[1] *Kipp / Coing* § 24, II, 2 b (S. 118). s. o. 1. Teil, B, III, 3.

[2] Irrtumsanfechtung S. 139. s. o. 1. Teil, B, III, 2.

[3] Vgl. i. e.: *Schulz* S. 88 ff.; *Flume*, Festschrift Schulz (1951) I, S. 227 ff.; *Pernice*, Labeo Bd. 3, 1, S. 72.

[4] Vgl. *Schulz* S. 136 ff.; *Vangerow* II, § 431 Anm. 2; *Windscheid / Kipp* § 548, 1; *Flume*, Privatautonomie, S. 193.

[5] *Arndts*, Karl Ludwig, Lehrbuch der Pandekten, 12. Aufl. Stuttgart 1883, § 62; *Windscheid / Kipp* § 78 Fußn. 1. Ein deutlicher Hinweis auf die Nichtanwendung der Gleichstellung von Irrtum und Nichtwissen für den Bereich letztwilliger Verfügungen findet sich jedoch zwei Seiten weiter (*Windscheid / Kipp* § 78 S. 405): „Auch (Hervorhebung vom Verf.) nach BGB gibt der Irrtum im Motiv für sich allein einen Grund zur Anfechtung einer Willenserklärung im allgemeinen nicht ab, ausgenommen in einigen erbrechtlichen Fällen. Letztwillige Verfügungen sind nämlich anfechtbar (2080 - 2082), soweit der Erblasser zu der Verfügung durch die irrige Annahme ... oder Erwartung ... eines Umstandes bestimmt worden ist (2078 Abs. 2). Es muß also der Beweis geführt werden, daß die irrige Annahme oder Erwartung für den Erblasser bestimmend war."

[6] Vgl. *Vangerow* II, § 431 Anm. 2, 3.

willigen Verfügungen besteht dieser Grundsatz jedoch nicht. Auf der Grundlage der römischen Quellen beschränkt auch er die Relevanz des Motivirrtums im Erbrecht auf wenige Ausnahmefälle[8].

Wie *Savigny* behandelt auch *Zitelmann*[9] die Frage der Gleichstellung nur im Rahmen der Rechtsgeschäfte unter Lebenden. Auf eine spezifisch erbrechtliche Relevanz des Nichtwissens geht er innerhalb seiner ausführlichen psychologischen Argumentation für die rechtliche Gleichbehandlung von Irrtum und Nichtwissen nicht ein.

Daraus folgt, daß die Forderung *Coings*, man müsse „zu dem klaren Satz des gemeinen Rechts zurückkehren"[10], für den Bereich der letztwilligen Verfügungen ebenso der sachlichen Grundlage entbehrt wie seine Berufung auf *Savigny* und *Zitelmann*.

Auf der zweiten Stufe der *Coing*schen historischen Argumentation steht der Hinweis auf die Beratungen in der 1. Kommission, die „ohne weiteres von der Gleichstellung ausgegangen sei, wie schon die Tatsache zeige, daß man den Tatbestand des § 2079 für einen Unterfall des § 2078 Abs. 2 gehalten habe, wie es aber auch sonst in den Motiven ausgesprochen sei"[11].

Im Gegensatz zum gemeinen Recht, in dem allgemein vom Motivirrtum bei der Anfechtung letztwilliger Verfügungen die Rede war, hat die 1. Kommission eine deutliche Trennung zwischen vergangenen und gegenwärtigen Umständen einerseits und zukünftigen andererseits vollzogen[12]. Da sie hinsichtlich der ersten Gruppe der Umstände von „Irrtum" sprach, wäre hier die Subsumtion des Nichtwissens als Irrtum im weiteren Sinne durchaus möglich. Demgegenüber wird aber hinsichtlich zukünftiger Umstände eine besondere Formulierung verwandt: „... daß er (der Erblasser) den Eintritt oder Nichteintritt eines künftigen Ereignisses oder rechtlichen Erfolges vorausgesetzt und nur für den Fall der Verwirklichung seiner Voraussetzung die Verfügung hat treffen wollen, dabei aber unterlassen hat, sie dem Willen entsprechend zu bedingen und zu beschränken." Daß die 1. Kommission damit die zukünftigen Umstände nicht mit den vergangenen und gegenwärtigen unter den Dachbegriff des Motivirrtums zusammenfaßte, spricht zunächst dafür, daß sie für die zukünftigen Umstände besondere Anfechtungsvoraussetzungen statuieren wollte. Ferner deckt die Formulierung „..., daß er ... vorausgesetzt hat ..." nur einen Teilbereich

---

[7] System III, S. 111, 326 (Beilage VIII).
[8] Vgl. System III, Beilage VIII, Kap. XVII, XVIII, insbes. S. 384.
[9] S. 321 ff.
[10] *Kipp / Coing* § 24, II, 2, b (S. 118).
[11] Nämlich in: Mot. V, 49, 52 = Mugdan V, 26, 28.
[12] Vgl. Mot. V, 48 f. = Mugdan V, 26.

C. Die Entstehungsgeschichte des § 2078 Abs. 2 — II. Histor. Argum.

des Anwendungsgebietes, das die Voraussetzungslehre *Windscheids* umschloß. Sie betrifft ausschließlich Umstände, die der Erblasser tatsächlich bei der Testamentserrichtung vorausgesetzt hat und nicht solche, die er bei Kenntnis späterer Entwicklungen vorausgesetzt hätte. Wenn die 1. Kommission in vollem Umfang der *Windscheid*schen Voraussetzungslehre hätte folgen wollen, die das Nichtbedenken vergangener, gegenwärtiger und zukünftiger Umstände umfaßte[13], so hätte sie sich gewiß dessen Meinung zu eigen gemacht, nach der „letztwillige Verfügungen angefochten werden können, wenn nachgewiesen werden kann, daß der Erblasser, wenn er den wirklichen Zustand der Dinge zur Zeit seiner Verfügung, oder die Gestaltung derselben, wie sie seitdem eingetreten ist, gekannt hätte, die Verfügung nicht gemacht haben würde"[14]. Diese Formel berücksichtigt ohne Zweifel den irrealen Erblasserwillen. Die Formel der 1. Kommission dagegen impliziert die positive Vorstellung des Erblassers vom Eintritt oder Nichteintritt eines künftigen Ereignisses und läßt die Subsumtion des Nichtbedenkens zukünftiger Umstände nicht zu. Es kann demnach *Coing* nicht darin gefolgt werden, daß die 1. Kommission „ohne weiteres von der Gleichstellung ausgegangen sei". An den von ihm angeführten Stellen der Motive[15] sind schlüssige Indizien dafür nicht zu finden[16].

Was schließlich den Hinweis *Coings* auf den § 2079 als Unterfall des § 2078 Abs. 2 angeht, so kann auch dieses Argument nicht überzeugen. In den Beratungen zu § 1782, dem heutigen § 2079, wurde von einer zweifachen Modifizierung des Unterfalls § 1782 zum Grundtatbestand § 1781 gesprochen. Zunächst sei „als Auslegungsregel aufgestellt, daß der Erblasser in solchen Fällen zu der Verfügung durch den Irrtum über das Vorhandensein des Pflichtteilsberechtigten oder durch die Voraussetzung bestimmt worden ist, derselbe werde nicht nachträglich geboren oder nicht nachträglich Pflichtteilsberechtigter werden". Ferner sei bestimmt, „daß in diesen Fällen die Anfechtung stattfindet, auch wenn der Irrtum aus der Verfügung nicht zu entnehmen oder die Voraussetzung in der Verfügung nicht ausdrücklich oder stillschweigend erklärt ist"[17]. Mit diesen beiden Abweichungen

---

[13] Vgl. *Windscheid*, Die Lehre des römischen Rechts von der Voraussetzung, Düsseldorf 1850, S. 8 ff.

[14] *Windscheid*, Lehrbuch des Pandektenrechts, 7. Aufl. Frankfurt 1891, § 98, 2 a. E.

[15] Nämlich Mot. V, 49, 52.

[16] Das gleiche gilt für *Lange* (Erbrecht, § 35, III, 2, c [S. 386], Fußn. 5), der aus der Tatsache, daß der § 1781 E I neben die ausdrücklich die stillschweigend erklärte Voraussetzung der Verfügung gestellt habe, die Gleichbehandlung von Irrtum und Nichtwissen in der 1. Kommission schließen will. Er verkennt damit, daß in Abs. 2 des § 1781 E I nicht die Voraussetzung selbst als „stillschweigend" bezeichnet wird, sondern die mögliche Art ihrer Erklärung als causa adiecta in der Verfügung.

[17] Mot. V, 52 = Mugdan V, 28.

wurden die Anfechtungsmöglichkeiten gegenüber dem § 1781 zugunsten einer besonderen Fallkonstellation erheblich erweitert. Was für einen Sonderfall als Auslegungsregel gilt, kann aber nicht auf den unter weit engeren Voraussetzungen stehenden Grundtatbestand übertragen werden. Insofern ist auch aus § 1782 für eine Gleichstellung von Irrtum und Nichtwissen in § 1781 nichts Schlüssiges herzuleiten.

Die letzte Stufe der historischen Argumentation *Coings* bilden die Beratungen in der 2. Kommission. Es ist richtig, daß die 2. Kommission bei der Ablehnung des Antrags 4 auf das gemeine Recht hingewiesen hat, in dem sich Mißstände, d. h. ein Mißbrauch des Anfechtungsrechtes, nicht gezeigt hätten. Diese Bezugnahme muß jedoch im Sinnzusammenhang der Erörterungen in der 2. Kommission gesehen werden, bei denen ausschließlich von positiven Vorstellungen über künftige Ereignisse die Rede ist. Demnach kann der Hinweis in den Protokollen auf das gemeine Recht nur wie folgt interpretiert werden: Die 2. Kommission hat unter „Motivirrtum nach gemeinem Recht" nur den Irrtum im engeren Sinn, d. h. die Divergenz einer falschen Vorstellung zur Wirklichkeit verstanden. Die ausdrückliche Betonung der „positiven und deutlichen Vorstellung" läßt jede andere Ausdeutung zur Herumdeutelei werden. Zudem wollte die 2. Kommission ja gerade die Schwierigkeiten verhindern, die durch eine weite Ausfächerung von Anfechtungsmöglichkeiten entstanden wären. Das wäre aber der Fall gewesen, wenn das bloße Nichtbedenken zukünftiger Umstände als Anfechtungsgrund in der Diskussion gestanden hätte.

Demnach kann es keinem Zweifel unterliegen, daß die 2. Kommission den irrealen Erblasserwillen bei der Anfechtung keineswegs berücksichtigen wollte.

Neben *Coing* leitet auch *Brox* aus den Protokollen Argumente für die Gleichstellung von Irrtum und Nichtwissen ab. Er stimmt zunächst dem Antragsteller zu 4) zu, der die Anfechtung bei einem Irrtum über ein zukünftiges Ereignis deswegen nicht habe gewähren wollen, weil „die Zukunft für den Erblasser völlig dunkel da liege". Aus diesem Grunde sei die Erweiterung der Anfechtung auf zukünftige Ereignisse ohne große praktische Bedeutung, wenn man eine positive Vorstellung verlange[18].

Wie beide Kommissionen zu Recht übereinstimmend festgestellt haben, kann es keinen Unterschied machen, ob der Erblasser zu der Verfügung durch vergangene, gegenwärtige oder zukünftige Umstände motiviert worden ist. Auch wenn zukünftige Ereignisse nicht gewußt und insofern nicht genau überblickt werden können, so kann doch eine letztwillige Verfügung durchaus auf der Grundlage bestimmter Vor-

---

[18] Irrtumsanfechtung S. 139.

stellungen über den Eintritt oder Nichteintritt zukünftiger Ereignisse errichtet werden. Warum also nichterfüllte Erwartungen nicht ebenso wie falsche Vorstellungen als Anfechtungsgrund behandelt werden sollen, ist nicht ersichtlich[19].

Schließlich hat die Berücksichtigung nichterfüllter Erwartungen durchaus eine große praktische Bedeutung, da der Erblasserwille nicht gerade selten von Vorstellungen geprägt ist, die über den Zeitpunkt der Testamentserrichtung und den des Erbfalles hinausreichen. Insofern kann auch diesem Teil der *Brox*schen Argumentation nicht gefolgt werden.

Die Versuche *Coings* und *Brox'*, aus der Enstehungsgeschichte des § 2078 Abs. 2 Argumente für die Gleichstellung von nichterfüllter Erwartung und Nichtwissen herzuleiten, sind nach alledem als nicht gelungen anzusehen. Die Gesetzesmaterialien zu § 2078 Abs. 2 legen ein eindeutiges Zeugnis für die Normvorstellungen des Gesetzgebers über den Begriff der „Erwartung" ab. Der historische Gesetzgeber, der unter „Erwartung" die positive und deutliche Vorstellung eines in der Zukunft liegenden Umstandes verstand, dürfte bei den Beratungen vor allem in der 2. Kommission an die Möglichkeit einer Willensbeeinflussung durch nicht ganz bewußte Erwartungen nicht gedacht haben. Jedenfalls sind mit „positiven und deutlichen Vorstellungen" zweifellos ausschließlich bewußte Erwartungen gemeint. Damit ist schließlich auch klar, daß der historische Gesetzgeber das bloße Nichtbedenken künftiger Umstände keinesfalls als Anfechtungsgrund genügen lassen wollte.

D. Der Zweck des § 2078 Abs. 2

I. Subjektive Teleologie

Während der vorhergehende historische Abschnitt deskriptiv klären sollte, welche Inhalte der historische Gesetzgeber mit dem Tatbestandselement „Erwartung" verbunden hat, ist es Aufgabe des subjektiv-teleologischen Auslegungsmomentes zu untersuchen, welcher Zweck damit erkennbar verfolgt werden sollte. Ein Indiz dafür ist die von der

---

[19] Vgl. *Stötter* S. 86: „Diese Behauptung der Antragsteller (scil.: daß die Zukunft völlig dunkel daliege) in der Gesetzgebungskommission ist aber falsch; der Mensch muß imstande sein, sich ganz bestimmte Vorstellungen von der Zukunft zu machen, um überhaupt einen Plan zur Erreichung des angestrebten Zwecks ausdenken zu können. Andernfalls wäre eine finale Beherrschung der Kausalabläufe, die das menschliche Handeln vom tierischen Verhalten unterscheidet, unmöglich." Ähnlich: *Schmidt* S. 27 f. Auch *Lüderitz* (Fälle S. 214) hält die ebenfalls von RGZ 77, 174 getroffene Feststellung, über Eintritt oder Nichteintritt künftiger Umstände könne man in der Gegenwart positive und deutliche Vorstellungen überhaupt nicht haben, für „psychologisch bedenklich".

1. zur 2. Kommission eingetretene Veränderung der Wortwahl im Rahmen des § 2078 Abs. 2.

Die 2. Kommission hat ganz bewußt durch die Wahl der Begriffe „Annahme" und „Erwartung" allen vom Erblasser bei Testamentserrichtung nicht bedachten Umständen anfechtungsbegründende Relevanz nehmen wollen, indem sie die Begriffe „Irrtum" und „Voraussetzung" aus dem § 1781 E. 1 verwarf. Wenn sie in § 2078 Abs. 2 lediglich einen normalen Motivirrtum hätte berücksichtigen wollen, bei dem alle nur irgendwie willensbildenden Faktoren mit Einschluß des Nichtwissens relevant werden, dann hätte sie vermutlich wie in § 119 Abs. 2, dessen Eigenschaftsirrtum ausdrücklich als „bloßer Irrtum im Beweggrunde" bezeichnet wurde[1], hier ebenfalls nur von „Irrtum" gesprochen. Unter diesen Begriff hätte dann in der durchaus üblichen weiten Auslegung auch das Nichtwissen gefaßt werden können[2].

Durch die vorgenommene Wortwahl verfolgte der historische Gesetzgeber erkennbar den Zweck, die Anfechtungsmöglichkeiten wegen Willensmängeln bei der Errichtung von Verfügungen von Todes wegen auf ganz bestimmte Mängel zu beschränken. Damit sollten offensichtlich auch die Zweifel des Gegenantragsstellers aus der 2. Kommission zerstreut werden. Dahinter steht die unausgesprochene Wertung, daß die rechtliche Bestandskraft des vom Erblasser formal geäußerten letzten Willens nur dann den Rechtsfolgen des § 142 BGB ausgesetzt werden soll, wenn ein klar und deutlich im Vorstellungskreis des Erblassers zum Zeitpunkt der Testamentserrichtung in Erscheinung getretener zukünftiger Umstand als Beweggrund bewiesen werden kann. Daß die Führung eines solchen Beweises, der eine nicht im Testament als causa adiecta erwähnte Vorstellung des Erblassers zum Inhalt hat, nicht einfach ist, wird auch in den Protokollen ausdrücklich betont[3]. Die Kommission dürfte dabei die Überlegung nicht verkannt haben, wie weit schwieriger dann der Beweis zu führen wäre, wenn bei Fehlen jeglicher Vorstellungen des Erblassers über bestimmte zukünftige Umstände sein irrealer Wille ermittelt werden müßte.

Durch die absichtliche Limitierung der Anfechtungsmöglichkeiten auf solche Umstände, die in Form von positiven und deutlichen Vorstellungen die Willensbildung des Erblassers im Zeitpunkt der Testamentserrichtung beeinflußt haben, wollte der historische Gesetzgeber schließlich offenbar das andernfalls drohende Anwachsen der Zahl von An-

---

[1] Vgl. Prot. I, 114; aufschlußreich auch Mot. I, 203, wo der Irrtum im Beweggrund bei Verfügungen von Todes wegen als „nur unter gewissen Voraussetzungen Berücksichtigung findend" bezeichnet wird.
[2] Vgl. *Staudinger / Coing* § 119 Rdnr. 47; *Zitelmann* § 321 ff.
[3] Vgl. Prot. V, 51 = Mugdan V, 541.

fechtungsprozessen und die Gefahr der Manipulierbarkeit letztwilliger Verfügungen zugunsten einer weitestgehenden Unantastbarkeit des formal geäußerten letzten Willens verhindern.

Die bislang herangezogenen Auslegungskriterien zeigen in ihrem Verhältnis zueinander keinerlei Widersprüche. Sie haben damit einen hohen Erkenntniswert für den Schluß auf die Teleologie des Gesetzes und lassen an den Zwecksetzungen des historischen Gesetzgebers keinen Zweifel.

II. Objektive Teleologie

1. Die Dialektik der Rechtsanwendung

Wollte man einer extrem subjektiven Auslegungstheorie das Wort reden und dem im anglo-amerikanischen Recht herrschenden — wenn auch durch zahlreiche Ausnahmen ausgehöhlten[1] — Grundsatz: „contemporanea expositio est fortissima in lege" folgen, so könnte man an dieser Stelle mit der Erkenntnis der vom historischen Gesetzgeber offensichtlich getroffenen Wertungen der Auslegung ein frühes, aber unbefriedigendes, ja unvertretbares Ende bereiten. Das widerspräche jedoch dem anvisierten Auslegungsziel, das in der Ermittlung des heute maßgeblichen, normativen Gesetzessinnes besteht[2]. Eine dieser Zielsetzung verpflichtete, auf subjektiven wie objektiven Kriterien beruhende Auslegung darf sich nicht mit der Erkenntnis der realen Zwecksetzungen des historischen Gesetzgebers begnügen[3]. Sie muß vielmehr dem geschichtlichen Veränderungsprozeß des Normbedeutungsverständnisses Rechnung tragen, der die Entwicklung in Rechtsprechung und Lehre kennzeichnet und einen deutlich verfolgbaren „Ariadnefaden der Sinnermittlung"[4] gelegt hat. Ihn außer acht zu lassen, verbietet nicht zuletzt die Tatsache, daß insbesondere eine sich über mehrere Jahrzehnte erstreckende konstante Rechtsprechung in der Rechtsgemeinschaft Vertrauensinteressen wachsen läßt. Diese weisen einer in ständiger Rechtspraxis vertretenen Abweichung von den eindeutig festgestellten Zwecksetzungen des historischen Gesetzgebers einen besonderen Stellenwert im Auslegungsprozeß zu[5]. Der Vorgang der „Dialektik der Rechtsanwendung"[6], in dessen Rahmen der tatsächlich geltende Norminhalt durch ständige richterliche Auslegung

---

[1] Vgl. i. e. die Nachweise bei Lüderitz, Auslegung, S. 29, Fußn. 9.
[2] s. o. 4. Teil am Anfang.
[3] Vgl. Lüderitz, Auslegung, S. 14 ff.
[4] Lüderitz, Auslegung, S. 49.
[5] Vgl. Lüderitz, Auslegung, S. 62.
[6] Larenz, Methodenlehre, S. 330.

wesentlich mitbestimmt wird, wird somit zu einem wichtigen und unverzichtbaren Orientierungspunkt.

Die Entwicklung in der Rechtsprechung, die durch die Einführung des Begriffs der „unbewußten Vorstellung" den restriktiv geprägten Auslegungsstandpunkt des historischen Gesetzgebers zugunsten eines extensiveren verlassen hat, wird grundsätzlich sowohl durch das Postulat nach der Ermittlung des jeweils geltenden Normsinnes als einer zeitlich wandelbaren Größe[7] als auch durch die Erkenntnis gerechtfertigt, daß der Rechtssicherheit durch eine behutsame, aber konsequente Weiterentwicklung eines Normverständnisses keine Gefahr droht[8].

Trotz der unbestrittenen Bedeutung des Richterrechts[9] wird die Orientierung an den von der Rechtsprechung gefällten Entscheidungen aber von der ihnen nicht zukommenden präjudiziellen Wirkung limitiert. Die Entscheidungen, die in steter Folge den Begriff der „unbewußten Vorstellung" zu einem neuen Rechtsleitbild im Erbrecht konsolidiert haben, wirken nach im kontinentalen Recht allgemeiner Ansicht[10] nicht über ihre Rechtskraft hinaus, sondern sind vielmehr lediglich ein –- wenn auch nicht zu unterschätzendes — Indiz für den jeweils geltenden Normsinn[11].

Neben der in konstanter richterlicher Auslegung bewirkten „Gesetzesbesserung"[12] stellt auch die überwiegende Meinung in der Kommentarliteratur ein solches wichtiges Indiz dar. Beide Indizien zeigen einen neuen Norminhalt an, der die in den Protokollen vertretene restriktive Auslegung zu einem historischen Faktum werden läßt, das aktuelle Sinnermittlung nicht determinieren kann. Heute noch das Postulat nach einer bewußt reflektierten, deutlichen Vorstellung aufrechtzuerhalten, hieße alten Göttern zu opfern.

Die Gründe für die Änderung der Auslegungsmaximen in Rechtsprechung und Literatur sind unschwer zu fixieren.

---

[7] Vgl. *Betti*, Hermeneutik, S. 48.

[8] Vgl. *Lüderitz*, Auslegung, S. 62; *Coing*, Methodenlehre, S. 49.

[9] Vgl. i. e.: *Larenz*, Methodenlehre, S. 403 ff.; *Kohler*, GrünhutsZ 13 (1886), 60 f.; *Hartmann* AcP 73 (1888), 319; *Esser*, Grundsatz und Norm in der richterlichen Fortbildung des Privatrechts, 2. Aufl. 1964, S. 14 - 28, 139 - 183, 242 bis 283; *Lüderitz*, Auslegung, S. 62.

[10] Vgl. i. e.: *Lüderitz*, Auslegung, S. 62, Fußn. 18 m. w. Nachw.

[11] Vgl. *Larenz*, Methodenlehre, S. 405 ff.; *Kegel*, Festschrift für Lewald, Basel 1953, S. 267. Für *Kriele* S. 243 ff., 258 ff. haben Praejudizien sogar eine praesumtive Bindungswirkung. Vgl. dazu die Kritik von *Larenz*, Methodenlehre, S. 407, Fußn. 3.

[12] Vgl. *Becker*, Festschrift für H. Lehmann, 1956, I, S. 82 ff.; *Zippelius* NJW 1964, 1983 ff.

D. Der Zweck des § 2078 Abs. 2 — II. Objektive Teleologie

Daß sie nicht in einem Wandel der tatsächlichen Verhältnisse liegen, auf die hin § 2078 Abs. 2 hin geschaffen wurde, ist evident. Die der Vorschrift zugrunde liegende Normsituation des Erblassers, dessen letztwillige Verfügung infolge Irrtums oder nichterfüllter Erwartung anfechtbar wird, ist seit Erlaß des BGB dieselbe geblieben.

Die Änderung der Auslegungsmaximen ist vielmehr Folge eines Wandels der objektiv-teleologischen Kriterien, der mit dem des allgemeinen Sprachgebrauchs des Begriffs „Erwartung" korrespondiert.

Die mit der Rechtsanwendung Betrauten erkannten, daß die in den Protokollen niedergelegte Auffassung der Natur der § 2078 Abs. 2 zugrundeliegenden Sachlage nicht angemessen war. Sie erschien zu eng, weil nur in den seltensten Fällen ein Erblasser willensbeeinflussende Umstände der Zukunft in Form von positiven und deutlichen, d. h. bewußt reflektierten Vorstellungen bei Testamentserrichtung in den Kreis seiner willensbestimmenden Motive miteinbezieht. Man erkannte zu Recht, daß in dem für die erforderliche Rechtswertung allein zu unterstellenden Normalfall ein Erblasser bei Testamentserrichtung gerade die für ihn selbstverständlichen Umstände nicht bewußt reflektiert, daß aber insbesondere diese gewohnten und vertrauten Umstände als wichtige Verfügungsmotive in den Willensbildungsprozeß einfließen.

Mit dieser psychologischen Erkenntnis ging eine philologische Hand in Hand, die beide O. *Fischer* zu verdanken sind[13]. Seine These, daß unter „Erwartung" nicht unbedingt eine bewußt reflektierte, deutliche Vorstellung verstanden werden müsse, sondern es sich bei der „Erwartung" vielmehr „um eine rein innerliche Gesinnung handle, derer sich der Erblasser nicht ganz besonders bewußt gewesen zu sein brauche", entsprach damals — 1922 — bereits gesichert erscheinenden psychologischen Forschungsergebnissen und zugleich der daraus resultierenden Erweiterung des allgemeinen Sprachgebrauches auf Vorstellungen, die trotz eines geringeren Bewußtseinsgrades den Willen zu bestimmen geeignet sind. Wenn das auch kaum jemals klar ausgesprochen wurde, so liegt doch in dieser Auslegungsextension die Prononcierung der § 2078 Abs. 2 immanenten objektiven Teleologie, die verhindern soll, daß eine mit Willensmängeln behaftete letztwillige Verfügung wirksam bleibt.

2. Die Relevanz mitbewußter Erwartungen

Hinsichtlich der Willensbildung zugrunde liegender zukünftiger Umstände ist § 2078 Abs. 2 nach seinem Wortlaut, seiner systematischen Stellung im Gesetz und Entstehungsgeschichte auf eine „Erwartung" genannte Zielvorstellung des in der Testamentserrichtung realisierten

---
[13] s. o. 1. Teil, B, II, 2.

erblasserischen Willensaktes zugeschnitten. Zu diesen Zielvorstellungen gehören aber auch solche, die vom Erblasser nicht jeweils bewußt reflektiert, d. h. von einer Bewußtheit getragen werden, die zu einem bestimmten Willensinhalt Stellung nimmt[14]. Wie bereits im psychologischen Teil der Untersuchung erörtert, werden Zielvorstellungen, die den Willensentschluß zu einer bestimmten Handlung bei ihrer erstmaligen Realisierung als vom Handelnden bewußt erlebt gesteuert haben, nach mehrmaliger Wiederholung derselben Handlung nicht mehr von Stellung nehmender Bewußtheit reflektiert, wirken aber gleichwohl in aequivalenter Weise als „determinative Tendenz"[15] auf die Willenshandlung ein[16]. Solcherart steuernde Zielvorstellungen und von diesen gesteuerte Handlungen sind — nach richtig erkannter Terminologie — „mitbewußt"[17].

Von diesem psychischen Sachverhalt muß die rechtliche Wertung ausgehen. Rechtserheblich ist grundsätzlich das im Handeln verwirklichte Wollen, das von der Zielvorstellung inhaltlich bestimmt wird[18]. Der in § 2078 Abs. 2 mit Rechtsfolgen belegte Mangel des Willens kann in gleicher Weise von bewußt reflektierten wie auch nur „mitbewußten" Zielerwartungen verursacht werden. In beiden Fällen wird der Inhalt des in der Testamentserrichtung realisierten Willens bestimmend gesteuert. Eine sich den Erkenntnissen moderner Psychologie verpflichtet wissende Interpretation des das Erbrecht beherrschenden Willensdogmas muß dem gesamten Willensinhalt rechtliche Relevanz zubilligen, der die letztwillige Verfügung geprägt hat. Da bewußt reflektierte und „mitbewußte" Erwartungen infolge ihrer psychischen Wirkungsäquivalenz gleichgelagerte Tatbestände bilden, müssen sie auf Grund des Rechtspostulates der „Gleichbewertung des Gleichsinnigen"[19] mit denselben Rechtsfolgen ausgestattet werden[20].

---

[14] Vgl. *Lersch* S. 597; *Lüderitz*, Auslegung, S. 312 f.

[15] *Lüderitz*, Auslegung, S. 312 f.; *Ach*, Analyse des Willens, in: Handbuch der biologischen Arbeitsmethoden VI E (1935), S. 126, 143 f., 178, 194, 202 f.

[16] Auf den alten Streit in der Rechtsdogmatik um den Begriff des „unbewußten Willens" kann hier nicht näher eingegangen werden. Vgl. i. e. dazu: *Eisele*, KrVj-Schr 30 (1878), 7; R. *Leonhardt*, Der Irrtum als Ursache nichtiger Verträge, 1907, S. 231 ff.; *Schreier*, Die Interpretation der Gesetze und Rechtsgeschäfte, 1927, S. 15 Anm. 5; BGHZ 19, 266, bejahen die Möglichkeit eines unbewußten Willens. a. A.: *Sigwart*, Der Begriff des Wollens und sein Verhältnis zum Begriff der Ursache, in: Kleine Schriften, 2. Reihe, 2. Aufl. 1889, S. 115 - 211; *Lenel* IhJb 19 (1881), 158; *Hölder* IhJb 55 (1909), 418; 58 (1910), 102; *Kelsen*, Hauptprobleme der Staatsrechtslehre, 2. Aufl. 1923, S. 110.

[17] s. o. 2. Teil, B.

[18] Vgl. *Lüderitz*, Auslegung, S. 313.

[19] *Larenz*, Methodenlehre, S. 316; *Zippelius* S. 70.

[20] Da sich „Erwartung" und „Annahme" lediglich in den Zeitdimensionen unterscheiden, muß dasselbe auch für die mitbewußte Annahme und die fehlende Annahme gelten.

D. Der Zweck des § 2078 Abs. 2 — II. Objektive Teleologie

Die Verfasser des BGB haben ihre Normhintergrundvorstellungen von der Schulpsychologie des vorigen Jahrhunderts bezogen. Diese war im wesentlichen reine Bewußtseinspsychologie, für die sich die Wirklichkeit seelischen Lebens in dem erschöpfte, was bewußt erlebt wird. Diesem Einfluß ist die in den Protokollen formulierte restriktive Auslegung des Erwartungsbegriffes zuzuschreiben. Sie aufrechtzuerhalten, hieße Fehlbeurteilungen der dem Gesetz zugrundeliegenden psychischen Sachverhalte zu versteinern.

Diese Fehlwertung ist jedoch dem Wortlaut des § 2078 Abs. 2 nicht immanent. Daß nur bewußt reflektierte, deutliche Vorstellungen anfechtungsrelevant sein sollen, kommt im Tatbestandselement „Erwartung" nicht zum Ausdruck[21]. Dieses umfaßt problemlos auch „mitbewußte" Erwartungen. Insofern ist das Gesetz hier „klüger als der Gesetzgeber"[22]. Da nur dem Text des Gesetzes, nicht seinem ursprünglichen Sinngehalt, die Autorität des vom Gesetzgeber Befohlenen zukommt[23], ist die restriktive Auslegung der an der Gesetzgebung beteiligten Personen für ein zeitgemäßes extensiveres Interpretationsverständnis eine ohne Schwierigkeiten überwindbare Barriere.

Daß es zulässig und erforderlich ist, nichterfüllte „mitbewußte" Erwartungen im Rahmen des § 2078 Abs. 2 als Anfechtungsgrund zu akzeptieren, dürfte nach alledem nicht zweifelhaft sein.

Erhebliche Zweifel begleiten demgegenüber die Frage, ob über die „mitbewußte" Erwartung hinaus auch das bloße Nichtbedenken zukünftiger Umstände von sachgerechter Auslegung als Anfechtungsgrund zugelassen werden kann und soll.

3. Die Relevanz irrealer Erwartungen

Unter den Argumenten der Befürworter der anfechtungsbegründenden Relevanz irrealer Erwartungen ist der lapidare Hinweis auf die Lehre von der Geschäftsgrundlage bisher nirgendwo einer kritischen Würdigung unterzogen worden.

a) § 2078 Abs. 2 und die Geschäftsgrundlage

Brox[24] stützt unter Zustimmung von *Erman / Hense*[25] seine Forderung nach der Gleichstellung von Irrtum und Nichtwissen und damit

---
[21] s. o. 4. Teil, A, I; vgl. *Oertmann* S. 101, Fußn. 1.
[22] Vgl. zu diesem Phänomen allg.: *Kohler*, GrünhutsZ 13 (1886), 40; *Esser*, StudGen 1954, 375; *Radbruch* S. 211; *Coing*, Methodenlehre, S. 47, 49; ders., Auslegungsmethoden, S. 25.
[23] Vgl. *Betti*, Auslegungslehre, S. 633; *Larenz*, Methodenlehre, S. 304.
[24] Irrtumsanfechtung S. 140; s. o. 1. Teil, B, III, 2.
[25] § 2078, 5: „Man kann in diesem Zusammenhang auf die Lehre von der

4. Teil: Die Auslegung des Tatbestandselementes

der Berücksichtigung irrealer Vorstellungen im Rahmen seiner Lehre vom „Wertungsmoment" auf die Behauptung, die Fälle des § 2078 Abs. 2 seien mit denen des Fehlens oder Wegfalls der Geschäftsgrundlage identisch.

Daß die Lehre von der Geschäftsgrundlage nicht nur auf Verträge, sondern auch entsprechend auf einseitige Rechtsgeschäfte Anwendung findet[26], ist grundsätzlich ebenso anerkannt wie die Feststellung, daß der Gesetzgeber in § 2078 Abs. 2 den Gedanken der Geschäftsgrundlage der Sache nach hat einfließen lassen[27]. Da die Geschäftsgrundlage jedoch ein Dachbegriff für verschieden geartete Fallgruppen ist, bedarf die letztgenannte Aussage der Präzisierung.

Die Geschäftsgrundlage ist Gegenstand zahlreicher Theorien geworden, die zwar im Endergebnis zum größten Teil übereinstimmen, in der Klassifizierung der zu regelnden Tatbestände jedoch innerhalb eines Spektrums von subjektiven bis zu objektiven Elementen stark voneinander abweichen[28]. Für unsere Zwecke ist es nicht erforderlich, in die Verästelungen des Theorienstreites einzudringen. Von Bedeutung ist vielmehr allein, die von § 2078 Abs. 2 nach seinem Wortlaut erfaßten Fallgruppen in den größeren Zusammenhang derjenigen zu stellen, die von allen streitigen Theorien grundsätzlich im Vertragsrecht berücksichtigt werden. Auf diese Weise sind mögliche Überschneidungen der jeweiligen Anwendungsbereiche feststellbar.

Es sind folgende vier Fallgruppen zu unterscheiden[29]:

a) Falsche Vorstellungen über Umstände der Vergangenheit oder Gegenwart.

Geschäftsgrundlage verweisen. Was beide Parteien als selbstverständliche Vertragsgrundlage angesehen haben, gilt entsprechend für den Erblasser im Hinblick auf seine letztwillige Verfügung."

[26] Vgl. nur: *Erman* § 242, III, 4 d; *Palandt / Heinrichs* § 242, 6, c, ee; *Staudinger / Weber* § 242, E 95.

[27] Vgl. bes.: *Oertmann* S. 96 f.; *Stötter* S. 79; *Staudinger / Weber* § 242, E 139, 146; *Flume*, Rechtsgeschäft, S. 497; *Lange*, Erbrecht, § 35, I, 1, b (S. 380); III, 2, a (S. 384); *Krückmann* AcP 131, 271, 278, sieht in § 2078 Abs. 2 einen Fall der Voraussetzung bzw. der clausula rebus sic stantibus. Wenn man die *Oertmann*sche Definition der Geschäftsgrundlage (S. 37) ihrer Vertragskomponente entkleidet, trifft sie exakt den Inhalt des § 2078 Abs. 2: „Geschäftsgrundlage (= Verfügungsgrundlage) ist die beim Geschäftsschluß (= Testamentserrichtung) bestehende Vorstellung des Erblassers vom Sein (= Annahme) oder vom künftigen Eintritt (= Erwartung) eines Umstandes, auf deren Grundlage sich der Geschäftswille aufbaut."

[28] Vgl. i. e. die Übersichten bei: *Enneccerus / Nipperdey* S. 747, Fußn. 1; *Staudinger / Weber* § 242, E 2, 31; *Palandt / Heinrichs* § 242, 6; *Larenz*, Geschäftsgrundlage, S. 5 ff.; *Flume*, Rechtsgeschäft, S. 497 ff. lehnt als einziger die Grundkonzeption der Lehre von der Geschäftsgrundlage ab.

[29] Vgl. *Stötter* S. 94 f.; *Staudinger / Weber* § 242, E 152.

D. Der Zweck des § 2078 Abs. 2 — II. Objektive Teleologie

b) Nichtwissen hinsichtlich Umständen der Vergangenheit oder Gegenwart.
c) Nichterfüllte Erwartungen.
d) Nichtwissen hinsichtlich Umständen der Zukunft.

Die Regelung dieser Tatbestände liegt auch bestimmten Vorschriften des BGB zugrunde. So wird die Fallgruppe a) in den §§ 119 ff., 779, 2077, 2078 Abs. 1 und Abs. 2 („Annahme") und 2079 geregelt. Das gleiche gilt für die Gruppe b) mit Ausnahme des § 2078 Abs. 2. Die Gruppe c) findet sich in den §§ 2077, 2078 Abs. 2 („Erwartung") und 2079, während die letzte Gruppe d) den §§ 321, 610[30], 2077 und 2079[31] zugrunde liegt. Diese Gruppe d) entspricht dem Anwendungsbereich der sog. clausula rebus sic stantibus, einer Vorgängerin der Lehre von der Geschäftsgrundlage, die eine nach Abschluß des Rechtsgeschäfts eintretende Änderung von Umständen berücksichtigen sollte[32].

Die für unser Problem entscheidende Differenzierung zwischen den Fallgruppen c) und d) wird unter allen streitigen Meinungen über die Geschäftsgrundlage wohl am deutlichsten von *Larenz*[33] vorgenommen. Die Gruppen a) und c) bezeichnet er als „subjektive Geschäftsgrundlage"[34], die Gruppen b) und d) als „objektive Geschäftsgrundlage"[35]. Im Rahmen der Argumentation, welche die klare Trennung zwischen den Fallgruppen c) und d) rechtfertigen soll, wendet sich *Larenz*[36] gegen die Gleichsetzung der Nichterwartung einer Änderung mit der positiven Erwartung der Fortdauer des bestehenden Zustandes: Nur wer sich beim Vertragsschluß bestimmte Umstände oder Verhältnisse vorstelle und sie in Erwartung ihrer Fortdauer seiner Entschließung zugrunde

---

[30] Vgl. *Staudinger / Weber* § 242, E 12 - 14; *Stötter* S. 95.
[31] Vgl. *Kipp / Coing* § 21, III, 3 d (S. 103); *Stötter* S. 95; *Flume*, Rechtsgeschäft, S. 497.
[32] Vgl. i. e.: *Staudinger / Weber* § 242, E 2 ff.; *Larenz*, Geschäftsgrundlage, S. 11 f.; *Schäfer* S. 2 ff., 25; *Katschke* S. 15.
[33] Geschäftsgrundlage S. 184 f.; ähnlich: Arwed *Blomeyer* AcP 152, 272 ff.; *Enneccerus / Nipperdey* § 177.
[34] Geschäftsgrundlage S. 184: „Unter der subjektiven Geschäftsgrundlage ist zu verstehen: eine bestimmte gemeinsame Vorstellung oder Erwartung beider Vertragsparteien, von der sie sich bei Abschluß des Vertrages haben leiten lassen. Erforderlich ist, daß jeder Teil diese Vorstellung oder Erwartung in seine Erwägungen aufgenommen hat, und daß er bei Kenntnis der Unrichtigkeit den Vertrag nicht, oder nicht mit diesem Inhalt, geschlossen, oder ihn doch der Gegenpartei redlicherweise nicht zugesonnen hätte. Nicht genügt die bloße Nichterwartung einer künftigen Änderung der Verhältnisse ..."
[35] Geschäftsgrundlage S. 185: „Unter der objektiven Geschäftsgrundlage ist zu verstehen: jeder Umstand, dessen Vorhandensein oder Fortdauer objektiv erforderlich ist, damit der Vertrag — im Sinne der Intention beider Vertragsparteien — noch als eine sinnvolle Regelung bestehen kann."
[36] Geschäftsgrundlage S. 48.

lege, irre sich, wenn seiner Erwartung zuwider eine Änderung eintrete; wer dagegen die Bedeutung irgendeines Umstandes für den zu schließenden Vertrag überhaupt nicht in seine Vorstellung aufgenommen habe, der möge durch seinen späteren Fortfall sehr unangenehm überrascht werden — daß er indessen von einer unrichtigen Vorstellung oder Erwartung ausgegangen sei und sich infolgedessen in einem Motivirrtum befunden habe, dürfe man nicht sagen[37].

Im Gegensatz zur vertraglichen Geschäftsgrundlage hat das Gesetz für den Bereich letztwilliger Verfügungen diese klare Unterscheidung zwischen subjektiver und objektiver Geschäftsgrundlage getroffen. Während § 2078 Abs. 2 erkennbar auf positive Vorstellungen abstellt, wird bei den §§ 2077, 2079 auch das Fehlen oder der spätere Wegfall der objektiven Geschäftsgrundlage relevant.

Zu dieser klaren Differenzierung gelangt *Brox* nicht, weil er die subjektiven und objektiven Elemente der Geschäftsgrundlage unter dem Dachbegriff des „Wertungsmomentes"[38] zusammenfaßt. Darunter versteht er sowohl real vorhandene, die Willensbildung positiv beeinflussende als auch nicht existente, hypothetische Motive[39]. Ein Motivirrtum liege zwar nur vor, wo dem Erklärenden Wertungsmomente bewußt gewesen seien und sich später als irrig herausgestellt hätten. Es gebe jedoch auch solche Wertungsmomente, die gar nicht zum Bewußtsein kämen und doch für die Willensbildung ursächlich seien. Das letzte gelte vornehmlich für solche Wertungsmomente, die sich auf die Zukunft bezögen, d. h. wenn der Erklärende von den jetzigen Tatumständen ausgehe und nicht daran denke, daß sich Umstände in der Zukunft ändern könnten. Da die Wertung in beiden Fällen, also bei positiver irriger Vorstellung als auch bei überhaupt fehlender Vorstellung, falsch sei und es allein darauf für die rechtliche Beurteilung ankomme, müßten beide gleichbehandelt werden[40].

Diese ausdrücklich auf Rechtsgeschäfte unter Lebenden zugeschnittene Wertungslehre kann auf § 2078 Abs. 2 nicht unmodifiziert transponiert werden. Schließlich ist in dieser Vorschrift im Gegensatz zu allen anderen verwandten Vorschriften der Irrtumsregelung von „An-

---

[37] Ähnlich: *Enneccerus / Nipperdey* S. 752: „Man muß sich aber vor der unzulässigen Fiktion hüten, die bloße Nichterwartung einer künftigen Veränderung der positiven Erwartung bestimmter Umstände gleichzusetzen." So auch: *Stötter* S. 72.

[38] Den Begriff hat *Brox* von *Schmidt-Rimpler* (Zum Problem der Geschäftsgrundlage, Festschrift für H. C. Nipperdey, 1951, S. 1 ff., 10) übernommen. Vgl. über die Wertungslehre i. e.: *Soergel / Siebert / Knopp* § 242 Rdnr. 379; *Staudinger / Weber* § 242, E 60.

[39] Irrtumsanfechtung S. 57, 144, 146.

[40] Irrtumsanfechtung S. 179.

nahme" und „Erwartung" die Rede. Beide Begriffe sind zwar Wertungsmomente im Sinne *Brox'*. Daß aber auch ihr völliges Fehlen die Anfechtungsfolgen auslösen soll, geht aus dem Gesetz erkennbar nicht hervor. Der speziellen ratio legis des § 2078 Abs. 2, die der Wortlaut repräsentiert, wird der Hinweis auf die Geschäftsgrundlage nicht gerecht[41]. Daß das Gesetz in § 2078 Abs. 2 einen Teilbereich der unter die Geschäftsgrundlage fallenden Anwendungsgebiete regelt, nämlich die sog. subjektive Geschäftsgrundlage im Sinne von *Larenz*, ist kein überzeugendes Argument für die Berücksichtigung irrealer Erwartungen im Rahmen dieser Vorschrift.

Der bisherige Verlauf der Untersuchung hat keinen Zweifel daran gelassen, daß die bislang diskutierten Argumente der Lehrbuchliteratur nicht haltbar sind. Ob das für ihre noch verbliebenen Argumente ebenso gilt, muß das letzte Kapitel erweisen, das in einen Problembereich von grundsätzlicher Bedeutung einmündet.

b) Zulässigkeit und Notwendigkeit einer Rechtsfortbildung

Da sich die Erweiterung des Anwendungsbereiches des § 2078 Abs. 2 auf irreale Erwartungen nach dem Gesetzeswortlaut verbietet, bildet die Berufung darauf das Hauptargument der h. M. gegen die Berücksichtigung der irrealen Vorstellungen[1]. Daß aber eine Anwendung des § 2078 Abs. 2 über seinen Wortlaut hinaus möglicherweise zulässig und auch erforderlich sein könnte, wird in dieser prononcierten Fragestellung weder von der h. M. noch von der Lehrbuchliteratur diskutiert. Die h. M., die sich mit der primären Berufung auf den Wortlaut auf einen positivistischen Standpunkt zurückzieht, beschreitet damit zum einen den Weg des geringsten Argumentationswiderstandes, verkennt jedoch zum anderen damit zugleich, daß der Rechtsanwender nicht auf die „eigentliche" Gesetzesauslegung beschränkt ist. Nach heute allgemeiner Auffassung[2] hat der Richter durchaus die Befugnis, die

---

[41] Im übrigen verliert *Brox* über die Lehre von den unbewußten Vorstellungen im Rahmen des § 2078 Abs. 2 kein Wort. Das Adjektiv „unbewußt" taucht lediglich im Zusammenhang mit dem Wertungsmoment auf. Dabei ist bemerkenswert, daß *Brox* bei der Behandlung des § 2078 Abs. 2 unter „unbewußt" „nicht klar bewußt" versteht. In einem anderen Zusammenhang, nämlich dem des Verhältnisses von Auslegung, Anfechtung gem. § 119 Abs. 2 und Geschäftsgrundlage, setzt er „unbewußt" mit „nicht vorhanden" gleich (Irrtumsanfechtung S. 179). Aus dem Kontext beider Stellen geht eindeutig hervor, daß *Brox* mit „nicht klar in das Bewußtsein tretend" und „unbewußt" nicht einen schwächeren Bewußtseinsgrad meint, sondern Nichtwissen. Auch *Medicus* § 6, VI, 1, b versteht unter „unbewußten Erwartungen" „bloßes Nichtbedenken".

[1] Vgl. vor allem: RGRK / *Johannsen*, 11. Aufl., § 2078 Anm. 49; BGH DB 1971, 1859 = WM 1971, 1153; *Huken* S. 540.
[2] Vgl. nur: *Larenz*, Methodenlehre, S. 341 ff.; *Merz* AcP 163, 339; *Boehmer*, Grundlagen II, 1, S. 186 ff.; *Gernhuber* S. 171; vgl. auch § 137 GVG.

durch den Wortlaut gesetzte Grenze unter bestimmten Voraussetzungen zu überschreiten. Die organische Rechtsfortbildung ist nach *Savigny* sogar die eigentliche und vornehmste Aufgabe des Juristen[3]. Dieser Vorgang wird vom Begriff der „eigentlichen", der Auslegung im engeren Sinne, nicht mehr gedeckt, da Gegenstand der Auslegung allein der Text des Gesetzes ist[4]. Wenn eine Norm über ihren Wortlaut hinaus oder gegen ihn angewandt wird, handelt es sich um Rechtsfortbildung, die jedoch nach überwiegender Meinung[5] nur in engsten Grenzen, gewissermaßen als ultima ratio, zulässig ist. Es verwundert, daß die Auffassung der Lehrbuchliteratur weder von ihr selbst noch von ihren Gegnern in dieses rechtsmethodische Raster eingeordnet worden ist[6]. Bei der Lehrbuchliteratur mag der Grund in der Tatsache zu sehen sein, daß nicht die Beziehung von Erwartung und Nichterwartung diskutiert wird, sondern die von Irrtum und Nichtwissen. Durch diese dem Bereich des § 119 BGB entlehnte Betrachtungsweise mag der Blick für die besondere Problematik des Ausnahmetatbestandes § 2078 Abs. 2 und seinen speziellen Wortlaut getrübt worden sein. Auch bei der h. M. erscheint im Rahmen der Kritik an der Lehrbuchliteratur nie der Begriff Rechtsfortbildung, der die Diskussion um § 2078 Abs. 2 auf eine grundsätzlichere rechtsmethodische Stufe zu heben in der Lage wäre. Diesen bislang versäumten Schritt muß unsere Untersuchung nachholen, nachdem sie die Auffassung der Lehrbuchliteratur als verdeckte Rechtsfortbildung erkannt hat.

α) Rechtsfortbildung „praeter legem"

Die Möglichkeit einer Rechtsfortbildung „praeter legem", d. h. nach *Larenz*scher Terminologie gemäß der Teleologie des Gesetzes[7], wäre diskutabel, wenn § 2078 Abs. 2 eine Gesetzeslücke enthielte. Im Rahmen der zum Teil sehr unterschiedlichen, zahlreichen Definitionen[8] der Lücke im Gesetz wird im allgemeinen zwischen zwei Arten[9] differen-

---

[3] Vgl. dazu i. e. *Kriele* S. 69.

[4] *Larenz*, Methodenlehre, S. 304; *Canaris* S. 20 f.

[5] *Engisch* S. 177; *Larenz*, Methodenlehre, S. 383, 401; *Lüderitz*, Auslegung, S. 36, 40, 61.

[6] Vgl. dazu *Coing*, Auslegungsmethoden, S. 52: „Was ich allerdings für ein Gebot der wissenschaftlichen Klarheit und Ehrlichkeit halte ..., ist, daß man genau feststellt und genau sagt — und ich betrachte es als juristischer Lehrer als meine Aufgabe, das auch den Studenten deutlich zu machen —, wo das, was ich als Interpretation aus dem Gesetz herauslese, noch gedeckt ist durch das, was der historische Gesetzgeber sich vorgestellt hat, und wo ich über diesen Tatbestand hinausgehe."

[7] Methodenlehre S. 350.

[8] Vgl. i. e. *Larenz*, Methodenlehre, S. 350 ff.; *Zippelius* S. 67 ff.; *Coing*, Methodenlehre, S. 52 ff.; *Enneccerus / Nipperdey* § 59; *Canaris* S. 129 ff. m. w. Nachw.; *Rüthers* S. 190.

D. Der Zweck des § 2078 Abs. 2 — II. Objektive Teleologie   117

ziert: „echte und unechte Lücken"[10], oder „eigentliche und uneigentliche"[11] oder „Norm- und Entscheidungslücken"[12], oder „Formulierungs- und Wertungslücken"[13]. Nach der letztgenannten Terminologie von *Zippelius*, die den grundsätzlichen Unterschied der beiden Arten vor allem sprachlich am besten transparent werden läßt, liegt eine Formulierungslücke dann vor, wenn das Gesetz schon seinem Wortlaut nach keine komplette Verhaltensrichtlinie gibt[14].

aa) Das Vorliegen einer Formulierungslücke

Innerhalb der Prüfung der ersten drei Auslegungskriterien hat vor allem das historische erwiesen, daß der historische Gesetzgeber das Problem der Begrenzung oder Ausdehnung der Anfechtungsmöglichkeiten in dieser Vorschrift genau gesehen und sich dann für die „irrige Annahme und Erwartung" und nicht jede fehlende Annahme und Erwartung als Voraussetzungen entschieden hat. Insbesondere durch die Forderung nach einer positiven und deutlichen Vorstellung von der Zukunft hat er die Nichterwartung erkennbar als Anfechtungsgrund ausschließen wollen. Damit ist klar, daß der Gesetzgeber die Anfechtung nach § 2078 Abs. 2 abschließend und erschöpfend hat regeln wollen. Von einer „planwidrigen Unvollständigkeit"[15] und einer Formulierungslücke in dieser Vorschrift kann demnach keine Rede sein.

bb) Das Vorliegen einer Wertungslücke

Weitaus problematischer erscheint die Frage, ob die Vorschrift eine Wertungslücke enthält. Daß die Antwort darauf nur ein Werturteil geben kann, ist allgemein anerkannt[16]. Streitig ist jedoch dessen Bewertungsmaßstab[17]. Einige psychologisch orientierte Autoren gehen vom

---

[9] In seiner neueren, grundlegenden Monographie über „Die Feststellung von Lücken im Gesetz" unterscheidet *Canaris* drei Lückenarten: 1) Anordnungs- oder Rechtsverweigerungslücken für die Fälle, in denen die Anordnung des Gesetzes in Verbindung mit dem Rechtsverweigerungsverbot die Ergänzung erzwingen (S. 127, 140 f.). 2) Teleologische Lücken für die Fälle, in denen die Teleologie des Gesetzes eine Rechtsfortbildung fordert (S. 127, 141). 3) Prinzip- und Wertlücken für die Fälle, in denen die Lückenfeststellung mit Hilfe allgemeiner Rechtsprinzipien und -werte erfolgt (S. 127 f., 141).
[10] *Zitelmann*, Lücken im Recht, Leipzig 1903, S. 27 ff. Vgl. über seine Nachahmer die Nachweise bei: *Canaris* S. 131, Fußn. 14.
[11] *Bartholomeyczik*, Gesetzesauslegung, S. 82 f., 93 ff.
[12] *Larenz*, Methodenlehre, S. 351 f.
[13] *Zippelius* S. 67.
[14] S. 68.
[15] *Larenz*, Methodenlehre, S. 358; *Canaris* S. 39 u. passim; *Engisch* S. 138.
[16] Vgl. *Canaris* S. 17 m. w. Nachw. in Fußn. 2; *Rüthers* S. 190; *Heck* AcP 112, 163 ff.
[17] Vgl. zum folgenden i. e. die ausführliche Darstellung bei: *Canaris* S. 31 ff.

Rechtsgefühl[18], Rechtsgewissen, Kulturbewußtsein u. ä. aus[19], während eine mehr soziologisch begründete Meinung[20] darauf abstellt, ob irgendein sozialer Interessengegensatz ohne rechtliche Regelung geblieben ist oder ob ohne eine Ergänzung des Gesetzes „ein vom Standpunkt des Gemeinwohls aus günstiges Ergebnis" nicht erreicht werden kann[21]. Eine dritte Ansicht schließlich stellt die Lücke am Maßstab des „richtigen Rechts" fest[22]. Gegenüber diesen Auffassungen mit einer außergesetzlichen Bewertungsgrundlage bestimmt die h. L.[23] das Vorliegen einer Wertungslücke vom geltenden Recht selbst aus, indem sie darauf abstellt, ob der „Geist der Rechtsordnung"[24] oder die „immanente Teleologie des Gesetzes"[25] eine Ergänzung fordert. Es ist an dieser Stelle nicht möglich und auch nicht erforderlich, die grundsätzliche Problematik dieses methodischen Streites zu diskutieren[26]. Für unsere Zwecke ist es ausreichend und auch praktikabel, die bewährte *Larenz*sche Formel anzuwenden, wonach der Bewertungsmaßstab für die Feststellung einer Wertungs- oder Regelungslücke die immanente Teleologie einer Vorschrift ist. Dabei sind nicht nur die Absichten und bewußt getroffenen Entscheidungen des historischen Gesetzgebers zu berücksichtigen, sondern auch objektive Rechtszwecke und Grundsätze, die für die gesamte Rechtsordnung Geltung haben, insbesondere der Gleichbehandlungsgrundsatz[27]. Dieser Grundsatz, der auch die „Seele der juristischen Hermeneutik"[28] genannt wird, ist verletzt, wenn eine Rechtsnorm solche Fälle nicht erfaßt, auf die sie sich

---

[18] So *Zippelius* S. 69.

[19] Vgl. H. *Isay*, Rechtsnorm und Entscheidung, Berlin 1929, S. 224; E. *Fuchs*, Was will die Freirechtsschule?, Rudolfstadt 1929, S. 15; v. Nachw. bei *Canaris* S. 31, Fußn. 65, 66.

[20] Vgl. E. *Ehrlich*, Die juristische Logik, 2. Aufl. Tübingen 1925, S. 216, 223; F. *Schreier*, Die Interpretation der Gesetze und Rechtsgeschäfte, Leipzig/Wien 1927, S. 47.

[21] Vgl. W. *Sauer*, Juristische Methodenlehre, Stuttgart 1940, S. 283 f.; J. *Binder*, Philosophie des Rechts, 1. Aufl. Berlin 1925, S. 984; w. Nachw. bei *Canaris* S. 32, Fußn. 68.

[22] Vgl. R. *Stammler*, Theorie der Rechtswissenschaft, Halle 1911, S. 641 ff.; H. *Elze*, Lücken im Gesetz, München/Leipzig 1916, S. 28 ff.; vgl. die Kritik gegen die Beweisführung des letzteren bei *Canaris* S. 32, Fußn. 69.

[23] Vgl. die Nachw. bei *Canaris* S. 32, Fußn. 71, 72.

[24] Vgl. *Binder* S. 977 (anders S. 984). Auf diese Divergenz macht *Canaris* S. 32, Fußn. 68, 70 aufmerksam.

[25] Vgl. *Larenz*, Methodenlehre, S. 350. Ähnlich: *Teichmann* S. 80.

[26] Vgl. dazu ausführlich *Canaris* S. 32 ff.

[27] *Larenz*, Methodenlehre, S. 354 f.; vgl. dazu *Canaris* S. 35 ff., der den Lückenbegriff über die Anforderungen der immanenten Teleologie des Gesetzes hinaus auf außergesetzliche — nicht außerrechtliche — Bewertungsgrundlagen wie „allgemeine Rechtsprinzipien und übergesetzliche Werte" erweitert. Vgl. die Replik von *Larenz*, Methodenlehre, S. 383, Fußn. 1.

[28] *Zippelius* S. 79.

D. Der Zweck des § 2078 Abs. 2 — II. Objektive Teleologie 119

billigerweise erstrecken müßte[29]. Eben diese Begründung gibt die Lehrbuchliteratur für ihre Forderung nach der Berücksichtigung irrealer Vorstellungen im § 2078 Abs. 2. Sie versäumt aber darzutun, auf welchem methodischen Weg dieses Ergebnis zu ermitteln sei. Infolge ihrer Berufung auf die rechtliche Gleichbehandlung zweier Tatbestände, der positiven irrigen Vorstellung und der fehlenden Vorstellung, bietet sich der Analogieschluß als mögliches Verfahren und Anwendungsfall des Gleichheitsgrundsatzes an[30]. Mit seiner Hilfe können Gesetzeslücken nicht nur ausgefüllt, sondern bereits festgestellt werden[31]. Denn wenn die Unvollständigkeit des positiven Rechts mit Hilfe des Gleichheitssatzes ermittelt wird und wenn für diesen Vergleich auf die immanente Teleologie des Gesetzes zurückzugreifen ist, so bedeutet dies nichts anderes, als daß schon für die Frage der Lückenhaftigkeit die Rechtsähnlichkeit eines gesetzlich geregelten und eines nicht geregelten Falles maßgeblich ist, daß die Lücke also im Wege eines Analogieschlusses festgestellt wird[32].

Wenn die Lehrbuchliteratur also in der Sache in die Richtung einer Analogie weist, so muß sie sich an deren Kriterien messen lassen.

aaa) Der Analogietorso der Lehrbuchliteratur

Analogie ist mit *Larenz*[33] definiert als Übertragung der für einen Tatbestand (A) oder für mehrere, untereinander „ähnliche" Tatbestände (A^1 bis A^x) im Gesetz gegebenen Regel auf den im Gesetz nicht geregelten, erst von dem Beurteiler (meist im Hinblick auf einen zu entscheidenden Einzelfall) gebildeten, A „ähnlichen" Tatbestand B. Aufgrund ihrer „Ähnlichkeit" soll — kraft Analogie — die Rechtsfolge von A auch für B gelten. Unter „Ähnlichkeit" wird partielle Übereinstimmung verstanden[34]. Die Tatbestände A und B dürfen also weder gleich noch absolut ungleich sein; ihre danach mögliche Vergleichung muß ergeben, daß die Gleichheit gegenüber der Verschiedenheit überwiegt, d. h. ihr gegenüber im Hinblick auf das Ziel der Vergleichung — hier: die rechtliche Beurteilung der zu vergleichenden Tatbestände — den Vorrang verdient. Die analoge Anwendung einer Norm ist nur dann gerechtfertigt, wenn eine Übereinstimmung gerade in den Hinsichten besteht, die für die rechtliche Bewertung maßgeblich sind. Die Analogie verlangt daher zunächst eine Vergleichung des nicht geregelten Tatbestandes mit einem im Gesetz geregelten Tatbestand, die zur Feststel-

---
[29] *Zippelius* S. 71.
[30] Vgl. i. e. *Zippelius* S. 74; *Larenz*, Methodenlehre, S. 359; *Klug* S. 97 ff.; E. *Schneider* S. 167 ff.
[31] Vgl. dazu i. e. *Canaris* S. 71 ff. m. w. Nachw.; *Zippelius* S. 70.
[32] *Canaris* S. 72 mit weiteren Nachw. in Fußn. 47.
[33] Methodenlehre S. 359; ähnlich: *Zippelius* S. 72 ff.
[34] *Larenz*, Methodenlehre, S. 360; *Zippelius* S. 73 f.

lung einer Gemeinsamkeit führt, und weiterhin ein Werturteil[35], das besagt, daß dasjenige, worin die verglichenen Tatbestände übereinstimmen, für ihre rechtliche Wertung wesentlich[36], dasjenige, worin sie sich unterscheiden, aber dafür unwesentlich sei. Bei dieser wertenden Beurteilung ist von subjektiv- und objektiv-teleologischen Kriterien auszugehen[37]. Damit liegt die Problematik der Analogie weniger in der Feststellung der Ähnlichkeit der Tatbestände als in der Beantwortung der Frage, ob ihre teilweise Übereinstimmung so bedeutsam ist, daß sie die rechtliche Gleichbehandlung der verglichenen Fallgruppen nicht nur rechtfertigt[38], sondern fordert[39, 40].

Dieser methodische Hintergrund erhellt, daß die Lehrbuchliteratur in der Tat eine Analogie anstrebt. Das kommt zunächst vor allem[41] in der *Coing*schen Argumentation deutlich zum Ausdruck, wonach es der irrigen Vorstellung entsprechend der „allgemeinen Lebenswertung", der „allgemeinen Anschauung" gleichstehe, wenn der Erblasser bestimmte Umstände überhaupt nicht ins Auge gefaßt habe, deren Kenntnis ihn aber veranlaßt hätte, anders als geschehen zu testieren, welche also ein Gegenmotiv gebildet hätten[42]. Vielleicht noch prononcierter postuliert *v. Lübtow*[43] einen Analogieschluß, wenn er die unrichtige Vorstellung und die irreale Vorstellung zwar logisch unterscheidet, aber wertungsmäßig die beiden Tatbestände dem Oberbegriff „Nichtvorhandensein einer richtigen Vorstellung" unterordnet[44]. Angesichts der Evidenz dieser Argumentation als eines beabsichtigten Analogieschlusses verwundert das Fehlen eines ausdrücklichen Hinweises auf das rechtsmethodische Verfahren, mit dessen Hilfe dieses Ergebnis gewonnen wurde. Dieses Verfahren ist jedoch an Hand der gegebenen *Larenz*schen Analogiedefinition unschwer nachzuvollziehen.

---

[35] Vgl. *Canaris* S. 17 und die dort in Fußn. 2 Genannten.

[36] Vgl. E. *Schneider* S. 174 f., insbes. sein Zitat aus BGHZ 11, Anhang S. 27/28.

[37] *Larenz*, Methodenlehre, S. 360.

[38] *Larenz*, Methodenlehre, S. 360 f.

[39] Vgl. BGH NJW 1951, 809 Nr. 21 und BGHSt 7, 194, 196 f., wonach Voraussetzung für einen Analogieschluß ein Sachverhalt ist, der dem gesetzlich geregelten so sehr ähnelt, daß die Analogie ein *Gebot* der Gerechtigkeit ist.

[40] E. *Schneider* S. 171 fordert zur Absicherung eines juristischen Analogieschlusses „moralische Gewißheit".

[41] Ähnlich bei: *Bartholomeyczik*, Erbrecht, § 24, I, 3, c: „Der Weg von der unbewußten Vorstellung zum irrealen Willen ist nicht mehr weit" und *Lange*, Erbrecht, § 35, III, 2, c (S. 386): „Von der unbestimmten Vorstellung bis zur Nichtvorstellung ist es nur ein kurzer Schritt."

[42] s. o. 1. Teil, B, III, 3.

[43] S. 321.

[44] Ähnlich *Brox*, Irrtumsanfechtung, S. 140, dessen Oberbegriff das „Wertungsmoment" ist. s. o. 1. Teil, B, III, 2.

Aus einem Vergleich des in § 2078 Abs. 2 geregelten Tatbestandes „irrige Vorstellung" (= Annahme und Erwartung) mit dem darin nicht geregelten Tatbestand „fehlende Vorstellung" (= fehlende Annahme und Erwartung) folgt zunächst der logische Unterschied zweier Konträrbegriffe. Daneben stellt *v. Lübtow* jedoch eine Gleichheit in Hinsicht auf die gemeinsame Eigenschaft des Fehlens der richtigen Vorstellung fest. Hier bricht das so begonnene Analogieverfahren jedoch abrupt ab, das mit dem rechtlichen Werturteil hätte fortgesetzt werden müssen, daß der logische Unterschied der beiden Tatbestände für die rechliche Wertung unwesentlich, deren Übereinstimmung im Fehlen der richtigen Vorstellung jedoch dafür wesentlich ist. Stattdessen begnügt sich *v. Lübtow* mit einem Analogietorso und versäumt, den punctum saltans seiner angestrebten Analogie darzulegen. Dieser liegt nämlich nicht so sehr in der Feststellung der Ähnlichkeit der Tatbestände irrige Vorstellung und fehlende Vorstellung als in der Beantwortung der Frage, ob deren partielle Übereinstimmung im Fehlen der richtigen Vorstellung wertungsmäßig so bedeutsam ist, daß sie ihre rechtliche Gleichbehandlung im Rahmen des § 2078 Abs. 2 zumindest rechtfertigt.

Während *v. Lübtow* die rechtlich wertende Beurteilung der zu vergleichenden Tatbestände ganz schuldig bleibt, führt *Coing* wenigstens die „allgemeine Lebenswertung" und die „allgemeine Anschauung" an und verweist auf *Savigny* und *Zitelmann*, nach denen Irrtum und Nichtwissen juristisch völlig gleich stünden[45]. Was immer *Coing* unter „allgemeiner Lebenswertung" verstehen mag, so vermag doch dieser Begriff die im Rahmen eines Analogieschlusses vorzunehmende rechtliche Wertung zu vergleichender Tatbestände kaum zu tragen. Abgesehen davon, daß „allgemeine Lebenswertung" oder „allgemeine Anschauung" Argument für alles und gar nichts sein können, geht *Coing* in keiner Weise auf die spezielle Teleologie des § 2078 Abs. 2 als Eckstein der für den Analogieschluß erforderlichen rechtlichen Wertung ein, sondern rekurriert auf die im Rahmen des allgemeinen Irrtumstatbestandes § 119 BGB längst ausdiskutierte Erkenntnis, daß Irrtum und Nichtwissen jedenfalls in diesem Bereich gleich zu werten seien. Es soll und kann gar nicht bestritten werden, daß infolge der grundlegenden Analysen von *Savigny*[46] und *Zitelmann*[47] dieses Problem für den Bereich des § 119 als gelöst anzusehen ist[48].

---

[45] s. o. 4. Teil, C, II.
[46] System III, S. 111.
[47] Vgl. S. 325: „Hieraus ergibt sich nun aber eine Bedeutung der ignorantia, welche ihre volle Beachtung sichert. Denn wenn die Wahrheit meiner Auffassung in dem Denken der richtigen Proportionen zwischen den einzelnen Dingen beruht, so kann eine Lücke in diesem Zusammenhang gerade so schlimm sein wie ein positiver Fehler; indem ein Glied fehlt, werden die

4. Teil: Die Auslegung des Tatbestandselementes

Danach müssen Irrtum als „Wertungsirrtum"[49] und Nichtwissen als „Wertungsmangel"[49] trotz ihres logischen Unterschiedes in der rechtlichen Wertung als „Wertungsfehler"[49] gleichbehandelt werden, weil für diese allein der Mangel der richtigen Vorstellung den entscheidenden Grund der Berücksichtigung darstellt[50]. Es kann aber doch zu-

---

Verhältnisse der Nachbarvorstellungen positiv unrichtige: der Zusammenhang meiner Vorstellungen entspricht dem Zusammenhange der Dinge in dem Moment nicht mehr, wo ein Glied in diesem Zusammenhange fehlt. Sachlich genommen hat demnach das Nichtwissen einen positiven Wert, der bei der Beurteilung von Handlungen unter Umständen in Betracht gezogen werden muß, sei es von demjenigen, der juristisch, sei es von dem, der ethisch urteilt. Logisch genommen bleibt freilich das Nichtwissen doch das, was es war, nämlich die Verneinung des Vorhandenseins eines bestimmten Urteils, ein Nichts also."

[48] Vgl. RGZ 62, 205; *Henle* JW 1927, 1191; *Plum* AcP 130, 223; *Brox*, Irrtumsanfechtung, S. 18, 85; *Fulterer* S. 44 - 49, insbes. S. 45. a. A. Peter *Haupt*, Die Entwicklung der Lehre vom Irrtum beim Rechtsgeschäft seit der Rezeption, Weimar 1941, S. 5, Fußn. 1:
„1) In der Regel wurde und wird auch heute noch bei der Behandlung des rechtsgeschäftlichen Irrtums darauf hingewiesen, daß dem Irrtum die Unkenntnis gleichzuachten ist. Das Corpus Juris verwendet die Ausdrücke error und ignorantia in diesem Zusammenhang als gleichbedeutend. Hierbei handelt es sich jedoch nicht um eine Erweiterung des Anwendungsgebietes der Irrtumsregeln. Denn die Unkenntnis bezieht sich in den Fällen, die uns hier interessieren, stets auf besondere Umstände, und sie ist im Rahmen der Irrtumslehre nur insofern von Bedeutung, als sie mit dem Irrtum verbunden ist, man befinde sich unter den normalen Umständen. Dieser Irrtum, nicht die Unkenntnis, ist dabei in Wahrheit das Entscheidende. Dieses Verhältnis der Unwissenheit zum Irrtum im Rahmen der Irrtumslehre wurde allerdings stets verkannt. Wenn Donellus (Comm. Lib. I Cap. 19 § 5) und Savigny (S. 326) in diesem Zusammenhang darlegen, daß jeder Irrtum auf Unwissenheit beruhe, so ist das zwar richtig, kennzeichnet aber nicht das Wesen derjenigen Unwissenheit, die innerhalb der Irrtumslehre von Bedeutung ist."
Auch im Strafrecht wird im Rahmen des § 59 StGB die Gleichstellung von Irrtum und Nichtwissen vorgenommen; vgl. nur: Eberhard *Schmidhäuser*, Strafrecht, Allg. Teil, Tübingen 1970, 37/10; Armin *Kaufmann*, Dogmatik der Unterlassungsdelikte, Göttingen 1959, S. 43; ders., Schmidt-Festschrift, S. 325 ff.; *Baumann* § 26, II, 3, a; § 26, IV, V; *Binding*, Die Normen und ihre Übertretung, 3. Bd. Der Irrtum, Leipzig 1918, § 162, B, II (S. 141); *Schönke / Schröder* § 59 Rdnr. 122.
Dagegen ist bei § 263 die Wertung der ignorantia facti sehr streitig. Für die Gleichstellung die Mindermeinung: *Bockelmann* NJW 1961, 1934; *v. Hippel*, Robert, Deutsches Strafrecht, 2. Bd., Berlin 1932, § 71, I, 3; *Sauer*, System des Strafrechts, B.T. 1954, § 7, II, 2; OLG Celle GA 1957, 220; *Germann* SchwZStrafr 55, 156 f.; *Dreher*, Komm. zum StGB, 35. Aufl. München 1975; § 263, 3. Dagegen verlangt die h. M. eine irrige Vorstellung: z. B. *Maurach*, Deutsches Strafrecht, B.T., 5. Aufl. 1969, S. 311; RGSt 42, 41; einschr. BGHSt 2, 226; Übersicht über den Streitstand bei *Maurach* S. 311.

[49] *Wolff* S. 47.

[50] Aber nur, wenn die hypothetische Kenntnis ein anderes Verhalten zur Folge gehabt hätte, das Nichtwissen also kausal für die eigentlich nicht gewollte Handlung war. Vgl. dazu: *Kipp / Coing* § 24, II, 2, c (S. 119); *Oertmann*, Kommentar zum Bürgerlichen Gesetzbuch und seinen Nebengesetzen, I. Buch, Allg. Teil, 3. Aufl. Berlin 1927, § 119 Anm. 8.

mindest sehr fraglich sein, ob auch in § 2078 Abs. 2 als Spezialtatbestand des § 119 der Mangel der richtigen Vorstellung nach der Teleologie des Gesetzes und objektiven Postulaten der Rechtsordnung das entscheidende Kriterium für die rechtliche Wertung darstellt.

Wenn die Lehrbuchliteratur bei der h. M. die Verletzung des Gleichbehandlungsgebotes rügt und damit die Ausfüllung einer Wertungslücke fordert, so muß die Berechtigung dieses Vorgehens vor der Prüfung einer Analogie zunächst an Hand des anderen klassischen Instrumentes juristischer Logik nachgewiesen werden, nämlich des argumentum e contrario[51]. Da dieses nämlich regelmäßig die Annahme einer Gesetzeslücke ausschließt[52], muß seine Prüfung vor derjenigen der Analogie erfolgen.

bbb) Die Zulässigkeit eines argumentum e contrario

Das argumentum e contrario, der Umkehrschluß, folgert: Gerade deshalb, weil das Gesetz die Rechtsfolge R nur an den Tatbestand A geknüpft hat, gilt diese Rechtsfolge für den — sei es auch A ähnlichen — Tatbestand B, der nicht A ist, nicht[53]. Die Argumentation der h. M. entspricht einem argumentum e contrario, denn sie schließt: Gerade weil § 2078 Abs. 2 die Rechtsfolge der Anfechtbarkeit nur an den Tatbestand „positive irrige Vorstellung" knüpft, soll dieselbe Rechtsfolge für den Konträrtatbestand „fehlende Vorstellung" ausgeschlossen sein. Mit einem so knapp formulierten Umkehrschluß dürfte man sich jedoch hier noch nicht zufriedengeben, da die Vollziehung eines logisch fehlerfreien Umkehrschlusses erst durch den Beweis gerechtfertigt wird, daß der spezielle Rechtssatz tatsächlich ausschließenden Charakter hat[54]. Ob das der Fall ist, muß die Auslegung klären, indem sie feststellt, ob die Beschränkung der Rechtsfolge der Anfechtbarkeit gerade auf den Tatbestand „positive irrige Vorstellung" — nach *Larenz* — ersichtlich vom Gesetzgeber gewollt oder doch nach dem Zweck des Gesetzes geboten ist[55]. Damit erschöpft sich nach allgemeiner Meinung das argumentum e contrario nicht in einem formallogischen Schlußverfahren, sondern mündet in eine normativ-teleologische Beweisführung ein[56].

---

[51] Vgl. i. e. *Larenz*, Methodenlehre, S. 368; *Coing*, Methodenlehre, S. 47; E. *Schneider* S. 177 ff.; *Canaris* S. 44 f.
[52] *Canaris* S. 47 f.
[53] *Larenz*, Methodenlehre, S. 368.
[54] *Larenz*, Methodenlehre, S. 368, Fußn. 2 weist unter Bezug auf *Klug* S. 124 ff. darauf hin, daß lediglich daraus, daß T^1 die Rechtsfolge R hat, man nicht schließen dürfe, daß ein Tatbestand, der nicht T^1 ist, die Rechtsfolge R nicht haben könne.
[55] *Larenz*, Methodenlehre, S. 368; vgl. auch: *Coing*, Methodenlehre S. 48.
[56] *Canaris* S. 45 m. w. Nachw. in Fußn. 116.

4. Teil: Die Auslegung des Tatbestandselementes

Nach der bisher durchgeführten Auslegung könnte man diesen Beweis jedenfalls zum Teil als geführt ansehen. Denn die bereits geprüften Auslegungscanones haben wohl zweifelsfrei den Willen des Gesetzgebers erwiesen, den Tatbestand der fehlenden Vorstellung von der Rechtsfolge der Anfechtbarkeit auszuschließen. Insofern sprechen durchaus gewichtige Gründe für die Begründung eines argumentum e contrario und damit des § 2078 Abs. 2 als auf enge Voraussetzungen begrenzten Ausnahmetatbestand zu § 119. Wer sich auf diesen durchaus vertretbaren und von der h. M. insofern auch in Anspruch genommenen subjektiv-teleologischen Standpunkt zurückzieht, dürfte sich gleichwohl jedoch angesichts eines bestimmten Argumentes der Lehrbuchliteratur eines gewissen Unbehagens schwerlich erwehren können. Gemeint ist deren Behauptung, entscheidend sei bei § 2078 Abs. 2 wie bei § 119 als Voraussetzung der Anfechtbarkeit ganz allein das Fehlen der richtigen Vorstellung. Diese These, die auf eine entscheidende Gemeinsamkeit der Tatbestände irrige Vorstellung und fehlende Vorstellung als rechtlich allein relevanten Wertungsfaktor abstellt, ist schwerlich lediglich mit der Berufung auf ein bereits vollzogenes argumentum e contrario auf subjektiv-teleologischer Basis zu widerlegen. Da die These der Lehrbuchliteratur den Ansatz eines Analogieschlusses in sich trägt, der gegenüber dem Umkehrschluß in die konträre Richtung weist, taucht hier die Frage des Verhältnisses von Analogie und Umkehrschluß auf. Grundsätzlich beschreiben diese beiden Figuren juristischer Logik nur bestimmte Denkverfahren. Sie geben jedoch keine Auskunft auf die Frage, wann eines von beiden praevalent sein soll. Nach h. L.[57] ist der Gegensatz zwischen Umkehrschluß und Analogie kein ausschließlicher. Die Ablehnung eines Umkehrschlusses führt grundsätzlich keineswegs ohne weiteres zur Annahme einer Analogie, sondern läßt die Frage von deren Zulässigkeit lediglich offen. Der Grund liegt darin, daß der Umkehrschluß nur da zulässig ist, wo ein Rechtssatz ausschließenden Charakter hat, wo also eine bestimmte Rechtsfolge nur dann eintreten soll, wenn gerade diese tatbestandlichen Voraussetzungen gegeben sind[58], d. h. die Voraussetzungen müssen notwendige und nicht nur hinreichende sein[59].

Das aber läßt sich nur in seltenen Ausnahmefällen mit genügender Sicherheit ermitteln[60]. Da ferner der Analogieschluß noch die von der Frage der Ausschließlichkeit einer Norm unabhängige Feststellung der

---

[57] Vgl. die bei *Canaris* S. 48 in Fußn. 129 Genannten; *Coing*, Auslegungsmethoden, S. 50.
[58] *Canaris* S. 48; *Larenz*, Methodenlehre, S. 368.
[59] *Klug* S. 133; E. *Schneider* S. 179 ff.
[60] Nach *Canaris* S. 48, Fußn. 132 lassen sich wirklich überzeugende Beispiele eines Umkehrschlusses nur schwer finden.

D. Der Zweck des § 2078 Abs. 2 — II. Objektive Teleologie

Rechtsähnlichkeit erfordert, bleibt zwischen argumentum e contrario und Analogie ein relativ breiter Raum offen[61]. Die Entscheidung zwischen ihnen ist allein den Kriterien der Auslegung und der Rechtsfortbildung zu entnehmen[62]. Da aber Auslegung wie Rechtsfortbildung in entscheidendem Maße an objektiv-teleologischen Gesichtspunkten orientiert sind[63], so muß diesen besondere Beachtung geschenkt werden, wenn sie als Argumente gegen einen Umkehrschluß ins Feld geführt werden. Die ernstzunehmende Forderung nach rechtlicher Gleichbehandlung von irriger Vorstellung und fehlender Vorstellung und damit Vornahme einer Analogie vermag zumindest leise Zweifel an der unbedingten Richtigkeit des Umkehrschlusses der Lehrbuchliteratur zu wecken. Wenn also zunächst nicht von der Hand zu weisende objektiv-teleologische Gründe für eine Analogie sprechen, dann darf die eingehende Prüfung deren Zulässigkeit nicht durch den Hinweis auf das formallogische und auf subjektiv-teleologischer Basis ruhende argumentum e contrario abgeschnitten werden. Demzufolge bildet der Umkehrschluß die Ausnahme, die Statthaftigkeit der Analogie die Regel[64]. In diesem Sinne dürfen bei der Entscheidung zwischen Umkehrschluß und Analogie nicht nur subjektiv-teleologische oder nur objektiv-teleologische Gründe den Ausschlag geben, sondern eine Synopse beider Auslegungs- bzw. Rechtsfortbildungsaspekte muß den Maßstab bilden[65]. Demgemäß ist die Feststellung, der Gesetzgeber habe das Nichtwissen von der Rechtsfolge des § 2078 Abs. 2 ersichtlich ausschließen wollen, zur Rechtfertigung des von der h. M. sinngemäß verwandten argumentum e contrario als nicht ausreichend anzusehen. Vielmehr muß von ihr der Nachweis gefordert werden, daß der Ausschluß des Nichtwissens auch nach der objektiven Teleologie des § 2078 Abs. 2 geboten ist.

Die h. M. beschränkt sich in ihren ohnehin dürftigen Stellungnahmen zum Zweck des § 2078 Abs. 2 lediglich auf dessen subjektive Teleologie, indem sie den Willen des Gesetzgebers feststellt und ihn sich zu eigen macht, daß der Anfechtbarkeit letztwilliger Verfügungen Schranken gesetzt werden sollen, um den Erblasserwillen nicht späteren Spekulationen preiszugeben, insbesondere das Vertrauen in die Beständigkeit von Erbverträgen und gemeinschaftlichen Testamenten zu schützen[66].

---

[61] *Canaris* S. 48.
[62] Vgl. *Coing*, Auslegungsmethoden, S. 50; ders., Methodenlehre, S. 47 f.; *Engisch* S. 145.
[63] s. o. 4. Teil, Einleitung.
[64] Arthur *Baumgarten*, Grundzüge der juristischen Methodenlehre, Bern 1939, S. 39.
[65] Vgl. *Canaris* S. 45. *Larenz*, Methodenlehre, S. 368, geht dagegen von einem Entweder-Oder-Verhältnis zwischen subjektiver und objektiver Teleologie aus.
[66] BGH DB 1971, 1859 = WM 1971, 1153.

Ein überzeugender Nachweis der Ausschließlichkeit des § 2078 Abs. 2 wird damit jedoch nicht geführt. Daß dies auch kaum möglich erscheint, erhellt aus der Feststellung, daß § 2078 Abs. 2 weder eine Analogie ausdrücklich ausschließt noch wie bei ins einzelne gehenden kasuistischen Aufzählungen von Rechtsfolgevoraussetzungen besondere Gründe dafür sprechen, eine Erweiterung auf gänzlich fehlende Vorstellungen als unzulässig abzulehnen. Wenn hier auch auf den Charakter der Vorschrift als Ausnahmevorschrift gegenüber § 119 als Gegenargument hingewiesen werden könnte, so geht daraus gleichwohl noch nicht mit genügender Sicherheit hervor, daß irreale Vorstellungen unter allen Umständen als Anfechtungsvoraussetzungen ausgeschlossen werden sollten. Zum einen ist der Grundsatz, Ausnahmevorschriften seien ihrem Wesen nach einer Analogie unzugänglich, inzwischen als längst überholt anzusehen[67], da auch eine Ausnahmevorschrift insoweit der Analogie zugänglich ist, als das ihr zugrundeliegende engere Prinzip seinem Sinne nach Anwendung auf einen nicht ausdrücklich geregelten Fall durchaus finden kann. Verboten ist dabei nur, dieses Prinzip zu einem allgemeinen zu erheben und so die Ausnahme zur Regel zu verkehren, nicht aber, einem Sondertatbestand einen zweiten rechtsähnlichen Sondertatbestand gleichzustellen[68]. Zum anderen kann nicht bestritten werden, daß § 2078 Abs. 2 den objektiven Zweck hat, mit Willensmängeln behafteten letztwilligen Verfügungen die rechtliche Wirksamkeit zu nehmen. Demgemäß kann — zunächst ohne Rücksicht auf den Wortlaut der Vorschrift — unter „Willensmängeln" durchaus der „Mangel der richtigen Vorstellung" verstanden werden. Ebenso sind die Tatbestandselemente „irrige Annahme und Erwartung" durchaus lediglich als beispielhafte Aufzählung besonders typischer Fälle von Willensmängeln auffaßbar. Diese zumindest vertretbar erscheinende Auslegungsmöglichkeit ist ein wichtiges Argument gegen den eindeutigen Ausschlußcharakter des § 2078 Abs. 2. Die zu dessen Feststellung erforderliche genügende Sicherheit[69] und damit zugleich auch die Rechtfertigung eines argumentum e contrario im Rahmen des § 2078 Abs. 2 können demnach kaum bejaht werden. Dieses Ergebnis öffnet den Weg zur Zulässigkeitsprüfung einer Analogie.

ccc) Die Zulässigkeit einer Analogie als Mittel zur Feststellung einer Wertungslücke in § 2078 Abs. 2

Die bereits getroffene Feststellung[70] eines Analogietorsos in der Argumentation der Lehrbuchliteratur hat zugleich deutlich gemacht,

---

[67] Vgl. dazu die ausführlichen Nachweise bei: *Canaris* S. 181, Fußn. 34; *Larenz*, Methodenlehre, S. 329; *Engisch* S. 147 f.
[68] *Canaris* S. 181.
[69] s. o. 4. Teil, D, II, 3, b, α, bb, bbb.

D. Der Zweck des § 2078 Abs. 2 — II. Objektive Teleologie

welcher Baustein zur Vervollständigung des von ihr angestrebten Analogieschlusses zwecks Feststellung einer Wertungslücke noch fehlt. Dies ist das Urteil, daß der logische Unterschied der beiden zu vergleichenden Tatbestände „irrige Vorstellung" und „fehlende Vorstellung" für die rechtliche Wertung unwesentlich, deren Übereinstimmung im Fehlen der richtigen Vorstellung jedoch dafür wesentlich ist. Wie bereits angedeutet[71], kann hier zunächst das bloße Transponieren der für § 119 geltenden Wertung von Irrtum und Nichtwissen ohne Rücksicht auf den besonderen Wortlaut und die möglicherweise darin repräsentierte besondere ratio legis des § 2078 Abs. 2 nicht als eine Analogie überzeugend tragende Begründung akzeptiert werden. Um die rechtliche Gleichbehandlung von irriger Vorstellung und fehlender Vorstellung, insbesondere von nichterfüllter Erwartung und gänzlich fehlender Erwartung, zu rechtfertigen, muß die wertende Beurteilung ebenso wie bei der Auslegung von subjektiv- wie objektiv-teleologischen Kriterien ausgehen[72]. Diese müssen die Antwort auf die hier entscheidende Frage geben, ob die teilweise Übereinstimmung der nichterfüllten Erwartung und der fehlenden Erwartung im Mangel der richtigen Erwartung wertungsmäßig so bedeutsam ist, daß sie deren rechtliche Gleichbehandlung rechtfertigt[73].

Es ist bereits erörtert worden[74], daß die subjektive Teleologie des § 2078 Abs. 2 darauf gerichtet ist, bei der Abwägung zwischen den beiden hier relevanten erbrechtlichen Prinzipien des Willensdogmas und des Bestandsschutzes letztwilliger Verfügungen dem letzteren nur dann die Priorität zu versagen, wenn die positiven Beweggründe des Erblassers, welche die letztwillige Verfügung tragen, bereits bei deren Errichtung fehlerhaft waren oder sich erst später als solche herausstellten. Die Schwierigkeit dieses Beweises ist dabei ein wichtiges Element des Bestandsschutzes. Ebenso ist schon darauf hingewiesen worden[75], daß der aus dem kanonischen Recht stammende Grundsatz[76] „cessante ratione legis cessat lex ipsa" im Falle des § 2078 Abs. 2 wegen dessen unveränderter Normsituation nicht aktuell werden kann. Daher ist die subjektive Teleologie der Vorschrift nach wie vor ein in ihrer Bedeutung nicht zu unterschätzender Wertungsbestandteil.

---

[70] s. o. 4. Teil, D, II, 3, b, α, bb, aaa.
[71] s. o. dto.
[72] Vgl. *Larenz*, Methodenlehre, S. 360.
[73] s. o. 4. Teil, D, II, 3, b, α, bb, aaa.
[74] s. o. 4. Teil, D, I.
[75] s. o. 4. Teil, D, II, 1.
[76] Vgl. *Krause* ZRG Kan. Abt. Bd. 77 (1960), 81.

Die objektive Teleologie muß nun erweisen, ob nichterfüllte Erwartung und fehlende Erwartung tatsächlich für die im Rahmen des § 2078 Abs. 2 maßgebliche rechtliche Wertung derart unterschiedliche Tatbestände bilden, daß deren Ungleichbehandlung gerechtfertigt erscheint.

Nach der h. M. kann der Bestand einer letztwilligen Verfügung nur angegriffen werden, wenn deren Mangel in der Willensbeeinflussung des Erblassers durch eine positive Vorstellung — bewußt oder unbewußt — als Motiv besteht. Der die Grundlage oder Ursache der letztwilligen Verfügung bildende Umstand muß also konstitutiver Inhalt des Vorstellungskreises des Erblassers im Zeitpunkt der Testamentserrichtung gewesen sein. Im Rahmen des Tatbestandselementes „Annahme" wird dabei die tatsächliche Diskrepanz von real gebildeter Vorstellung und der Vergangenheit oder Gegenwart gewertet, im Rahmen der „Erwartung" diejenige von real gebildeter Vorstellung und späterer Wirklichkeit.

Dagegen werden nach Meinung der Lehrbuchliteratur alle Umstände anfechtungsrelevant, die dem vermutlichen irrealen Willen des Erblassers widersprechen. Damit wird lediglich eine hypothetische Diskrepanz zwischen nicht gebildeter, aber möglicher Vorstellung und Wirklichkeit oder Zukunft gewertet.

Zwischen den beiden den streitigen Meinungen zugrundeliegenden Fallkonstellationen kristallisiert sich demnach folgender Unterschied heraus: Bei der h. M. ist Wertungsobjekt die Diskrepanz zwischen realem Willen und Erklärung, bei der Lehrbuchliteratur die Diskrepanz zwischen irrealem Willen und Erklärung. Die rechtlichen Konsequenzen dieser prinzipiellen Differenz zwischen den beiden zu vergleichenden Tatbeständen sind unschwer abzustecken. Die den irrealen Erblasserwillen favorisierende Meinung greift den Bestand letztwilliger Verfügungen in erheblich mehr Fällen als die Gegenmeinung an. Nach ihr wird nämlich eine letztwillige Verfügung immer dann durch die Anfechtung vernichtet, wenn bewiesen werden kann, daß der Erblasser in Kenntnis von Umständen, die nicht von seinen motivbildenden Vorstellungen erfaßt waren, die getroffene Verfügung nicht aufrechterhalten hätte. Damit wird erkennbar die Wertungspriorität vom Bestandsschutz auf das Willensdogma verlagert, zugleich aber ein Einbruch in die Zielsetzung des Formzwanges für letztwillige Verfügungen in Kauf genommen.

Der Gesetzgeber hat dem Erblasser zwar Testierfreiheit gewährt, jedoch aus wohlerwogenen Gründen den Formzwang statuiert. Diesem kommt im Erbrecht eine große Bedeutung zu, weil letztwillige Verfügungen eine besondere Beweisfunktion in Anbetracht der Tatsache haben, daß der Äußerer des letzten Willens über die Erläuterung seiner Verfügung nicht mehr befragt werden kann. Als Zeugen kommen nur noch an der Regelung der Erbfolge zumeist sehr interessierte Personen in Frage[77], die in ihren Bekundungen über den Erblasserwillen häufig von erheblich widerstreitenden Motiven geleitet werden. Daß dabei die Ermittlung eines annähernd eindeutigen Erblasserwillens oft nur sehr schwer möglich ist, liegt auf der Hand. Demzufolge hat der Formzwang hier zunächst die Funktion, den letzten Willen des Erblassers von unverbindlichen Vorüberlegungen abzugrenzen und seine Feststellung den Einflüssen eines interessierten Personenkreises zu entziehen. Bei dem Erbvertrag und dem gemeinschaftlichen Testament kommt die Notwendigkeit hinzu, den Umfang der Beschränkung der Testierfreiheit genau bestimmt zu wissen[78]. Schließlich erfüllt der Formzwang nicht nur für eine zumeist größere Zahl von Erbanwärtern, sondern auch für eventuelle Gläubiger, z. B. bei Erbschaftskauf und -übertragung, den wichtigen Zweck einer Klarstellung der Rechtsverhältnisse des Nachlasses[79].

Die aufgrund dieser wichtigen Funktionen des Formzwanges vom Gesetzgeber getroffene Grundentscheidung, den formgültig erklärten letzten Willen zu respektieren[80], kommt insbesondere auch in den Vorschriften über die Aufhebung von Testamenten zum Ausdruck. Nach den §§ 2253 - 2257 ist dazu zunächst der negative Widerruf erforderlich, dessen Bejahung von im Gesetz abschließend genannten besonderen Voraussetzungen abhängig gemacht ist[81]. So kann ein Widerruf keineswegs in einem Vergessen oder einem Gesinnungswandel auf Seiten des Erblassers bestehen[82]. Ferner ist die Aufhebung nur möglich durch Errichtung einer späteren letztwilligen Verfügung mit entgegengesetztem Inhalt (§ 2258) oder durch Eingehung eines Erbvertrages mit einem Dritten (§ 2289 Abs. 1)[83].

Aus der in diesen Vorschriften über Errichtung und Aufhebung letztwilliger Verfügungen repräsentierten Grundentscheidung des Gesetzgebers, den formal geäußerten Erblasserwillen so weit wie möglich zu respektieren, ergibt sich die Konsequenz, ein einmal errichtetes Testament, durch das der Erblasser seinen eindeutigen Willen zur Abweichung von der gesetzlichen Erbfolgeregelung zu er-

---

[77] Vgl. *Kipp / Coing* § 19, II, 1 (S. 87).
[78] Vgl. *Kipp / Coing* § 19, II, 2 (S. 87).
[79] Vgl. *Lange*, Erbrecht, § 16, I (S. 148); *v. Lübtow* S. 116.
[80] Vgl. *Kipp / Coing* § 19, II, 3, c (S. 88); *Lange*, Erbrecht, § 16, IV, 6 (S. 157).
[81] Vgl. i. e. *Kipp / Coing* § 31 (S. 154 ff.).
[82] Vgl. BGHZ 42, 327 (332); *Heldrich* S. 61.
[83] *Lange*, Erbrecht, § 26, II, 1, a (S. 394); III, 1, b (S. 399) spricht hier von „mittelbarem Widerruf".

kennen gegeben hat, in seinem rechtlichen Bestand weitestgehend zu schützen, solange nicht das Willensdogma eine Korrektur oder Vernichtung erforderlich macht. Demgemäß wird der Auslegung der Anfechtung gegenüber der Vorrang eingeräumt, um den Eintritt der vom Erblasser erkennbar nicht gewollten gesetzlichen Erbfolge so weit wie möglich zu verhindern[84]. Die Anfechtung und damit die Vernichtbarkeit letztwilliger Verfügungen sind vom Gesetzgeber als ultima ratio statuiert worden, die selbst auch nur dann eingreift, wenn die Beeinflussung des realen Erblasserwillens durch fehlerhafte Motive nachgewiesen werden kann. Wie schwer dabei bereits der Beweis einer causa non adiecta ist, wurde schon in den Protokollen betont[85]. Wenn aber dem bereits bei der Feststellung eines realen Erblasserwillens mit realen Anhaltspunkten für Beweismittel so ist, um wieviel unsicherer muß sich dann die Beweislage darstellen, wenn der Richter einen nicht existenten, lediglich möglichen Erblasserwillen mittels Rückschlüssen feststellen soll[86]. In Anbetracht dieser höchst unsicheren Beweislage kann dem BGH nur zugestimmt werden, wenn er die Gefahr von Spekulationen um den Erblasserwillen sieht[87], was insbesondere für die spezielle Vertrauenssituation bei Erbverträgen und gemeinschaftlichen Testamenten gilt. Deshalb ist es im Sinne des Willensdogmas unvertretbar, wenn — worauf *Bartholomeyczik*[88] zu Recht hinweist — durch Gewährung der Anfechtung in allen Fällen die gesetzliche Erbfolge eintreten würde, „obwohl der Erblasser seinen Willen von ihr abzuweichen, wenn auch ohne Erwähnung eines bestimmten Beweggrundes, so dennoch klar zu erkennen gegeben hat".

Schließlich sollte die Gefahr nicht verkannt werden, daß die uneingeschränkte Berücksichtigung des irrealen Erblasserwillens im Rahmen des § 2078 Abs. 2 die Zahl der Anfechtungsprozesse erheblich vergrößern und den formal gestalteten Bestandsschutz letztwilliger Verfügungen damit unterhöhlen könnte.

Nach alledem ist die in § 2078 Abs. 2 vorgenommene rechtliche Ungleichbehandlung zweier wesensverschiedener Tatbestände auch nach der Vorschrift zugrundeliegenden objektiv-teleologischen Gesichtspunkten im Grundsatz nicht zu beanstanden. In Anbetracht der vom

---

[84] Allg. Meinung, vgl. nur: OHGZ 1, 156; *Kipp / Coing* § 24, III, 4, b (S. 123) m. w. Nachw. in Fußn. 36; *Lange*, Erbrecht, § 35, II, 2 (S. 383); *v. Lübtow* S. 319, m. w. Nachw. in Fußn. 4.
[85] s. o. 4. Teil, C, I.
[86] Vgl. *Lange*, Erbrecht, § 24, III, 3 (S. 123); *v. Lübtow* S. 295 f.: „Es gibt also auch hypothetische (vermutete) irreale Willenserklärungen, nämlich dann, wenn die Umstände nur vermuten lassen, aber nicht eindeutig erweisen, was der Erblasser erklärt hätte."
[87] s. o. 1. Teil, A, II.
[88] Erbrecht § 24, I, 3, c (S. 128).

D. Der Zweck des § 2078 Abs. 2 — II. Objektive Teleologie

Gesetz vorgenommenen Wertung des Spannungsverhältnisses von Willensdogma und Bestandsschutzprinzip ist es durchaus sachgerecht, „dem irrealen Willen, nicht so zu verfügen, geringere rechtliche Kraft zu geben als dem real erklärten Willen, anders zu verfügen als es der gesetzlichen Erbfolgeanordnung entspricht oder als in einer früheren Verfügung geschehen"[89]. Wenn aber in § 2078 Abs. 2 an zwei tatsächlich verschieden gelagerte Tatbestände gemäß der dieser Vorschrift immanenten objektiven Teleologie verschiedene Rechtsfolgen geknüpft werden, dann ist das Gleichbehandlungsgebot nicht verletzt. Da demzufolge eine Analogie weder zulässig noch erforderlich ist, kann in der Vorschrift keine Wertung- oder Regelungslücke festgestellt werden. Eine Rechtsfortbildung praeter legem ist damit ausgeschlossen. Das gleiche gilt für eine teleologische Extension, bei der grundsätzlich nicht der Gleichheitssatz die Ergänzung des Gesetzes fordert, sondern dessen ratio legis[90].

β) Rechtsfortbildung „extra legem"

Wenn auch § 2078 Abs. 2 gemäß der ihm immanenten Zwecksetzung nicht als lückenhaft und daher unvollständig bezeichnet werden kann, so könnte es sich doch bei der Nichtberücksichtigung irrealer Vorstellungen um einen „rechtspolitischen Fehler"[1], eine Lücke de lege ferenda handeln. In diesem Fall wäre eine Umbildung der gesetzlichen Regelung mittels einer Rechtsfortbildung extra legem, aber intra jus denkbar, die zwar über die erkennbaren Zwecke des § 2078 Abs. 2 hinausgeht, aber mit allgemeinen, grundlegenden Wertungen der Rechtsordnung vereinbar ist[2]. Diese äußerste Form der Rechtsfortbildung ist nach *Larenz*[3] unter folgenden Voraussetzungen zulässig:

1. Es muß andernfalls ein Rechtsnotstand, d. h. ein Zustand entstehen, durch den der Rechtsgedanke Schaden leiden muß. Ein solcher Zustand entsteht insbesondere, wenn ein als unabweisbar empfun-

---

[89] *Bartholomeyczik*, Erbrecht, § 24, I, 3, c (S. 128).
[90] Vgl. i. e. *Canaris* S. 89; *Larenz*, Methodenlehre, S. 374 ff.
[1] Vgl. i. e. *Larenz*, Methodenlehre, S. 353 f., 357; *Canaris* S. 33 f.; *Engisch*, Der Begriff der Rechtslücke, in: Festschrift für Wilhelm Sauer, Berlin 1949, S. 13; G. *Dahm*, Deutsches Recht, 2. Aufl. Stuttgart/Köln 1963, S. 50 f.; *Teichmann* S. 80.
[2] Vgl. *Larenz*, Methodenlehre, S. 383; Ähnlich: *Flume*, Richter und Recht, 46. DJT Bd. II K 20, 32: „..., die Änderung einer Einzelregelung ist nur insoweit zulässig, als sie sich aus der Gesamtheit des positiven Rechts ergibt. Wenn man der lex als Einzelgesetz das ius als die Gesamtheit der Rechtsordnung gegenüberstellt, weil diese in Gesetz und Recht besteht, so ist die abändernde Rechtsfortbildung niemals zulässig entgegen dem ius, aber das ius kann die Rechtsfortbildung auch entgegen der lex erzwingen."
[3] Methodenlehre S. 382 f., 401.

denes Bedürfnis des Verkehrs durch die Rechtsordnung nicht befriedigt wird oder wenn die „Natur der Sache" oder ein rechtsethisches Prinzip in einer für das allgemeine Rechtsbewußtsein unerträglichen Weise unberücksichtigt bleibt.

2. Der Rechtsnotstand muß evident und auf andere Weise nicht zu beheben sein; mit einem baldigen Eingreifen des Gesetzgebers darf nicht zu rechnen sein[4].

Die Bedingungen für die Zulässigkeit einer Rechtsfortbildung durch Ausfüllung einer Wertungslücke extra legem, aber intra jus sind deswegen so streng, weil nicht nur das herrschende Rechtsgefühl, sondern auch das Prinzip der Rechtssicherheit Beachtung fordert. Danach müssen sich die rechtsanwendenden Gewalten grundsätzlich an das Gesetz halten und sogar um der „Orientierungsgewißheit"[5] willen u. U. auch ein gewisses Maß an Unbilligkeit in Kauf nehmen[6]. Die Lösung dieses Spannungsverhältnisses erfordert eine Abwägung zwischen positivem Recht und Gerechtigkeit[7], oder zwischen generalisierender und individualisierender Gerechtigkeit[8], oder zwischen „Generalinteressen und spezieller Angemessenheit"[9]. Dieser Aufgabe können keine festen methodischen Maßstäbe an die Hand gegeben werden, weil die zu vergleichenden Größen in gewissem Sinne inkommensurabel sind[10]. Deshalb ist diese Abwägung auch eine der undankbarsten Aufgaben, die dem Richter gestellt sind. Das entbindet jedoch nicht von der Pflicht, die zu treffende Entscheidung so überzeugend wie möglich zu rechtfertigen.

Die Abwägung muß zunächst von dem in Art. 20 Abs. 3 GG konstituierten Verfassungsgrundsatz der Bindung des Richters an Gesetz und Recht ausgehen. Danach kann der Richter, wenn der Gesetzgeber Interessenkonflikte eindeutig geregelt hat, prinzipiell nicht nach eigenem Ermessen Konfliktentscheidungen treffen, sondern er steht

---

[4] Auch nach *Bartholomeyczik*, Gesetzesauslegung, S. 83, ist bei Entscheidungs- oder Wertungslücken eine Rechtsfortbildung nur zulässig, wenn die Rechtsfolgen einer vorhandenen Norm untragbar sind.

[5] *Zippelius* S. 71.

[6] Vgl. G. *Radbruch*, Vorschule der Rechtsphilosophie, 1947, S. 23 ff. zum „entscheidenden Widerstreit" zwischen Gerechtigkeit und Rechtssicherheit: „Die Rechtssicherheit fordert die Anwendung des positiven Rechts, selbst wenn es unrichtig ist ... Wo die Ungerechtigkeit positiven Rechts ein solches Maß erreicht, daß die durch das positive Recht verbürgte Rechtssicherheit gegenüber dieser Ungerechtigkeit überhaupt nicht mehr ins Gewicht fällt: in einem solchen Fall hat das ungerechte positive Recht der Gerechtigkeit zu weichen."

[7] Vgl. *Engisch* S. 163 ff.

[8] Vgl. *Lüderitz*, Auslegung, S. 60.

[9] *Heck* S. 106.

[10] *Heck* S. 106; vgl. auch *Zippelius* S. 87; *Radbruch* S. 170.

D. Der Zweck des § 2078 Abs. 2 — II. Objektive Teleologie

unter dem Gesetz[11]. Aus diesem Grundsatz der Gesetzestreue leitet die Rechtsprechung die Vermutung ab, daß der Gesetzgeber im Zweifel das billige Ergebnis gewollt und das absurde gemieden habe[12]. Zugleich wird darin das generelle Ziel deutlich, so weit wie möglich dem historischen Gesetzgeber zu folgen[13].

In der Erwähnung des „Rechts" in Art. 20 Abs. 3 GG liegt dagegen lediglich die Betonung des Verfassungsgesetzgebers, daß der Geltungsgrund eines Gesetzes „nicht allein deswegen vorbehaltlos zu bejahen ist, weil es Positivität besitzt", sondern „daß das Gesetz auch in Grundrechtsübereinstimmung stehen muß"[14]. Die Bindung der Judikative an das Gesetz bedeutet damit angesichts des dem Grundgesetz zugrunde liegenden materialen Rechtsstaatsprinzips Bindung an Positivität und Wertgehalt[15]. Die grundsätzliche Priorität des Gesetzes gegenüber dem nicht gesetzten Recht ist vor allem eine Folgerung aus dem Postulat der Rechtssicherheit. Sie impliziert das Bedürfnis nach Stabilität, d. h. das Interesse der Rechtsgemeinschaft an der Erhaltung einer einmal zur Geltung gelangten Ordnung[16]. Rechtssicherheit bedeutet insbesondere Schutz des Vertrauens, das sich vor allem auf den Wortlaut des Gesetzes gründet[17]. Er ist die Gewähr für die Übersehbarkeit, Vorhersehbarkeit, Beständigkeit und Praktikabilität des gesetzten Rechts[18]. Schließlich ist die Erkenntnis, daß in vielen Fällen die Streitvermeidung weit wichtiger als die im Einzelfall gerechte Streitentscheidung ist, ein beachtenswertes rechtspolitisches Argument[19].

Von den Argumenten der Lehrbuchliteratur, die den erforderlichen Nachweis eines Rechtsnotstandes erbringen könnten, kommt nur der Hinweis *Langes* auf die Situation des durchschnittlichen Erblassers in

---

[11] Vgl. *Heck* S. 50; Arthur *Kaufmann*, Gesetz und Recht, Festschrift für Eric Wolf, Frankfurt 1962, S. 371; *Engisch* S. 169; *Zippelius* S. 91; *Coing*, Methodenlehre, S. 46; *Kriele* S. 244.

[12] RGZ 74, 69, 72; 81, 303; 117, 426, 430 f.; 130, 69, 73; BGHZ 8, 183, 189.

[13] *Lüderitz*, Auslegung, S. 61; *Larenz*, Methodenlehre, S. 321.

[14] *Maunz / Dürig*, Kommentar zum Grundgesetz, München/Berlin 1966, Art. 20, Rdnr. 72.

[15] *Stein* NJW 1964, 1748.

[16] *Heck* S. 111.

[17] Vgl. *Kraus*, GrünhutsZ 32 (1905), 621 f.; *Rümelin*, Die Rechtssicherheit, 1924, S. 7 - 10.

[18] Vgl. *Merz* AcP 163, 340; *Fischer* JR 62, 201.

[19] Vgl. *Heck* S. 111; *Radbruch* S. 169: „Daß dem Streite der Rechtsansichten ein Ende gesetzt werde, ist wichtiger, als daß ihm ein gerechtes und zweckmäßiges Ende gesetzt werde, das Dasein einer Rechtsordnung wichtiger als ihre Gerechtigkeit und Zweckmäßigkeit, diese die zweite große Aufgabe des Rechtes, die erste, von Allen gleichermaßen gebilligte aber die Rechtssicherheit, d. h. die Ordnung, der Friede."

Frage. Nach *Lange* lebt der durchschnittliche Erblasser in den Tag hinein und geht unbewußt davon aus, daß die Verhältnisse, die ihn umgeben, bestehen bleiben werden. Er mache sich von der künftigen Veränderung keine Vorstellung. Nur der Ängstliche und Mißtrauische suche die Wandlungen der Zukunft im Guten wie im Schlechten zu bedenken und zu berücksichtigen[20]. Angesichts dieser Situation stellt *Lange* eine Benachteiligung des durchschnittlichen Erblassers fest, wenn die irreale Vorstellung als Anfechtungsgrund nicht berücksichtigt werde.

Wie alle Beweisführungen, die sich auf das „Normale" oder das „Durchschnittliche" als Grundlage stützen, trägt auch diese die Gefahr der Spekulation und der unzulässigen Verallgemeinerung in sich. Daß der durchschnittliche Erblasser so ist, wie *Lange* ihn darstellt, fällt in den Bereich unbewiesener Behauptungen. Die Tatsache, daß ein Erblasser zum Testator wird, legt eine andere Sicht der Sachlage nahe. Wer nämlich die Verteilung seines Nachlasses nicht den gesetzlichen Erbfolgeanordnungen überlassen, sondern von der Testierfreiheit Gebrauch machen will, wird vor der Testamentserrichtung die einzelnen Bedenkungsmöglichkeiten erwägen und erst danach seine Entschlüsse in schriftliche Form bringen[21]. An anderer Stelle seines Lehrbuches[22], nämlich bei der Erörterung des Sinnes der gewillkürten Erbfolge, sieht *Lange* den durchschnittlichen Erblasser auch selbst ganz anders. Da „ist der beste Kenner seiner Verhältnisse und seiner möglichen Erben der Erblasser. Als guter Hausvater wird er sein Vermögen auf seine Erben nach deren Entwicklung und Eignung verteilen und so eine bessere Regelung vornehmen, als der Gesetzgeber es vermag ...". Danach ist auf den sorgfältigen und bedachtsamen Erblasser abzustellen, der überschaubare und vorhersehbare Entwicklungsmöglichkeiten der Zukunft in sein Testierungskalkül miteinbezieht.

Da jedoch keine der beiden auf die Situation des durchschnittlichen Erblassers gestützten Thesen den Beweis ihrer Richtigkeit überzeugend wird führen können, muß von einer solch undifferenzierten Argumentation, die von bloß praesumierten Sachverhalten ausgeht, Abstand genommen werden. Ob die Nichtberücksichtigung irrealer Vorstellungen in § 2078 Abs. 2 eine so unerträgliche Benachteiligung des Erblassers bewirkt, daß von einem Rechtsnotstand gesprochen werden könnte, diese entscheidende Frage kann nur die Wertung im Einzelfall beantworten. Hier ist folgender Fall exemplarisch:

---

[20] Erbrecht § 35, III, 2, c (S. 368).
[21] Vgl. *Kipp / Coing* § 19, II, 1 (S. 87).
[22] § 9, I, 2, b (S. 97).

D. Der Zweck des § 2078 Abs. 2 — II. Objektive Teleologie

Nach Eintritt eines vom Erblasser nicht bedachten Ereignisses — sei es unvorhergesehen oder unvorhersehbar —, das auf die Verfügung hätte Einfluß haben können, ergibt der Versuch einer ergänzenden Auslegung die Unmöglichkeit einer Ergänzung oder Berichtigung der Verfügung aufgrund eines von der h. M.[23] geforderten Anhalts oder der Feststellung eines positiven irrealen Willens[24], da keinerlei Anhaltspunkte dafür vorliegen, was der Erblasser bei Kenntnis des nicht bedachten Umstandes verfügt hätte. In diesem Falle scheitert wie die Auslegung auch eine Anfechtung de lege lata, weil der nicht bedachte Umstand nicht Inhalt einer positiven motivbildenden Vorstellung des Erblassers gewesen sein konnte. Nun kann aber der Beweis geführt werden, daß der Erblasser sich bei der Wahl zwischen Durchführung der insoweit fehlerhaften letztwilligen Verfügung und dem Eintritt der gesetzlichen Erbfolge für die letztere entschieden und sich andernfalls „im Grabe herumgedreht hätte"[25]. Mit der naheliegenden Tendenz, hier dem irrealen Erblasserwillen gerecht zu werden, eröffnet sich die Parallele zum Vertragsrecht und der Lehre von der objektiven Geschäftsgrundlage: Wenn nämlich nach Vertragsschluß eine grundlegende Veränderung von Umständen eintritt, an deren Möglichkeit die Vertragsparteien nicht gedacht und die sie daher bei der Abwägung ihrer Interessen, der Verteilung des Risikos, in keiner Weise berücksichtigt haben, so kann der Vertrag, wenn er unverändert fortgeführt werden soll, seinen ursprünglichen Sinn völlig verlieren und ganz andere Folgen haben, als die Parteien je beabsichtigt hatten und vernünftigerweise haben beabsichtigen können[26]. Beim Fehlen oder Wegfall der objektiven Geschäftsgrundlage treten diejenigen Rechtsfolgen ein, die redlich denkende Parteien verständigerweise vereinbart hätten, wenn sie die jetzt eingetretene Lage gekannt und berücksichtigt hätten, nämlich Anpassung oder Auflösung des Vertrages[27]. Daß diese Parallele des Vertragsrechts mit dem Recht letztwilliger Verfügungen nur partiellen Charakter hat, versteht sich von selbst. Der Grundgedanke jedoch, der die Berücksichtigung der objektiven Geschäftsgrundlage im Vertragsrecht trägt, kann auch im Rahmen des § 2078 Abs. 2 in Ausnahmefällen Geltung beanspruchen, wie der genannte Fall gezeigt hat. In dessen Wertung nämlich erscheint die Zulassung der Anfechtung entgegen dem Gesetz wünschenswert, was methodisch eine Rechtsfortbildung extra legem bedeutet. Die Lösung des genannten Falles de lege lata hätte mit der

---

[23] Vgl. dazu die ausführlichen Nachweise bei: *v. Lübtow* S. 299, Fußn. 32.
[24] So z. B. *v. Lübtow* S. 299 ff.; *Lange*, Erbrecht, § 33, III, 3, c (S. 357).
[25] Vgl. die treffende Formulierung bei: *Keuk* S. 61.
[26] *Larenz*, Geschäftsgrundlage und Vertragserfüllung, S. 52.
[27] Vgl. *Larenz*, Methodenlehre, S. 185 f.

Versagung der Anfechtung eine Mißachtung des Willensdogmas zur Folge, die unerträglich erscheint. Dieser Zustand ist als Rechtsnotstand evident und auch nicht durch die vorzuschaltende ergänzende Auslegung zu beheben. Da schließlich auch mit einem alsbaldigen Eingreifen des Gesetzgebers nicht zu rechnen ist, dürften gegen die Zulässigkeit einer Rechtsfortbildung extra legem, aber intra jus im Hinblick auf den genannten Sonderfall keine Bedenken bestehen. In Anbetracht der im Rahmen der Prüfung der Wertungslücke bezeichneten Gefahren für den Bestand formgültig errichteter letztwilliger Verfügungen muß aber die Relevanz irrealer Vorstellungen im § 2078 Abs. 2 auf diesen Ausnahmefall beschränkt bleiben.

Die Untersuchung hat gezeigt, daß weder das Beharren der h. M. auf der positiven Vorstellung noch die unbedingte Forderung der Lehrbuchliteratur nach grundsätzlicher Berücksichtigung irrealer Vorstellungen dem besonderen Spannungsverhältnis von Willensdogma und Bestandsschutzprinzip im Rahmen des § 2078 Abs. 2 gerecht werden kann. Die ungetrübte Harmonie der vier Auslegungskriterien sowie das Fehlen einer Lücke in der Vorschrift haben die Richtigkeit der h. M. in der Sache und im Grundsatz bestätigt. In der Verwendung des in der Rechtspraxis unbrauchbaren Begriffs der „unbewußten Vorstellung" kann ihr jedoch nicht gefolgt werden. Die Einführung des Begriffes „mitbewußte Vorstellung" anstelle jenes Begriffes räumt die gegen diesen erhobenen terminologischen Bedenken aus. Die Auffassung der Lehrbuchliteratur ist als im Grundsatz contra legem verstoßend abzulehnen. Lediglich im Falle der Veränderung von Umständen, die vom Erblasser nicht bedacht worden sind, deren Kenntnis aber die Verfügung beeinflußt hätte, ist die Anfechtung gem. § 2078 Abs. 2 dann zuzulassen, wenn nach erfolgloser ergänzender Auslegung der Beweis geführt werden kann, daß der Eintritt der gesetzlichen Erbfolge dem irrealen Erblasserwillen mehr entspricht als die Aufrechterhaltung seiner mit Willensmängeln behafteten Verfügung.

Ergebnisse

1. Der in der Lehrbuchliteratur vertretenen Auffassung, die „unbewußte Vorstellung" sei ein Nichts und ihre Gleichsetzung mit einer wirklichen Vorstellung beruhe auf einer psychologischen Fiktion, kann aus folgenden zwei Gründen nicht zugestimmt werden:

a) Nach ganz allgemeiner Meinung in der Psychologie gibt es reale und voll wirksame psychische Faktoren des von der Rechtsprechung mit dem Begriff der „unbewußten Vorstellung" gemeinten Inhalts.

b) Der Begriff der „unbewußten Vorstellung" wird in der Psychologie ganz überwiegend zur Bezeichnung real wirksamer psychischer Faktoren verwandt.

2. Der Begriff der „unbewußten Vorstellung" ist in der Rechtspraxis mangels klarer Begriffsgrenzen nicht verwendbar. In der Psychologie werden mit ihm ganz überwiegend andere Inhalte bezeichnet als sie von der Rechtsprechung gemeint sind. Schließlich divergieren diese Inhalte je nach Autor[1].

3. An Stelle des untauglichen Begriffes der „unbewußten Vorstellung" wird die Einführung des subsumtionsfähigen Begriffes der „mitbewußten Vorstellung" vorgeschlagen, der im Strafrecht bereits Verwendung findet. Für den Bereich des § 2078 Abs. 2 BGB wird er wie folgt definiert:

Eine Vorstellung ist mitbewußt, wenn sie als jederzeit sofort aktualisierbarer, notwendiger Bestandteil der Willensbildung des Erblassers solche Umstände betrifft, welche die infolge ihrer Gewohnheit selbstverständliche und daher unreflektierte Grundlage der letztwilligen Verfügung bilden[2].

4. Die vergleichende Analyse der von der Rechtsprechung mit dem Begriff der „unbewußten Vorstellung" verbundenen Fälle ergibt:

Die Bewußtseinslage, in der künftige Umstände von mitbewußten Erwartungen des Erblassers umfaßt werden, ist nur bei einer begrenzten Gruppe von Fällen gegeben, in denen persönliche Eigenschaften bedachter bzw. nicht bedachter Personen als die Verfügungsmotive bestimmend in einem sofort aktualisierbaren Vorstellungs-

---

[1] s. o. 2. Teil, A, III.
[2] s. o. 2. Teil, B.

kreis des Erblassers im Zeitpunkt der Testamentserrichtung gelegen und sich nach Testamentserrichtung entgegen dem erschließbaren Willen des Testators wesentlich verändert haben.

In allen anderen Fällen, in denen die Rechtsprechung eine „unbewußte Vorstellung" bejaht hat, ist die streitige Bewußtseinslage entweder von sehr bewußten oder gar nicht vorhandenen Erwartungen charakterisiert.

Die Rechtsprechung hat durch die Verwendung des Begriffes der „unbewußten Vorstellung" de facto nicht allgemein und in jedem Falle den irrealen Erblasserwillen als Anfechtungsgrund berücksichtigt. Lediglich in zwei von neun Entscheidungen trifft dies zu[3].

5. Die Auslegung des Begriffes „irrige Erwartung" in § 2078 Abs. 2 BGB erweist folgendes:

a) Nach dem Wortsinn rechtfertigt allein eine — bewußte oder i. S. der Rechtsprechung unbewußte bzw. mitbewußte — nichterfüllte Erwartung des Erblassers die Anfechtung wegen veränderter zukünftiger Umstände. Der Wortlaut schließt dagegen ein entsprechendes Nichtbedenken als Anfechtungsgrund aus[4].

In der Begriffsverbindung „irrige Erwartung" liegt ein Redaktionsmangel, da es keinen Irrtum über die Zukunft gibt. Aus Gründen terminologischer Klarheit empfiehlt es sich, diesem Mangel durch Herauslösung der nichterfüllten Erwartung aus dem Irrtumsbegriff abzuhelfen. § 2078 Abs. 2 BGB statuiert die Relevanz des Motivirrtums lediglich durch das Tatbestandselement „irrige Annahme". Die „nichterfüllte Erwartung" und damit auch die auf die Zukunft gerichtete „unbewußte" bzw. „mitbewußte" Vorstellung sind dagegen als vom Motivirrtum isolierte, selbständige Willenselemente zu behandeln[5].

b) Aus dem Bedeutungszusammenhang mit den §§ 2077, 2079 BGB ist für § 2078 Abs. 2 BGB folgendes abzuleiten:

Die §§ 2077, 2079 BGB sind ausdrücklich von der allgemeineren Vorschrift des § 2078 Abs. 2 BGB abweichende Spezialvorschriften für besonders geartete Fallkonstellationen mit besonders schutzwürdigen Interessenlagen und einem als typisch und damit selbstverständlich zugrundegelegten Erblasserwillen. Daher verbietet es sich, § 2078 Abs. 2 BGB diesen beiden Vorschriften hinsichtlich seiner subjektiven Voraussetzungen gleichzubehandeln. Die durch den Gesetzgeber bewußt vorgenommene Aussonderung dieser Spezialtatbestände aus

---

[3] s. o. 3. Teil.
[4] s. o. 4. Teil, A, I.
[5] s. o. 4. Teil, A, II.

dem § 2078 Abs. 2 BGB als lex specialis ist deutliches Indiz dafür, daß verschieden geartete Interessenlagen rechtlich unterschiedlich gewertet werden sollen.

Das systematische Auslegungskriterium gibt somit einen nicht zu verkennenden Hinweis darauf, daß in § 2078 Abs. 2 BGB strengere Maßstäbe an den Bewußtseinsgrad des Erblassers bezüglich der Beachtung seiner Verfügungsgrundlage gelegt werden müssen als dies in den §§ 2077, 2079 BGB der Fall ist, d. h. daß ein bloßes Nichtbedenken künftiger Umstände in § 2078 Abs. 2 BGB nicht als Anfechtungsgrund ausreichen kann. Schließlich sind diese beiden Unterfälle des § 2078 Abs. 2 BGB Beweis dafür, daß dem Gesetz die Inhalte einer i. S. der Rechtsprechung „unbewußten" bzw. „mitbewußten Vorstellung" durchaus nicht fremd sind[6].

c) Die Gesetzesmaterialien zu § 2078 Abs. 2 BGB legen ein eindeutiges Zeugnis für die Normvorstellungen des historischen Gesetzgebers über den Begriff der Erwartung ab.

Die 2. Kommission, die unter Erwartung ausdrücklich die positive und deutliche Vorstellung eines in der Zukunft liegenden Gegenstandes verstand, dürfte an die Möglichkeit einer Willensbeeinflussung durch nicht ganz bewußte Erwartungen nicht gedacht haben. Jedenfalls sind mit „positiven und deutlichen Vorstellungen" zweifellos ausschließlich bewußte Erwartungen gemeint. Dies bedeutet, daß der historische Gesetzgeber das bloße Nichtbedenken künftiger Umstände keineswegs als Anfechtungsgrund genügen lassen wollte[7].

d) Die Prüfung des subjektiv-teleologischen Auslegungskriteriums zeigt, daß der historische Gesetzgeber erkennbar den Zweck verfolgt hat, die Anfechtungsmöglichkeiten wegen Willensmängeln bei der Errichtung von Verfügungen von Todes wegen auf ganz bestimmte Mängel zu beschränken.

In der Forderung nach positiven und deutlichen Vorstellungen des Erblassers kommt sein Anliegen zum Ausdruck, das andernfalls drohende Anwachsen der Zahl von Anfechtungsprozessen und der Gefahr der Manipulierbarkeit letztwilliger Verfügungen zugunsten einer weitestgehenden Unantastbarkeit des formal geäußerten letzten Willens zu verhindern[8].

e) Nach dem objektiv-teleologischen Auslegungsmoment ist es zulässig und erforderlich, nichterfüllte mitbewußte Vorstellungen im Rahmen des § 2078 Abs. 2 BGB als Anfechtungsgrund zu akzeptieren[9].

---

[6] s. o. 4. Teil, B.
[7] s. o. 4. Teil, C.
[8] s. o. 4. Teil, D, I.
[9] s. o. 4. Teil, D, II, 2.

f) Die Auffassung, die darüber hinaus das Nichtbedenken zukünftiger Umstände als Anfechtungsgrund genügen lassen will, ist im Grundsatz als contra legem verstoßend abzulehnen. Wenn sie sich zur Begründung dafür u. a. auf die Lehre von der Geschäftsgrundlage beruft, verkennt sie, daß das Gesetz in § 2078 Abs. 2 BGB nur einen Teilbereich der unter den Begriff Geschäftsgrundlage fallenden Anwendungsgebiete regelt, nämlich die sog. subjektive Geschäftsgrundlage i. S. von *Larenz*, die positive Vorstellungen erfordert[10].

g) Die Auffassung der Lehrbuchliteratur impliziert eine verdeckte Rechtsfortbildung, die praeter legem ausgeschlossen ist, da § 2078 Abs. 2 BGB weder eine Formulierungs-[11] noch eine Wertungslücke[12] enthält.

Lediglich im Falle der Veränderung von Umständen, die vom Erblasser nicht bedacht worden sind, deren Kenntnis aber die Verfügung beeinflußt hätte, ist die Anfechtung gem. § 2078 Abs. 2 BGB und damit eine Rechtsfortbildung extra legem dann zuzulassen, wenn nach erfolgloser ergänzender Auslegung der Beweis geführt werden kann, daß der Eintritt der gesetzlichen Erbfolge dem irrealen Erblasserwillen mehr entspricht als die Aufrechterhaltung seiner mit Willensmängeln behafteten Verfügung.

In Anbetracht der Gefahren für den Bestand formgültig errichteter letztwilliger Verfügungen muß aber die Relevanz irrealer Vorstellungen in § 2078 Abs. 2 BGB auf diesen Ausnahmefall beschränkt bleiben[13].

Diese Ergebnisse der Untersuchung haben gezeigt, daß weder das Beharren der h. M. auf der positiven Vorstellung noch die unbedingte Forderung der Lehrbuchliteratur nach grundsätzlicher Berücksichtigung irrealer Vorstellungen dem besonderen Spannungsverhältnis von Willensdogma und Bestandsschutzprinzip im Rahmen des § 2078 Abs. 2 BGB gerecht werden kann. Die ungetrübte Harmonie der vier Auslegungskriterien sowie das Fehlen einer Lücke in der Vorschrift haben die Richtigkeit der h. M. in der Sache und im Grundsatz bestätigt. Mit der Einführung des Begriffes der „mitbewußten Vorstellung" anstelle desjenigen der „unbewußten Vorstellung" wird den Gegnern der h. M. ein wichtiger Grund zur Kritik genommen. Daß in dem genannten Ausnahmefall der Lehrbuchliteratur der Vorzug gegeben wird, darf jedoch nicht darüber hinwegtäuschen, daß die von ihr vertretene Forderung nach Ausweitung der Anfechtungsmöglichkeiten im Grundsatz abzulehnen ist.

---

[10] s. o. 4. Teil, D, II, 3, a.
[11] s. o. 4. Teil, D, II, 3, b, α, aa.
[12] s. o. 4. Teil, D, II, 3, b, α, bb.
[13] s. o. 4. Teil, D, II, 3, b, β.

Literaturverzeichnis

Abel, Wilhelm: Versuch einer Grenzziehung zwischen Geschäftsirrtum und Fehlen bzw. Wegfall der Geschäftsgrundlage, insbesondere in Bezug auf den Ersatz des negativen Vertragsinteresses, Diss. Göttingen 1930.

Bartholomeyczik, Horst: Erbrecht, 9. Aufl. München 1971 (zit.: Bartholomeyczik, Erbrecht).

— Die Kunst der Gesetzesauslegung, 4. Aufl. Frankfurt 1967 (zit.: Bartholomeyczik, Gesetzesauslegung).

Baumann, Jürgen: Strafrecht, Allgemeiner Teil, 7. Aufl. 1975.

Bekker / Fischer: Beiträge zur Erläuterung und Beurteilung des Entwurfs eines Bürgerlichen Gesetzbuches für das Deutsche Reich, Berlin—Leipzig 1888.

Betti, Emilio: Die Hermeneutik als allgemeine Methodik der Geisteswissenschaften, Tübingen 1962 (zit.: Betti, Hermeneutik).

— Allgemeine Auslegungslehre als Methodik der Geisteswissenschaften, Tübingen 1967 (zit.: Betti, Auslegungslehre).

Bloch, Ernst: Das Prinzip Hoffnung, 3 Bände, Frankfurt/M. 1969.

Boehmer, Gustav: Grundlagen der Bürgerlichen Rechtsordnung, 2. Bd., 1. Abt. Tübingen 1951.

Brinkmann, Donald: Probleme des Unbewußten. Zürich—Leipzig 1943.

Brox, Hans: Erbrecht, 3. Aufl. Köln—Berlin—Bonn—München 1974 (zit.: Brox, Erbrecht).

— Die Einschränkung der Irrtumsanfechtung, Karlsruhe 1960 (zit.: Brox, Irrtumsanfechtung).

Canaris, Claus-Wilhelm: Die Feststellung von Lücken im Gesetz, Berlin 1964.

Coing, Helmut: Die juristischen Auslegungsmethoden und die Lehren der allgemeinen Hermeneutik, Köln—Opladen 1959 (zit.: Coing, Auslegungsmethoden).

— Juristische Methodenlehre, Berlin—New York 1972 (Sonderausgabe des VI. Kapitels aus „Grundzüge der Rechtsphilosophie", 2. Aufl. 1969) (zit.: Coing, Methodenlehre).

Conrad, K.: Das Unbewußte als phänomenologisches Problem, in: Fortschritte der Neurologie und Psychiatrie 25, 56 ff.

v. Damm, Richard: Die Anfechtung letztwilliger Verfügungen, Diss. Jena 1907.

Dernburg, Heinrich: Das Bürgerliche Recht des Deutschen Reiches und Preußens, 5. Bd., Deutsches Erbrecht, 3. Aufl., bearb. von Engelmann. Halle 1911.

Dobrzynski, Isidor: Der Irrtum im Beweggrunde unter Berücksichtigung seiner Besonderheiten, Diss. Erlangen 1903.

Domke, Gerd: Die Irrtumsanfechtung letztwilliger Verfügungen nach dem BGB, Diss. Leipzig 1932.

Eisler, Rudolf: Wörterbuch der philosophischen Begriffe, 4. Aufl. Berlin 1930.

Endemann, Friedrich: Lehrbuch des Bürgerlichen Rechts, 3. Bd., 1. Hälfte, Erbrecht, 8. und 9. Aufl. Berlin 1919.

Engisch, Karl: Einführung in das juristische Denken, 4. Aufl. Stuttgart 1968.

Enneccerus / Kipp / Wolff: Lehrbuch des Bürgerlichen Rechts, Bd. 1, Allg. Teil, 15. Aufl. von Nipperdey, Tübingen 1959, Bd. 5, Erbrecht, 4. Aufl. Marburg 1921, 5. Aufl. Marburg 1923, 8. Aufl. Marburg 1930 alle von Kipp, 12. Aufl. von Coing, Tübingen 1965.

Erman, Walter: Handkommentar zum BGB in zwei Bänden, 5. Aufl. Münster 1972.

Eskötter, Karl Heinrich: Der gemeinsame beiderseitige Irrtum beim Vertragsschluß, Diss. Köln 1950.

Ey, Henry: Das Bewußtsein (Übersetzung des 1963 in Paris erschienenen Originalwerkes „La Conscience" von Kisker), Berlin 1967.

Fischel, Werner: Der Wille in psychologischer und philosophischer Betrachtung, in: Erfahrung und Denken, Schriften zur Förderung der Beziehungen zwischen Philosophie und Einzelwissenschaften, Bd. 35. Berlin 1971.

Fischer, Otto: Der Fehlschlag von Erwartungen bei Verfügungen von Todes wegen, in: IhJb 71 (1922), 187 ff.

Flume, Werner: Allgemeiner Teil des Bürgerlichen Rechts, Bd. II, Das Rechtsgeschäft, 2. Aufl. Berlin—Heidelberg—New York 1974 (zit.: Flume, Rechtsgeschäft).

— Rechtsgeschäft und Privatautonomie, in: „Hundert Jahre deutsches Rechtsleben", Festschrift zum 100jährigen Bestehen des deutschen Juristentages, Band 1, Karlsruhe 1960, 190 ff. (zit.: Flume, Privatautonomie).

Freud, Sigmund: Gesammelte Werke, London 1948.

Fulterer, Walter: Der Irrtum und die Geschäftsgrundlage, Innsbruck 1931.

Furrer, Walter L.: Neue Wege zum Unbewußten, Bern usw. 1970.

Geiger, Moritz: Fragment über den Begriff des Unbewußten und die physische Realität, Jahrbuch für Philosophie und phänomenologische Forschung, Bd. 4, 1921, S. 1 ff.

Gernhuber, Joachim: Formnichtigkeit und Treu und Glauben, in: Festschrift fürSchmidt-Rimpler, Karlsruhe 1957, 151.

Hack: Auslegung und Anfechtung privatschriftlicher einseitiger und gemeinschaftlicher letztwilliger Verfügungen, Diss. Göttingen 1974.

v. Hartmann, Eduard: Philosophie des Unbewußten, 3 Bde., 11. Aufl. Leipzig 1904.

Heck, Philipp: Das Problem der Rechtsgewinnung, Gesetzesauslegung und Interessenjurisprudenz, Begriffsbildung und Interessenjurisprudenz, Bad Homburg v. d. H.—Berlin—Zürich 1968.

Heldrich, Andreas: Fälle und Lösungen nach höchstrichterlichen Entscheidungen, BGB-Erbrecht, Karlsruhe 1970.

Hofstätter, Peter R.: Psychologie (Fischer-Lexikon), Frankfurt/M. 1957.

Horn, Eckhard: Verbotsirrtum und Vorwerfbarkeit, Bonn 1968.

Huken, Friedrich: Die Anfechtung von Verfügungen von Todes wegen, in: RhNK 1963, 533 ff.

Mac Intyre, Alasdair C.: Das Unbewußte, Eine Begriffsanalyse, Frankfurt 1968.

Jagusch, Heinrich: Strafgesetzbuch, Leipziger Kommentar, Bd. 1 (§§ 1 - 46; 52 - 58; 60 - 109 a; 146 - 152), 8. Aufl. Berlin 1957.

Jeschek, Hans Heinrich: Lehrbuch des Strafrechts, Allgemeiner Teil, 2. Aufl. Berlin 1972.

Johannsen: Die Rechtsprechung des Bundesgerichtshofs auf dem Gebiete des Erbrechts — 7. Teil: Das Testament, 4. Abschnitt: Die Anfechtung, WM 1972, 642 ff.

Kant, Immanuel: Gesammelte Werke, Frankfurt 1968.

Katschke: Der Irrtum über die Geschäftsgrundlage und der Kalkulationsirrtum, in: Rechtsfragen der Praxis, Bd. 42, Halle 1931.

Kegel, Gerhard: Empfiehlt es sich, den Einfluß grundlegender Veränderungen des Wirtschaftslebens auf Verträge gesetzlich zu regeln? Gutachten, Verhandlungen des 40. Deutschen Juristentages (Korreferat), Bd. I, 1953, 155; Bd. II, 1954, B 31 - 50).

Keuk, Brigitte: Der Erblasserwille post testamentum und die Auslegung des Testamentes, Bonn 1965 (Bonner rechtswissenschaftliche Abhandlungen, Bd. 64).

Klug, Ulrich: Juristische Logik, 3. Aufl. Berlin—Göttingen—Heidelberg 1966.

Kolf, Paul Gerhard: Die Anfechtung von Testamenten, Diss. Köln 1929.

Kriele, Martin: Theorie der Rechtsgewinnung, Berlin 1967.

Krug, Fritz: Die Geltung des Willensdogmas bei einseitigen letztwilligen Verfügungen, Diss. Gießen 1908.

Kühler, Friedrich: Beiträge zum Problem des Unbewußten, Diss. Bonn 1936.

Lange, Heinrich: Lehrbuch des Erbrechts, München und Berlin 1962 (zit.: Lange, Erbrecht).

— Die Verwirklichung des wahren letzten Willens des Erblassers, in: IhJb 82, 1 ff.

Larenz, Karl: Allgemeiner Teil des Deutschen Bürgerlichen Rechts, 3. Aufl. München 1975 (zit.: Larenz, A. T.).

— Geschäftsgrundlage und Vertragserfüllung, 3. Aufl. München—Berlin 1963 (zit.: Larenz, Geschäftsgrundlage).

— Methodenlehre der Rechtswissenschaft, 2. Aufl. Berlin—Heidelberg—New York 1969 (zit.: Larenz, Methodenlehre).

Leipold, Dieter: Grundzüge des Erbrechts, Tübingen 1974.

Leonhardt, F.: Kommentar zum Bürgerlichen Gesetzbuch und seinen Nebengesetzen, 5. Buch Erbrecht, 2. Aufl. Berlin 1912.

Lersch, Philipp: Aufbau der Person, 11. Aufl. München 1970.

v. Lübtow, Ulrich: Erbrecht, 1. Halbbd., Berlin 1971.

Lüderitz, Alexander: Auslegung von Rechtsgeschäften, Karlsruhe 1966 (zit.: Lüderitz, Auslegung).

— Familien- und Erbrecht. Ausgewählte Entscheidungen mit erläuternden Anmerkungen, München 1971 (zit.: Lüderitz, Fälle).

Martius, Ancus: Irrtum in den Beweggründen bei letztwilligen Verfügungen, Diss. Erlangen 1898.

Mathey, Franz Joseph: Zur Schichttheorie der Persönlichkeit, in: Handbuch der Psychologie, Bd. 4, 2. Aufl. Göttingen 1960, S. 437 ff.

Medicus, Dieter: Bürgerliches Recht, 6. Aufl. Köln—Berlin—Bonn—München 1973.

Mennicken, Axel: Das Ziel der Gesetzesauslegung, Bad Homburg v. d. H.—Berlin—Zürich 1970.

Mezger, Edmund: Strafgesetzbuch, Leipziger Kommentar, Bd. I, 8. Aufl. Berlin 1957.

Oertmann, Paul: Die Geschäftsgrundlage, Leipzig 1921.

Palandt, Otto: Bürgerliches Gesetzbuch, 34. Aufl. München—Berlin 1975.

Pernice, Alfred: Labeo, Römisches Privatrecht im 1. Jahrhundert der Kaiserzeit, Teil E, Bd. 3 Abt. 1 in 1. Aufl., 9. Buch: Auflage und Zweckbestimmung, Aalen 1963.

Planck: Kommentar zum BGB, 5. Bd., Erbrecht, 1. und 2. Aufl. Berlin 1902; 4. Aufl. 1930.

Platzgummer, Willfried: Die Bewußtseinsform des Vorsatzes, Eine strafrechtsdogmatische Untersuchung auf psychologischer Grundlage, Wien 1964.

Pongratz, Ludwig: Problemgeschichte der Psychologie, Bern—München 1967.

Radbruch. Gustav: Rechtsphilosophie, 7. Aufl. von Eric Wolf, Stuttgart 1970.

Reichsgerichtsrätekommentar: Bd. V Erbrecht, 1. Teil §§ 1922 - 2146, bearb. von Johannsen und Kregel, 11. Aufl. Berlin 1960; 12. Aufl. Berlin 1974.

Reinhardt, Oswald: Die Anfechtung von Testamenten, Diss. Köln 1934.

Rohracher, Hubert: Einführung in die Psychologie, 9. Aufl. Wien—Innsbruck 1965.

Rothacker, Erich: Die Schichten der Persönlichkeit, 8. Aufl. Bonn 1969.

Rüthers, Bernd: Die unbegrenzte Auslegung, Tübingen 1968.

Rudolphi, Hans-Joachim: Unrechtsbewußtsein, Verbotsirrtum und Vermeidbarkeit des Verbotsirrtums, Göttingen 1969.

Russel, Bertrand: Probleme der Philosophie (Übersetzung der 1912 erschienenen Originalausgabe „The Problems of Philosophy" von Eberhard Bubser), 3. Aufl. Frankfurt 1969.

v. Savigny, Friedrich Carl: System des heutigen Römischen Rechts, Bd. III. Berlin 1840.

Schäfer, Heinrich: Der Irrtum über die Geschäftsgrundlage, Diss. Marburg 1928.

Schewe, Günter: Bewußtsein und Vorsatz, Neuwied—Berlin 1967.

Schmidt, Ernst: Der Motivirrtum im Testamentsrecht, Diss. Göttingen 1932.

v. Schnehen, Wilhelm: Eduard v. Hartmann, Stuttgart 1929.

Schneider, Egon: Logik für Juristen, Berlin—Frankfurt 1965.

Schröder, Horst: Strafgesetzbuch, Kommentar, begründet von Adolf Schönke, 17. Aufl. München—Berlin 1974.

Schulz, Fritz: Der Irrtum im Beweggrunde bei der testamentarischen Verfügung, in: Gedächtnisschrift für E. Seckel, Berlin 1927, S. 70 ff.

Schütz, Alfred: Das Problem der Relevanz, Frankfurt 1971.

Siber, Heinrich: Auslegung und Anfechtung der Verfügungen von Todes wegen, in: Die Reichsgerichtspraxis im deutschen Rechtsleben, Bd. III, Berlin—Leipzig 1929, S. 350 ff.

Soergel / Siebert: BGB, Bd. 2, Schuldrecht I, 10. Aufl. Stuttgart—Berlin—Köln—Mainz 1967; Bd. 6 Erbrecht, 10. Aufl. Stuttgart 1974.

v. Staudinger: Kommentar zum BGB, Allgemeiner Teil, 11. Aufl. Berlin 1957; § 242 (Bd. 2, 1 b), 11. Aufl. Berlin 1961; Erbrecht 1. Teil, 11. Aufl. Berlin 1954.

Stötter, Victor: Der einseitige, beiderseitige und gemeinsame Irrtum unter besonderer Berücksichtigung der Abgrenzung gegen die Lehre von der mangelhaften Geschäftsgrundlage, Diss. Freiburg 1956.

Strohal, Emil: Die Anfechtung letztwilliger Verfügungen im deutschen Entwurf, Festschrift für Rudolf von Jhering, Graz 1892.

Teichmann, Arndt: Die Gesetzesumgehung, Göttingen 1962.

Thomae, Hans: Das Individuum und seine Welt. Eine Persönlichkeitstheorie, Göttingen 1968 (zit.: Thomae, Individuum).

— (Herausgeber) Die Motivation menschlichen Handelns, 3. Aufl. Köln—Berlin 1966 (zit.: Thomae, Motivation).

— Persönlichkeit, 2. Aufl. Bonn 1966 (zit.: Thomae, Persönlichkeit).

Thomae / Feger: Hauptströmungen der neueren Psychologie, Bd. 7 der Einführung in die Psychologie, Berlin—Stuttgart 1970.

Vangerow, Karl: Lehrbuch der Pandekten, Bd. 2, 7. Aufl. Marburg—Leipzig 1867.

Wieacker, Franz: Gemeinschaftlicher Irrtum der Vertragspartner und clausula rebus sic stantibus, Bemerkungen zur Theorie der Geschäftsgrundlage, in: Festschrift für Wilburg, Graz 1965, S. 229 ff.

Windelband / Heimsoeth: Lehrbuch der Geschichte der Philosophie, 15. Aufl. Tübingen 1957.

Windscheid, Bernhard: Lehrbuch des Pandektenrechts, 3. Bd. 9. Aufl. von Theodor Kipp, Frankfurt 1906.

Wolff, Karl: Verbotenes Verhalten, Ein Beitrag zu den allgemeinen Lehren des Privat- und Strafrechts wie auch zur Rechtslogik, Wien—Leipzig 1923.

Wyss, Dieter: Die tiefenpsychologischen Schulen von den Anfängen bis zur Gegenwart, 3. Aufl. Göttingen 1970.

Zippelius, Reinhold: Einführung in die juristische Methodenlehre, München 1971.

Zitelmann, Ernst: Irrtum und Rechtsgeschäft, Leipzig 1879.

Printed by Libri Plureos GmbH
in Hamburg, Germany